Andrea Maria Dusl

Die österreichische Oberfläche

Andrea Maria Dusl

Die österreichische Oberfläche

Österreich findet am Übergang zwischen Innen und Außen statt

Residenz Verlag

Mit 34 Abbildungen der Autorin.

Bibliografische Information der Deutschen Bibliothek:
Die Deutsche Bibliothek verzeichnet diese Publikation in der Deutschen
Nationalbibliografie; detaillierte bibliografische Daten sind im Internet über
http://dnb.ddb.de abrufbar.

© 2007 Residenz Verlag
im Niederösterreichischen Pressehaus
Druck- und Verlagsgesellschaft mbH
St. Pölten – Salzburg
www.residenzverlag.at

Elektroholzschnitte: Andrea Maria Dusl
Umschlaggestaltung: Peter Dusl
Grafische Gestaltung und Satz: Peter Dusl
Lektorat: Afra Margaretha
Gesamtherstellung: CPI Moravia Books

ISBN 978 3 7017 1486 5

www.comandantina.com

Inhalt

Österreich ist ein Land, so klein, daß du es mit dem kleinen Finger auf der Weltkarte verdecken kannst. Und doch besuchen viele Menschen aus aller Welt Österreich.

Da kommt schon wieder einer! Er stößt die Tür zum Verkehrsbüro auf und zwängt sich herein.

Die Kinderwelt von A bis Z, Wien 1959

Die österreichische Begegnung

Spitzbergen, das Durchhaus

Österreich, das Land zwischen Bodensee und Langer Lacke, zwischen Böhmerwald und den Karawanken, ist eine gut gemeinte Erfindung. Schon sein Name ist eine Mystifikation. Österreich, das Reich im Osten, das Österreich, existiert es überhaupt?

In einer lateinischen Urkunde, an einem nebeligen 1. November 996 am Königshof im schwäbischen Bruchsal verfasst, taucht das erste Mal ein seltsamer Name auf: Ostarrîchi. In Österreichs wichtigstem Dokument wird eine Schenkung Kaiser Ottos III. an den Freisinger Bischof festgehalten, in einem Landstrich, der „in der Sprache der Einheimischen Ostarrîchi heißt ...", in dem Ort, der Niuvanhouva (Neuhofen an der Ybbs) genannt wird." Die Urkunde wird im Bayerischen Hauptstaatsarchiv aufbewahrt. Nicht in der Schatzkammer in Wien, nicht in der Nationalbibliothek, nicht im Staatsarchiv der Republik. Der Taufschein von Schnitzelland wird in München aufbewahrt. Dabei ist hier gar nicht von einem *Öster-Reich*, einem Reich im Osten die Rede, denn in keinem österreichischen und auch in keinem benachbarten Dialekt hieß oder heißt der Osten „Oster" geschweige denn „Öster". Wie denn auch, Ostarrîchi, wie es die Einheimischen genannt haben, alpenslawische Bauern des 10. Jahrhunderts, liegt nur aus deutscher Sicht im Osten. Wundern wir uns also nicht, dass sie die Gegend, in der sie lebten, nicht nach einer deutschen Himmelsrichtung bezeichnet haben, sondern in ihrer slawischen Muttersprache. Was aber meinten diese Leute, wenn sie von Ostarrîchi sprachen, wie es der Urkundenschreiber im fernen Schwabenland notierte? Einen Berg meinten sie damit.

Den Ostarik. Ostarik oder Ostrik heißt Spitzberg, wie es Otto Kronsteiner, Vorstand des Instituts für Slawistik der Uni Salzburg versteht. Das Babenbergerland, das die Habsburger von einer kleinen Grenzgrafschaft zu einem Weltreich aufblähten und schließlich mit großem Lärm zu einem dürren Alpenkorridor implodieren ließen, hieße in etymologisch richtiger Übersetzung „Spitzbergen".

Spitzbergen, woraus besteht es denn? Aus vier alemannischen Grafschaften (Vorarlberg) und dem Nordteil einer ausgedehnten Zollhochburg (Tirol). Aus einem süddeutschen Kirchenstaat (Salzburg), dem bilingualen Norden des slowenischen Karantaniens (Kärnten) und aus seiner ehemaligen Mark (Steiermark). Dazu aus den zusammengekleisterten Teilen Westungarns (Felsöörvidek, Oberwartland, wie das Burgenland magyarisch heißt) und schließlich dem Kernland: einer bayrischen Grenzmark (Ober- und Niederösterreich). Mühsam zusammengekittet durch die gemeinsame Geschichte unter einer Schweizer Monarchenfamilie, ihrer Hausreligion, dem Katholizismus und dem Prager Kanzleideutsch. Neuerdings gefestigt durch den Kitt der österreichischen Nation, den alpinen Skisport. Mit den erwähnten Schweizern verbindet die Österreicher wenig. Mit den Deutschen ein Braunauer Gefreiter und seine unheilvollen Wahnideen. Kärntner und Steirer können einander nicht riechen, die Wiener lieben die Tiroler, aber nicht umgekehrt, und auf die Burgenländer schauen alle herab. Außer die Vorarlberger, die sich für den Balkan nicht interessieren, braucht doch der Zug nach Eisenstadt länger als der nach Paris.

Österreich ist das Durchhaus der hier beheimateten Vaskonen, Illyrer, Räter, Kelten, Romanen, Alemannen, Markomannen, Quaden, Awaren, Slawen, Bajuwaren, Ungarn, Juden, Roma und Kroaten. Der Verkehr, der sich seit der Steinzeit auf Straßen und Flüssen über Österreichs Oberfläche bewegt, hat Land und Leute mit einem außerordentlichen Talent ausgestattet. Österreich tänzelt wie ein Wasserläufer auf dem dünngespannten Nichts der Oberfläche. Gemäß meiner Generalthese, dernach Österreich am Übergang zwischen Innen und Außen stattfindet, hat sich ein Kanon der Begegnungsmöglichkeiten festgeschrieben, von dem ich hier einige Stimmen vorsinge. Dass dabei alleine der charmante Ton, die Kusshand vorherrsche, möchte nicht behauptet werden. Die byzantinische Kammer-Intrige, der plumpe Furor der Wegelagerei, das dienstbötige Buckeln und das steiflippige Anschaffen, nirgendwo hat es so bizarre Blüten getrieben wie hier. Aber auch nirgendwo sonst hat die Überwindung von Standesgrenzen zu solch umständlichen Ritualen absichtlicher Missverständnisse geführt. Nirgendwo sonst kann so vielfältig begegnet werden wie hier. Unter dem Balkon, im Bierzelt, im Kaffeehaus, am Handy.

Der Balkon

Eine ganz eigentümliche Form der Begegnung pflegt Österreich, wenn es sich auf den Balkon begibt. Dabei sollte man nicht vergessen, dass Balkons in Österreich keine Erfindung des Fremdenverkehrs und auch nur in Maßen ein Einfall des Hofadels sind, sondern schlicht ein alter bäuerlicher Hausbestandteil. Das Wort kommt über das Italienische aus dem Althochdeutschen und stammt eigentlich vom langobardischen Wort Balko ab. Und das ist es auch. Ein Balken. Ein Donnerbalken für besondere Anlässe. Wenn in Österreich die Winde gehen, wird die schmutzige Wäsche auf den Balken gehängt. Oder die saubere. Manchmal lässt sich die eine von der anderen nicht unterscheiden. Balkonien ist woanders, jedenfalls nicht bei uns.

Mit vier Balkonen kommt Österreich aus, soviel hat die Geschichte gezeigt. Der Gefühlsbalkon von Schnitzelland ist der Mittelrisalit der Neuen Hofburg, eigentlich das Vordach der monumentalen Kutscheneinfahrt. Der Zweite ist dünn und verspielt. Wie eine Habsburger-Unterlippe kragt er aus dem Sommerpalast des Prinzen von Savoyen. Der Balkon des Oberen Belvedere ist der Staatsbalkon des Landes. Belvedere heißt „schöne Aussicht". Weil politische Aussichten von ausreichender Schönheit selten sind, ist der Balkon erst ein Mal benutzt worden. Von gotischem Übermut erzählt das Goldene Dachl. Der Prunkerker Kaiser Maximilians, genannt der „Letzte Ritter", ist der Postkartenbalkon. Der bunte Lustbalkon wurde aus Anlass der Zeitenwende von einem gewissen Niklas Türing dem

Älteren im Auftrag des nachmaligen Kaisers Maximilian I. an die Platzseite seiner Stadtresidenz gebaut. Das Wahrzeichen der Stadt wurde auch tatsächlich rechtzeitig 1500 fertig, das Steildach ist mit 2657 feuervergoldeten Kupferschindeln gedeckt. Auf dem Erker wurlt es von Steinfiguren. Wir sehen die bunt bemalten Figuren von Maximilian und seinen beiden Gemahlinnen, von Bianca Maria Sforza und, mit strengem Blick, Maria von Burgund mit spitzer Burgunderhaube. Der Kaiser ist im Profil mit der typischen Geiernase und grauem Mireille-Mathieu-Haarschnitt dargestellt, in einem anderen Bild mit Krone, Gedichtrolle und Zepter, flankiert von seinem Hofnarren und einem grantigen Höfling. Daneben verrenken sich Morisken-Tänzer, Meerkatzen und Zierhündchen in abenteuerlichen Kapriolen und seltsamen Luftsprüngen. Der spätmittelalterliche Breakdance war die beliebteste Volksbelustigung der damaligen Zeit.

Drei dieser Tänzer, in Holz geschnitzt und bunt bemalt, habe ich einmal bei einem Besuch auf der Hungerburg am Treppenabsatz von Paul Floras Dachatelier entdeckt. Woher er denn die wunderbaren Schnitzfiguren habe, wollte ich wissen. „Mein Gott", fluchte er, „die hat mein Verleger mir in Südtirol schnitzen lassen, um mir eine Freude zu machen. Ich kann sie nicht ausstehen!"

Fehlt Nummer vier in der Balkonade der österreichischen Altane. Sie gehört zum Bühnenportal der Urania-Kasperl-Bühne. Die beiden vergoldeten Balkönchen links und rechts der Bühne sind das, was man am Theater Proszeniumslogen nennt. Hier halten Kasperl und Pezi ihre Doppelconférencen, während hinterm geschlossenen Vorhang die Kulissen vom bösen Wald, vom Schloss des Bürgermeisters oder der Kate der Hexe Knatterfroh jongliert werden.

Der Heldenplatz ist ein historischer Platz in Wien, der zum Gelände der Hofburg gehört. Der Bundespräsident residiert ums Eck, der Bundeskanzler gegenüber vom Eck, am Ballhausplatz. Berüchtigt ist der Heldenplatz, weil hier Adolf Hitler 1938 vom Balkon der Neuen Burg aus den hier versammelten Frenetikern den „Anschluss" Österreichs an das Deutsche Reich verkündet hat.

Der Name „Heldenplatz" kommt von den beiden Feldherrndenkmälern, die den Platz bewachen. Das ältere stellt Erzherzog Karl dar, es diente der militärischen Glorifizierung der Dynastie. Das Standbild ist insofern bemerkenswert, als das Pferd nur auf den beiden Hinterbeinen auf dem Podest steht. Anton Dominik Fernkorn, Schöpfer des springenden Rosses, ist über der Angst, das zerbrechliche Denkmal könnte einstürzen, irre geworden und verblichen. Der Reiter steht österreichischerweise bis heute stabil auf seinem Posten. Sein Pendant vor dem unverwirklichten nordwestlichen Flügel der Neuen Hofburg stellt Prinz Eugen dar, dessen Standfestigkeit etwas weniger gefährdet ist. Der Gaul von Eugen, dem edlen Ritter, stützt sich auch noch auf seinen Schwanz.

Seit Jahrzehnten findet auf dem Heldenplatz anlässlich des österreichischen Nationalfeiertags am 26. Oktober eine Werbeveranstaltung des österreichischen Bundesheeres statt. Alternde Panzer, historische Hubschrauber und blutjunge Rekruten in olivgrünen Uniformen finden sich zu einer patriotischen Mischung aus Militärparade, Jahrmarkt und Grillfest ein. Der Tag feiert die immerwährende Neutralität, wird aber nicht am Unterzeichnungstag des Staatsvertrags, dem 5. Mai begangen, sondern an der Wiederkehr jenes Termins, an dem sich offiziell kein fremder Soldat mehr im Land befunden hatte. An diesem Tag, dem 26. Oktober 1955, war das Neutralitätsgesetz beschlossen worden. Ganz nach österreichischer Art wurde erstmal der Tag des letzten winkenden Soldaten in höheren Ehren gehalten als das gesetzliche Bekenntnis zur Neutralität. Endgültig zum Nationalfeiertag wurde der 26. Oktober erst 1965, zwanzig Jahre nach Kriegsende.

Am Nationalfeiertag findet jedenfalls mit überschaubarem Pomp die traditionelle Angelobung ausgesuchter Kompanien von Militärdienstleistenden unter Oberbefehl des ansonsten reichlich unmartialischen Bundespräsidenten statt.

An keinem anderen Ort wird das zerbrechliche Wesen der österreichischen Identität so deutlich greifbar wie auf dem Wiener Heldenplatz, jener monumentalen Anlage zwischen der ehemaligen kaiserlichen Residenz und der großbürgerlichen Ringstraße. Ursprünglich als Weihestätte imperialen Selbstbewusstseins konzipiert, steht der Heldenplatz heute im kollektiven Bewusstsein der Österreicher als Symbol für den Anschluss oder, um die Sache beim Namen zu nennen: für die zustimmende Haltung breiter Teile des Landes zum Nazi-Faschismus. Der Ort für die symbolische Vermählung des Führers mit seinem Heimatvolk wurde von der Propagandamaschinerie der

Nazis sorgfältig gewählt. Der Platz war schon von den Habsburgern als imperialer Weihebezirk nach dem Vorbild der antiken Kaiserforen in Rom angelegt worden. Diese Bühne für politisch-sybolische Inszenierungen wurde jetzt dem Wahn des Braunauer Caesaren gewidmet.

Am 15. März 1938, drei Tage nach dem „Unternehmen Otto", so der militärische Deckname des Einmarsches in Österreich, „meldete" ein kleiner Mann in gackibrauner Uniform unter dem Jubel zehntausender Menschen „als Führer und Kanzler der deutschen Nation und des Reiches vor der Geschichte nunmehr den Eintritt (seiner) Heimat in das Deutsche Reich." Nunmehr. Die Wochenschauaufnahmen dieses Ereignisses, mit Bildern teils grotesk durchgeknallter, teils grausig wahnsinniger Begeisterung zählen zum Gedächtnis des Landes.

Viele Jahre lang hing in dem Lift, der vom Souterrain der Nationalbibliothek aus in den Balkonstock der Neuen Hofburg führt, eine kleine Messingtafel. Darauf stand zu lesen: „Lift nicht ohne Führer benützen". Hitler und seine Regieassistenten mögen einen kameratechnisch prominenten Ort für seine Anschlussrede gefunden haben, als Vordach der Kutscheneinfahrtshalle war er mehr treppenwitzig denn heldenfähig, denn die Habsburger haben die pompöse Überdachung der Kutschenzufahrt nie als Balkon genutzt.

Im Gedächtnis des Platzes konnte den Anschluss erst wieder ein Ausschluss löschen. Für tobende Massen sorgte das Urteil des Präsidenten des Internationalen Olympischen Komitees, Avery Brundage, den St. Antoner Skifahrerhelden Karl Schranz wegen eines Verstoßes gegen die Amateurbestimmungen von den Spielen in Sapporo, Japan, nach Hause zu schicken.

Karl Schranz war in dieser Zeit der am meisten bewunderte Mann Österreichs: Mit 13% Zustimmung rangierte er weit vor dem damaligen UNO-Generalsekretär Kurt Waldheim (9%), Richard Nixon (5%), Bruno Kreisky, John F. Kennedy und Peter Alexander (je 4%). Zehntausende Leserbriefe wurden geschrieben, vier Schallplatten mit Protestliedern kamen heraus, darunter „Der Karli soll lebn!" von Georg Danzer und André Heller. Im Dienstwagen von Unterrichtsminister Fred Sinowatz fuhr Schranz am 8. Februar 1972 in einem Triumphzug vom Flughafen Richtung Innenstadt, Hunderte Autofahrer schlossen sich dem Konvoi an, der zeitweise mehrere Kilometer lang gewesen sein soll. Karl Schranz stand aufrecht im Schiebedach seines Wagens, ganz wie einst der Braunauer Gefreite. Es hatte zwei Grad und es nieselte. Gegen 14 Uhr erreichte die Wagenkolonne den Ballhausplatz. Im Bundeskanzleramt wurde Karl Schranz von Kanzler Bruno Kreisky erwartet. Der Regierungschef ermunterte ihn, sich auf dem Ballhausplatzbalkon der jubelnden Menge zu zeigen, weigerte sich aber anfangs, ihn dabei zu begleiten. Erst als Schranz zum dritten Mal auf den Balkon trat, gelang es dem Pistenidol, Kreisky zu überreden, gemeinsam die Ovationen mit „Karli"- und dann auch „Kreisky"-Rufen entgegenzunehmen. Kreisky sei es dabei kalt über den Rücken gelaufen, wie er später dem ORF-Generalintendanten Gerd Bacher verriet. Als oberstem Rundfunkgeneral fiel dem dazu ein, der ORF habe mehr Wiener auf die Beine gebracht als Hitler bei seinem Wien-Einzug.

Die Reconquista des Hofburgbalkons hingegen gelang erst dem Holocaust-Überlebenden und Friedensnobelpreisträger Elie Wiesel, der am 17. Juni 1992 anlässlich des „Konzerts für Österreich" von André Heller auf den Balkon geführt wurde und dort eine kleine Rede hielt. Die Veranstaltung, bei der eine Vielzahl österreichischer und internationaler Künstler gegen jegliche Verharmlosung des Nationalsozialismus, der Fremdenfeindlichkeit, gegen Ausländerhass und den Niedergang der politischen Kultur, kurz gesagt, gegen Jörg Haider auftraten, hatte schranzsche Massen versammelt.

Jede Österreicherin, jeder Österreicher kennt die Szene. Leopold Figl tritt mit dem frisch gesiegelten Staatsvertragsband auf den Belvederebalkon und schmettert den Satz „Östarrech iest fre" in die kochende Menge. Nur: So war es nicht.

Dass Figl die Worte „Österreich ist frei" am Balkon des Belvedere mit dem Staatsvertrag in Händen gesprochen haben soll, klingt zwar nett, ist aber eine Legende. Denn der damalige Außenminister Figl hat diese Worte entgegen der weit verbreiteten Meinung am 15. Mai 1955 nicht auf dem Balkon gesprochen.

Zu seinem historischen Satz kam Figl in seiner Rede im Marmorsaal des Belvedere, dem Ort der Staatsvertrags-Unterzeichnung, von einem, aus heutiger Sicht eher profanen Thema.

Rekonstruieren wir die Szene im Marmorsaal: Auf vier Barocktischen mit rotem Filztuch befinden sich vier Leuchter mit je sieben gelben Kerzen und Blumen in Vasen. Neun rote Ledermappen dienen als Unterlage, als Sitzgelegenheiten neun elfenbein-goldfarbene Barocksessel mit kardinalroter Seidenpolsterung.

Der Staatsvertrag mit seinen vier Übersetzungen zu je etwa siebzig Seiten ist wie ein Foliant in grünes Leder gebunden. Neun Staatsmänner nehmen an der Tischkolonne Platz, ganz links der sowjetische Außenminister Wjatscheslaw Michailowitsch Skrjabin genant Molotow (der Hammer). Neben dem Fäustel sein Nägelchen, Hochkommissar und Gesandter der UdSSR, Leonid Iljitschow. Dann der Kalte Krieger, US-Außenminister John Foster Dulles mit US-Botschafter und Hochkommissar Llewellyn E. Thompson Jr. In der Mitte thront Außenminister Figl. Rechts neben ihm sitzt der spätere britische Premierminister, Außenminister Harold Macmillan, im Rolls Royce vorgefahren mit seinem Botschafter und Hochkommissar, Sir Geoffrey Arnold Wallinger. Ganz rechts sitzen der französische Außenminister Antoine Pinay und Roger Lalouette, stellvertretender Hochkommissar und Gesandter von Frankreich.

Zwei Beamte reichen einem nach dem anderen den Staatsvertrag zur Unterzeichnung.

Zuerst unterzeichnen der Hammer und sein Botschafter, dann Macmillan und sein Gesandter, dann Dulles und sein Hochkommissar und schließlich die beiden Franzosen. Erst jetzt signiert Leopold Figl. Mit grüner Tinte. Dann wird neben jede Unterschrift ein großes rotes Siegel gesetzt. An anderer Stelle werden wir Genaueres darüber erfahren.

Es folgen unterschiedlich lange Reden der Außenminister. Während sie sprechen, stehen sie. Die Ansprachen werden in den Belvederepark übertragen. Punkt zwölf Uhr, während der Rede von Dulles, beginnen die Kirchenglocken zu läuten, auch die Pummerin. Sie ist noch neben dem Stephansdom aufgestellt, dort, wo jetzt die Fiaker stehen. Sie hängt noch nicht in ihrem Läutwerk im Nordturm.

In seine vierminütigen Rede vor den versammelten Diplomaten verstrickt, versucht Figl, langsam zum Ende zu kommen. Der russische Außenminister hat schon das Champagnerglas hinter sich geworfen. Stolz streicht Figl über den Vertragsband, und erklärt, es zeige „die große Tradition der österreichischen Handwerkskunst, dass dieselbe Firma, die bereits die Verträge des Wiener Kongresses 1815 gebunden hat, auch heute dieses neue Vertragswerk handwerklich ausgestaltet hat. Mit dem Dank an den Allmächtigen wollen wir die Unterschrift setzen und mit Freude rufen wir aus: Österreich ist frei!" Dann setzt sich Figl. 12 Uhr 15: Die Türen zum Balkon werden geöffnet. Die Menge jubelt. Alle Außenminister treten auf den dünnbrüstigen Barockbalkon. Die Sekretäre des Bundeskanzlers, Franz Karasek und Ludwig Steiner, bringen Figl den Staatsvertrag, der schlägt die Seite mit den Unterschriften und den Siegeln auf und zeigt das Dokument der im Park des Belvedere auf Kieswegen und Rasenfeldern versammelten tosenden Menschenmenge.

Auch österreichische Regierungsmitglieder treten nun auf den Balkon, der eigentlich eine von Säulen getragene Terrasse ist. Gewiss wird gesprochen hier. Ob auch nur irgendjemand ein Wort verstanden hat, darf bezweifelt werden. Mikrofone stehen jedenfalls keine am Balkon. „Wir haben ihn", schreit Figl, heißt es. Der sowjetische Außenminister Wjatscheslaw Molotow wirft Kusshändchen ins Publikum.

Hier stehen also die Außenminister der Besatzungsmächte mit dem volkstrunkenen Figl und haben eine schöne Aussicht auf das Staatsvolk. Das war mit gratis fahrenden Straßenbahnen hier eingetroffen. Nach einigen Minuten ist der identitätsstiftende Spuk zu Ende. Die Delegationen stärken sich bei Wein und Brötchen. Das Volk gibt noch keine Ruhe. Angeregt durch den Jubel treten die Außenminister nochmals auf den Balkon, diesmal aber auf den kleinen Seitenbalkon bei der Prinz-Eugen-Straße, sie reichen einander die Hände und winken der Menge nochmals zu.

Das diplomatische Monsterprogramm des Tages klingt offiziell gegen halb elf in Schönbrunn aus. Die Wiener Philharmoniker spielen bei starkem Regen auf der Galerie die Kleine Nachtmusik, Ballettmusik von Tschaikowsky, den Donauwalzer und zuletzt den Radetzkymarsch.

Das Bierzelt

Jedes erste Septemberwochenende ist im Zweitausendseelennest Altaussee im steirischen Salzkammergut der Teufel los. Alle Jahre wieder, wenn sich die Sommerfrische ihrem Ende zuneigt, platzt der Ort am Fuße des Toten Gebirges aus allen Lederhosennähten.

Den Einheimischen und den Großbürger- und Grafenfamilien, die hier seit Generationen in ihren Salzkammergutvillen residieren, schließen sich zur Kirtagszeit 7000 weitere Salonsteirer aus der Metropole an.

Großes und altehrwürdiges Vorbild für den Wiener Verkleidungswahn ist der Nationalheld der Gegend, Erzherzog Johann. Dieser hat sich, wie an allen Ecken und Enden des Winkels auf Gedenktaferln und in Gästepostillen ausgebreitet wird, hier am 22. August 1819 in die Postmeisterstochter Anna Plochl verknallt.

Mit des Erzherzogs Worten: „Ist sie mir guth?" hat der ganze Rummel angefangen. Lange vor der Romanze zwischen Franzl und Sisi in Ischl.

Schon zu Johanns Zeiten notierten die Chronisten des Salzkammergutes: „Aus der Fäulnis der Wiener Zeit unter Franz stammten auch die falschen Steyrer. Sie meinten, dem löblichen Beispiel des Erzherzogs Johann nachzueifern, allein dieser Prinz hatte durch sein inniges Zusammenleben mit dem steyrischen Volke ein gewisses Recht auf den großen Lodenrock erworben. Die falschen Steyrer hingegen waren meist blasierte Gecken aus der Residenz."

Seit den Tagen der Postkutschen hat sich daran nicht viel geändert. Mit Cayenne und SUV kommt die Jeunesse dorée aus der Bundeshauptstadt auf Kurzbesuch in die Domizile der hier logierenden Eltern.

Im Reisegepäck blähen sich die Koffer über Loden-Plankl-Jankern und Gexi-Tostmann-Dirndln. Wer auf sich hält, beeindruckt mitgebrachte Freunde mit uralten „Hirschledernen". Nicht irgendwelche Lederhosen, sondern Altausseer müssen es sein, mit weißem „Bürsl", einer kleinen weißen, aber wahnsinnig wichtigen Naht, zwei Fingerbreit überm Knie. Der Vorsprung an Einheimischkeit, der mit dieser stilistischen Marginalie gegenüber ähnlichen Produkten des Ausseerlands gewonnen wird, ist in irdischen Dimensionen nicht zu messen.

Das Alter der Hose muss dem des eigenen Großvaters nahe kommen. Zu erkennen ist das daran, dass das ursprüngliche Schwarz des Leders einem sandfarbenen, verschlissenen Teint gewichen ist. Mit einer Sepplhose vom Flohmarkt oder gar einer Bikerjean aus Favoriten anzutanzen gilt als Missgriff und wird als proletenhafte Minderschätzung der hochnoblen Region und ihrer Sommerbewohner ausgelegt.

Dabei ist die Legende von der Lederhose nicht älter als die Wiener Ringstraße. Allen Traditionalisten zum Trotz, die den Ursprung der bajuwarischalpinen Lederhose ins Mittelalter, ja gar in die Antike legen, ist das krachlederne Männerbeinkleid eine Erfindung der Trachtenvereine. Als nichttextiles Kleidungsstück ist die Lederhose außerdem eine Reiterhose. Unerschwinglich für den gemeinen Bauern. Ihr Schnitt lässt sich auf die Culotte zurückführen, die typische Männerhose des späten 17. und 18. Jahrhunderts. Der Adel trug solche Culotten aus Samt und Seide, zum Reiten aus Leder, das einfache Volk solche aus Leinen. Die Muster auf traditionellen österreichischen Lederhosenbeinen kommen gar von den Girlanden auf den Reithosen der slowakischen Kavallerie.

Für die frühproletarischen französischen Revolutionäre war die Culotte das reine Böse. Die Brüder der Einigkeit waren so frei, unaristokratische lange Hosen zu tragen, was ihnen den Namen „Sansculottes" einbrachte. In diesem Sinne darf die Lederhose als vorrevolutionäres Symbol verstanden werden. Gerade recht für den katholischen Wertekonservativismus der Wittelsbacher und Habsburger.

Den Gipfel der Altausseer Verkleidungskunst stellt jenseits der Hosenfrage jedoch die Auswahl des richtigen Schuhwerkes dar. Die Debatte, welche Version zu welchem Zustand des Bodens passt, ist um einiges schwieriger zu führen als die, welche violette Dirndlschürzenfarbe zu welcher Sorte hellrosa Kittel passen könnte. Der Aussee-Novize ist verblüfft, wie viele Farbnuancen der gelernte Sommerfrischler zwischen „knallrouge" und „grellrosa" zu unterscheiden vermag.

Wirkliche Profis in dieser Disziplin sind die Bubis und Mädis aus „gutem Haus", Hietzing und Pötzleinsdorf, natürlich nie und nimmer. Trotz redlicher und finanzintensivster Bemühungen kommen sie über den Status des Postkartenausseers nie hinaus. Und so wundern sie sich Jahr für Jahr aufs Neue, wenn sie von den Einheimischen mit zugehaltenen Augen und Ohren und gegen den Wind als „Scheißweana" entlarvt werden.

Alljährlicher Höhepunkt des Verkleidens ist der traditionelle „Altausseer Kirtag" am ersten Septemberwochenende. Begonnen hat das Fest vor 35 Jahren relativ klein und bescheiden. Es dauerte zwei Tage, wegen des großen Erfolgs wurde jedoch in Anlehnung an den Faschingsmontag der sogenannte „Kirimontag" dazuerfunden, eine sehr raffinierte Idee der Altausseer, denen Samstag und Sonntag zu sehr verwienerten und die sich auf diese Art einen eigenen Einheimischen-Tag anhängen wollten. Mittlerweile ist auch der Kirimontag fest in den Händen der Horden aus der Wienerstadt.

Drehscheibe des Kirtages ist das Bierzelt, umringt von den für alpine Kirchweihfeste obligatorischen Attraktionen: Schießstände, Autodromanlagen, Schaukeln und Ringelspiele. Nicht zu vergessen, die wabernde Untertasse Tagada. Auf der spiegelblanken Fläche der bitterbösen Drehscheibe macht sich die betrunkene Jeunesse zum Trottel.

Mit der Eröffnung beginnt ein erbitterter Kampf zwischen Wienern und den Bewohnern der drei Ausseerlandgemeinden Altaussee, Grundlsee und Bad Aussee um Einlass und Sitzplatz. Als Verstärkung der Ausseer gehen auch noch Mitterndorfer, Goiserer, Hallstätter und andere Salzkammergutbewohner mit ins Rennen. Das Innere des Kirtagstempels ähnelt einer dreischiffigen Basilika. Im linken Seitenschiff blasen sich die Altausseer und Lupitscher Feuerwehrmusiker die Wangen wund. Im rechten Seitenschiff bieten Nebenkapellen, die den Göttern „Nikotin", „Pommes frites" und „Sprit" geweiht sind, Anlass zur Einkehr.

Die Apsis des Kirtagszeltes wird vom Hauptaltar beherrscht. Als areligiöser Stamm mit großen Talenten in der Korruption von Symbolen schenken die Altausseer hier Alkoholfreies aus. Flankiert wird der Opfertisch von St. Mokka und St. Zirbenschnaps. Für den rostroten Enthemmer werden Zucker und junge Zirbenzapfen in hochprozentigem Korn angesetzt.

Nicht vergessen wollen wir die linke Seitenapsis. Sie huldigt dem Martyrium der Sancti Würstel, Räuchersaibling und Grillhenderl. Der rechte Nebenaltar ist den Anhängern des lokalen Volksheiligen Gösser Bier ein ständiger Pilgerfokus.

260 Altausseer arbeiten sich die Hände wund, bringen an die 42.000 Bierkrügel, 6500 Hendln, 7000 Paar Bratwürstel, 14.000 Semmeln, 1600 Liter Wein und 7000 Liter Kracherl unter die Leute.

Einen ersten Gipfel der Stimmung erklimmen die Festzeltbesucher während des Einzugs der vierzigköpfigen Delegation aus dem fernen Ebensee. Deren zweitägiger Fußmarsch übers schneeverwehte Tote Gebirge wird unter großem Gejohle und Intonierung des „Ebenseer Fetzenmarsches" im Zelt begossen. 14 Tage später gibt es den Gegenbesuch aus Altaussee. Auch er geht über die hochalpinen Höhenwege. Die Fama behauptet, Ebenseer und Altausseer seien inzwischen genetisch näher gerückt, weil die Jungmänner beider Orte im Kirtag nicht nur an Fassung verlieren, sondern auch an Zuspruch gewinnen, durch einheimisches Jungfernpersonal. Wo die Rauschkinder gezeugt werden, verliert sich im Dunkel der Kirtagswiesen.

Anders als im Mühlviertel, der Obersteiermark und den Tiroler Tälern schonen die Altausseer ihre Fäuste. Sie brauchen ihr Fingerspiel für die Blasmusik. Oder zum Ausnehmen der Saiblinge.

Absoluter Höhepunkt und größte Attraktion des Dreitagefestes in Altaussee war viele Jahre hindurch der Auftritt von Emil. Emil war der berühmteste Ausseer, fast so berühmt wie Klaus Maria Brandauer, der wider die landläufige Meinung der „Zuagrasten" tatsächlich von hier ist. Emil Strenberger war pensionierter Müllmann, seine famose Karriere als Bierzelt-Entertainer hatte Anfang der Achtzigerjahre begonnen, sein lokaler Ruhm hatte Phettberg'sche Dimensionen und die Wiener Freizeitsteirer versuchten stets so zu tun, als wären sie mit Emil groß und lustig geworden.

Kirimontag pünktlich um 21 Uhr – um diese Zeit traf der von Emil rituell verwendete Postautobus ein – klatschte das Zelt mit Emil-Rufen den Mistkübler auf die Bühne. Sein Repertoire war bescheiden und umfasste die vier Megahits „Und wenn du eine böse Schwiegermutter hast", „Im Wald, da sind die Räuber", „Ja, mir san min Radl da" und „Wenn auf Capri ..."

Emil freute sich das ganze Jahr auf seinen Auftritt. Nicht zuletzt, weil Klaus Maria Brandauer jedes Jahr hinter der Bühne stand und ihm nach vollbrachtem Sangeswerk anerkennend auf die Schulter klopfte. Der Mime genießt den Rummel um die eigene Person nicht wirklich und verbringt den Kirtag hinter den Kulissen. Im Vergleich zu denen, die sich hier ins Rampenlicht drängen, strahlt sein Licht aber umso angenehmer.

Zwischen all den echten Grafen, den Eltz und Czernins, Merans, Harnoncourts und Hohenlohe-Schillingsfürsten zeigen auch Nachrichtensprecher, Industrielle und reich gewordene Kleinbürger gern die Schönheit ihrer von abgewetzten Lederhosen nur notdürftig bedeckten Säbelbeine.

Doch konservative Beine sind nicht die einzigen falschen Promihaxen vor Ort. Frisch gekampelt und geschnäuzt, das Gamsjopperl und die jahrzehntealte Krachlederne angelegt, zieht Salzbaron Hannes Androsch, eine Truppe Dirndlträgerinnen im Schlepptau, in großer Prozession ins Zelt ein. Nichts an seinem Habitus erinnert an Floridsdorf, nichts an Sozialdemokratie und höchstens ein bisschen noch an seine Jugendtage als Finanzminister und Kronprinz des alten Sonnenkönigs Kreisky. Alles am „Schönen Hannes" sieht stattdessen nach gekauftem Salzadel aus und fügt sich harmonisch ins Bild der hier vertretenen Seitenblicke-Prominenz.

Das Defilee und Herumgesitze bekannter Kapazunder dürfte nicht unwesentlich am ungebrochenen Erfolg Altaussees als Königshube der Sommerfrische verantwortlich sein.

Wie fast immer entdeckte der Geldadel die Gegend erst, nachdem Künstler die Region für sich erobert hatten. Schon Thomas Bernhard graute in Elizabeth II vor dem angereisten Klüngel: „Schriftsteller Komponisten Komödianten / dieses ganze Gesindel", schimpfte er, „gehen in Dirndlkleidern herum und in Lederhosen und machen sich mit Fleischhauern und Holzhackern gemein."

Meine eigenen Urgroßeltern sind nicht unfrei von Bernhards Vorwürfen. Mein Urgroßvater Max Jüllig, Professor an der Technischen Hochschule in der Reichshaupt- und Residenzstadt Wien, hatte als Eisenbahnexperte Familienfreifahrt auf allen Bahnen der Monarchie. Auf der Suche nach einem Urlaubsort für die meschuggene Sippe hat meine Urgroßmutter Martha sich Aussee ausgesucht, wo sie die Bauernfamilie Amon zum Bau eines Sommerfrischehauses anstiftete. Immer mit von der Partie waren der Wagnerepigone Wilhelm Kienzl und seine Frau Henny, die Busenfreundin meiner sozialdemokratischen Urgroßmutter.

Meine Theorie der Sommerfrische ist ja diese: Zur Sommerfrische wird man als Kind angefixt. Sommerfrische pflanzt sich sexuell fort. Kinder von Sommerfrischlern werden während der Sommerfrische gezeugt, verbringen ihre Kindheit in der Sommefrische und kehren wie die Lachse im Zenit ihrer Urlaubskraft an den Ort des Laichs zurück. So geschah es mit meinem Großvater Werner Jüllig. Den hatte das Gummiband Aussee selbst aus dem fernen Schweden, wohin er ohne Sack und ohne Pack ausgewandert war, wieder zurückgeholt. Mitsamt meiner Mutter. Die dem Sommerfrischevirus schon so früh erlegen war, dass sie unbedingt einen Steirer heiraten musste, meinen Vater. Dessen Sommerfrischelaichplatz lag zwar im südsteirischen Sulmtal, aber gegen den Ausseer Magnetismus hatte er keine Chance. So kam es, dass auch ich meine Kindheit im Inneren der Zackenkrone der Ausseerberge verbrachte.

Mein Großvater, der schwedische Industrielle, hatte Geld wie Eisenspäne und mit der skandinavischen Penunze baute er, von meinem Architektenvater geplant, sein Haus. Einen Kirschkernwurf von der Stätte seiner, meiner Mutter und meiner eigenen Kindheit entfernt. Das war nun der Mittelpunkt der Welt. Längst ist er nicht mehr in unserem Besitz. Wir betrachten uns als verarmt.

Aber gemäß der Erkenntnis, dass die Erinnerung das einzige Paradies sei, aus dem man nicht vertrieben werden könne, bin ich dort selbstverständlich noch immer zu Hause. Und gleichzeitig vertrieben von diesem Ort, denn die Gegenwart will sich nicht der Verklärung ergeben, die meine Erinnerung ihr an die Kehle setzt. Böses, böses Aussee.

Die Folie, nach der die Mechanismen der Salzkammergut-Variante der österreichischen Sommerfrische gestanzt werden, hatte seinen Ursprung bei den Habsburgern. Zumindest bei denen, die sich für die Habsburger hielten.

Kaiser Franz Josephs Vater war nach offizieller Lesart Franz Karl, der zweite Sohn des österreichischen Kaisers Franz I und dessen Gemahlin und Cousine Prinzessin Maria Theresa von Neapel-Sizilien, einer Tochter des Königs beider Sizilien aus dem Hause Bourbon und der Erzherzogin Maria Karolina von Österreich. Franz Karl hatte am 4. November 1824 Prinzessin Sophie Friederike von Bayern geheiratet.

Nach sechs Ehejahren hatten sich mehrere Fehlgeburten, aber kein Nachwuchs eingestellt. Zur Steigerung der Fertilität hatte das Paar ausgiebig in den so genannten „Frauenbädern" der Monarchie gekurt. Vergeblich. Nach mehreren Kuraufenthalten Sophies im Solebad Ischl kam am 18. August 1830 das erste Kind des Paares, Franz Joseph, der spätere Kaiser zur Welt. Zwei und drei Jahre später die Söhne Maximilian und Karl Ludwig und nach zwölf Jahren der schwule Luziwuzi, im Gotha als Erzherzog Ludwig Viktor geführt.

In Wien munkelte man, dass die älteren Söhne statt Sophies Ehemann den österreichischen Feldmarschall-Leutnant Gustav Prinz von Wasa zum Vater hatten, den exilierten Sohn des abgesetzten schwedischen Königs. Der Kronprinz hatte den Titel Prinz von Wasa von Franz II bekommen, obwohl er nicht allzu verwandt war mit den alten Wasakönigen, die waren mit Königin Cristina ausgestorben.

Gustav entstammte dem Haus Schleswig-Holstein-Gottorf (oder Holstein-Gottorp), einer Linie des norddeutschen Fürstengeschlechtes Oldenburg, die ihren Ursprung in Egilmar I (1040 – 1108) haben. Ihren Namen haben die Oldenburger von einem obskuren Fischhandel. Egilmar hatte sich gegen eine Rente in die Gebetsbrüderschaft des Klosters Iburg (bei Osnabrück) aufnehmen lassen. Abzuholen war diese Rente „apud Aldenburch", bei Oldenburg. Sie bestand aus 90 Bund Aalen. Diese tatsächlich in Oldenburg stattgefundene Aalübergabe ist die erste Erwähnung des Namens „Oldenburg". Franz Joseph hatte aus dieser mutmaßlichen genealogischen Konstellation seinen Geheimspitznamen „Oldenburger" oder „Der Olde Kaiser".

Nach einer konkurrierenden Theorie soll der spätere Kaiser Franz Joseph I ein Kind von Napoleons Sohn, des Herzogs von Reichstadt, gewesen sein. Dessen Wiege kann heute noch in der Wiener Schatzkammer bewundert werden. Der junge Herzog von Reichstadt, Napoléon-François-Joseph-Charles Bonaparte hatte sich mit seiner angeheirateten Tante, der sechs Jahre älteren Erzherzogin Sophie Friederike angefreundet. Die beiden besuchten zusammen Bälle und Konzerte, und der Wiener Klatsch munkelte, dass zumindest Sophies zweiter Sohn Ferdinand Maximilian, der spätere Kaiser Max von Mexiko, von ihm stamme.

In der Tat weist zumindest Franz Joseph I keine der typisch habsburgischen physiognomischen Merkmale auf wie die vorgestülpte Unterlippe, die die Piastin Cymburgis von Masowien einst für ein halbes Jahrtausend in der Familie hinterlassen hatte.

In Aussee tuschelte man bodenständiger. Henny Kienzl, die librettoschreibende Gattin des Komponisten und Aussee-Aficionados Wilhelm Kienzl, war eine geborene Lehner. Ihr Vater, ein Hofschranze, so erzählte sie, hätte mit Sophie die eine oder andere geheime Ischler Stunde verbracht und dabei Ferdinand Maximilian, Kaiser Franz Josephs jüngeren Bruder gezeugt. Über diese überaus geheime Familienkonstellation soll das „Habsburgerkreuz" in unsere Familie gekommen sein, ein Kruzifix, von dem ein sonderbarer Fluch ausgeht. Nicht nur Maximilian, auch Magnus, der Bruder meiner Mutter, ist unter dem unseligen Kreuz getauft worden. Beiden hat es kein Glück gebracht. Das Kreuz ist laut Auskunft meiner Mutter jetzt im Besitz von Christian Brodas Tochter Hannerl und ich möchte hoffen, dass sie keine Taufen darunter vornehmen lässt.

Wie die beschriebenen Affären zeigen, fruch17ten die Fraternisierungsversuche der Wiener nur im Verborgenen, die Ausseer lieben ihre Gäste nicht wirklich, tun ihnen nur schön und reiben sich die Hände. Besonders einträglich und beliebt ist alles, was dem Besucher die Illusion des alpinen Waidwerkes vermittelt. So gibt ein ausgiebiger

Besuch des Armbrustschießzeltes dem wildernden Wiener die Chance, mit kleinen Armbrüsten auf kleine Scheiben zu zielen.

Im direkten Wettkampf mit den real existierenden und anwesenden „Jagern" der Gegend haben die Besucher aber keine Chance. Die treffen im Gegensatz zu den Hietzingern auch im voll alkoholisierten Zustand noch in den pfefferkorngroßen Zwölfer-Ring. Den von der Freiwilligen Feuerwehr Lupitsch ausgesetzten Schützenpreis – meist ein Fernsehapparat – will dennoch jeder gewinnen.

Im Zelt sitzen zumeist auch Lupitscher mit Knopferlharmonikas und spielen Marathons von Steirern und Gstanzln, meist mit schweinischen Texten. Dazu klatschen sie mehrstimmig. Das nennen sie „Paschen". Die Wiener paschen sofort mit, worauf die „Musi" verstummt, weil die Wiener weder Einsatz noch Lautstärke der rhythmischen Handschläge kennen und den Ausseern damit jeden Spaß verderben.

Gegen vier Uhr nachts versiegen die Bierquellen, die letzten Autodrompiloten drehen einsame Runden, Graf Krethi und Komtesserl Plethi treten den Heimweg an. Familienvilla, Ferienwohnung und Frühstückspension werden wankenden Schritts oder schlingernder Fahrt angesteuert, der Auszug aus der lehmbeschmierten Lederhose und das Abwickeln der brathendlsaftverschmierten Dirndln beginnt.

Mit der Abreise der Wiener nach dem Kirtag wird es abrupt leer im Tal. Tennisplätze und Paragliding-Rampen verwaisen, Elektroboote und Erlebnisplätten werden eingewintert. Gaststätten kürzen ihre Speisekarten, und die Promenaden sind aper von urlaubenden Prominenten und Sommerfrischlern. Die Einheimischen genießen ihre Gegend und Schulkinder sprechen wieder ungeniert im Dialekt. Ein, zwei Monate lang. Bis die Skifahrer kommen. Dann beginnt alles von Neuem.

Das Einkaufen

Von bescheidener Tristesse sind die Begegnungen im österreichischen Geschäft. Im Gegensatz zu anderen Ländern ist hier nicht der Kunde König, sondern der Kunde beim König. Das Einkaufen in geschlossenen Lokalen ist in Österreich ein Ritual der Unterwerfung. Verwandt mit diesem Phänomen ist der Aufenthalt in Bussen, Straßenbahnen und Zügen der Österreichischen Bundesbahnen.

Österreicher, die in Italien urlauben oder in Skandinavien oder sagen wir mal in so weit entfernten Ländern wie den USA, erleben Unerhörtes. Sie berichten vom ganz anderen Einkaufen. Alle Österreicher, die irgendwo anders einkaufen, berichten dieses. Überall sei es anders als hier. Normal nämlich.

An den Supermarktkassen in anderen Ländern wird zwar zügig, aber ohne rotweißrote Hast gearbeitet. Supermarktkassiererinnen, wo auch immer sie das außerhalb Österreichs tun, arbeiten mit der Nonchalance des Praktikablen. Sie ziehen die Produkte gemächlich über die Laserritze, lächeln hier, lachen da und legen jede Menge reißfester Tüten bereit. Im garstigen Amerika schlichten dienstbare Einräumgeister den Einkauf auch noch ungefragt in stabile braune Säcke. Within the blink of an eye auch zweilagig.

Dann zahlt man, mit der Penunze, dem Plastikkärtchen oder dem Scheck. Sie sehen auch nicht anders aus als bei uns, die Supermärkte rund um den Globus. Wie denn auch, Supermarktismus ist eine kapitalistische Kunst, die der Maximierung zweier Parameter dient: der Kontostandsvergrößerung der Supermarktbetreiber und der Wiederkehrlust der Supermarktkunden. Überall ist das so. In Burma und in Belgien, in Indien und in Israel, in Lettland, Litauen, Laos und im Libanon und natürlich auch in Argentinien und Australien. Überall. Nur nicht in Österreich.

In Österreich ist das anders. In Österreich hat irgendjemand das Konzept falsch verstanden oder eine fehlerhafte Übersetzung der Supermarktbedienungsanleitung in Umlauf gebracht.

In langen Schlangen kontemplieren die österreichischen Supermarktkunden, um sich auf einen magischen, auf unerhörte Kürze komprimierten Vorgang einzustimmen. Die Fließbandarbeit. Sie besteht darin, den Einkauf aus dem Wagen zu heben, auf das Supermarktkassenband zu werfen und dann das Näkubischi, das Nächster-Kunde-bitte-Schild aufzulegen. Das geschieht noch fast in der Ruhe, die auch in anderen Ländern diesen Vorgängen eigen ist. Während die Kunde vor uns zahlt und verstohlenen Blickes und in selbstzerstörerischer Hast ihre Produktemelange einsackelt, geschieht das Österreichische, das Einzigartige. Wie von der Tarantel gestochen verwandelt sich die fadäugige, gerade noch in buddhistischer Trance festgefrorene Kassiererin in eine vielarmig fuchtelnde Furie.

Mit der Geschwindigkeit, die auf Autobahnen zu Führerscheinentzug führte, schnellt sie unseren sorgsam vor dem Näkubischi gestapelten Einkauf über die zerkratzte, von Etikettenresten, Joghurtschorf und Weißbrotbröseln verlurchte Laserleuchte und wirft ihn auf die kleine Ablage hinter dem Band. Von dort, so will es das Gesetz des fließenden Bandes, schmettern wir ihn in den Gitterwagen. Wir, die Österreicherin und, selten genug, der Österreicher.

Das ist nicht leicht, denn die Kassierin ist stets schneller. Eine Zehntelsekunde nach dem Vorbeiziehen der letzten angehäuften Ware, einen Kolibriwimpernschlag nach dem letzten Frischkäsebecher, dem letzten Nudelpaket, dem letzten Schokoriegel versinkt sie wieder in das buddhistische Koma. „Sesunsizigzwanzig" heißt es dann, 76,20, oder „Deitsenvizig", 13,40. Wir sagen mit dem Triumphgeheul der Moderne „Bankomat". Ernten böse Blicke aus der Warteschlange. Warten auf das Fiepen des Eintippterminals. Stecken unsere Magnetplastikkarte hinein und tippen der Öffentlichkeit die intimste Ziffer unseres Daseins vor. In der Sekunde, in der die bargeldlose Kasse mit einem metallischen Schnappen unsere Karte entlässt, begibt sich die sitzende Buddhafigur an der Kasse wieder in den Wachmodus und beginnt, den Einkauf unserer Hinterfrau auf das soeben Gekaufte zu schieben.

Wehe, wir haben kein Sackerl gekauft, wie die Österreicher sagen. Das rotgelbe Billasackerl, das grünweißrote Sparsackerl oder das wasweißichwiefarbene Merkursackerl.

Eines Tages hat mich die Aggression solch einer Situation in den antikapitalistischen Revolutionsfuror katapultiert. Ich war mit den Gedanken woanders gewesen und mit dem Einsackeln nicht nachgekommen. Mein Einkauf war zu einer hässlichen Pyramide angewachsen.

Sie müsse das nicht so schnell tun, meinte ich. Was, so schnell, fragte sie. Na, das rüberziehen. Doch, müsse sie, meinte die Kassiererin. Anweisung. Von Oben. Aber ich müsse das nicht, entgegnete ich, bei mir gäb' es kein Oben.

Wertvolle Kassenbandzeit war verstrichen, Wut schäumte hinter mir auf, ein blondiertes Wesen mit angeschweißten Fingernägeln schob ihre Frühstückszerealien gegen meine Milchpackerln und herrschte mich an: „Tua weiter, Schastrommel, dei Zeid is mei Göd."

Verwandt mit den Unbillen des Supermarktes, aber wesentlich älter als diese ist eine andere Eigenart der österreichischen Einkaufsbegegnung. In Österreich ist es üblich, sich beim Eintritt in ein Geschäft, ja selbst beim Aussprechen eines Wunsches in einem Laden oder einer Gaststätte zu entschuldigen. Wofür entschuldigen wir uns? Was ist das für eine seltsame Sitte?

Wie viele österreichische Üblichkeiten ist das Entschuldigen im Geschäft so alt wie unausrottbar. Es stammt aus den gar nicht so guten Zeiten der Monarchie, wo einander in Geschäften weitgehend Dienende verschiedenen Ranges begegneten. Bürgertum und Aristokratie gingen damals nicht selbst einkaufen, sondern ließen das von geknechteten und entrechteten Menschen, dem so genannten „Personal" durchführen. Das Personal traf in einem Geschäft auf die standesmäßig höher stehenden Verkäufer oder gar den Inhaber, der meist auch dem Bürgertum angehörte.

Eine Entschuldigung für die „Störung", die das Betreten des Ladens für den Kaufmann bedeutete, sowie das höfliche Vortragen der Einkaufsliste gehörte zum üblichen Ton in einem Geschäft. Anders hielten die Geschäfte den Umgang mit der Kunde, der bürgerlichen Bekanntschaft eines Geschäftes. Die begegnete ohne Entschuldigung. In einer mittelalterlichen, barocken, neoabsolutistischen Stadt konnte die Kunde nur ein anderer Händler sein. Oder jemand aus seiner Familie. Aristokraten gingen in den seltensten Fällen einkaufen. Wozu auch. Als Abenteuer war es zu ungefährlich, als Zerstreuung zu langweilig. Das Genre des Nichteinkaufenden wird auch seit der offiziellen Abschaffung des Adels gepflegt. Minister, Parlamentarier, Sektionschefs und Hofräte, Industrielle und Gewerkschaftsbonzen, Kleriker und hochrangige Militärs kennen den Einkauf nur in abstrakter Form. In ein Geschäft gehen andere für sie. Die Unterhosen besorgen weibliche Verwandte, Priesterseminaristen oder Unteroffiziere. Die wenigen Frauen, die in Österreich in diese Männerdomänen aufgestiegen sind, kaufen sich die Unterwäsche selbst.

Auf Augenhöhe einzukaufen war Nichtbürgerlichen und Nichtaristokraten nur auf dem Markt möglich. Hier entschuldigte sich niemand für Störungen. Hier wird auch heute noch saftig mit einander geschrien. Hier wird weder gebeten noch gebuckelt. Hier ist die Verkaufswelt aufgeklärt und psychosozial entösterreicht.

Das Telefonat

Die Österreicher telefonieren für ihr Leben gern. Besonders gerne telefonieren sie mit dem Cellphone, das hier Handy heißt. Dass der Begriff aus dem Englischen kommt, scheint bekannt zu sein, jedoch halten die Österreicher, denen das Verständnis des Anglosächsischen weder in die Wiege noch auf die Schulbank gelegt wird, das Wort für eine Übersetzung des Begriffs „kleine Hand". Naturgemäß hat die Evolution der in Österreich verkauften Funktelefone zu kinderhandgroßen Produkten geführt. Das Handy ist also ganz gegen seine tatsächliche englische Bedeutung bereits zu klein, um praktisch zu sein.

Mein erstes eigenes Handy war noch ein Ziegel von der Größe eines Wecken Schwarzbrots. Es zirpte und hupte und auf seinem froschlaichgrünen Display konnte ich die für damalige Begriffe unvorstellbare Menge von zehn Nummern abspeichern.

Schuld an meiner früh ausgebrochenen Handymanie war Captain Kirk. Der untersetzte Kapitän des Sternenkreuzers Enterprise hatte mich angefixt. Captain James Kirk liebte Ausflüge. Wie ich. Wenn den Captain die Ausfluglust juckte, stellte er sich in die Teilchendusche und ließ sich auf die Planeten, den Mond, das vergammelte Klingonenschiff beamen. Und nie hatte er mehr bei sich als einen kabellosen Phaser-Föhn und sein Ding, sein, wie wir es heute nennen: Handy.

Einen Föhn hatte ich schon. Das Elektrogerät, das nach einem Kopfwehwind benannt war. Das andere, das Ding wollte ich auch haben. Es war so groß wie ein Trzesniewskibrötchen, hatte eine Klappe wie das Notizbuch von Inspector Columbo und mehr Tasten als die Gegensprechanlage im Ringturm. So ein Ding wollte ich haben. Ein ... ein ... Mist, das Ding hatte keinen Namen.

Hannes Androsch war da schon weiter. Hannes Androsch, Finanzminister der Sozialdemokraten war in den Siebzigerjahren so was wie der Mister Spock eines gewissen Captain Kreisky, Kommandant auf dem Schnitzelkreuzer Österprise.

Hannes Androsch hatte eine Dienstlimousine und ein mobiles Telefon. Ein Telefon, das nicht an Kabeln aus der mehligen Wand hing, das nicht von der spärlichen Erreichbarkeit einer Vierteltelefonnummer beschränkt wurde, ein Telefon aus der Zukunft, ein Autotelefon.

Es hatte die Größe eines Kindersargs und war nur mit dickem Mercedes drumrum erhältlich.

Also doch das von Captain Kirk.

Die Jahre liefen ins Land, Captain Kirk wurde feister, Hannes Androsch telefonierte weiter über den Kindersarg und bekam Probleme mit den Klingonen aus dem Magazin Profil, einer aufmüpfigen Bande von recherchewütigen Aufdeckerjournalisten, die irrtümlich in eines seiner Funktelefonate geraten waren und brisante Details brisanter Geschäfte mitgehört haben wollten. Aus Kreisky wurde Sinowatz, aus Sinowatz ein Bankdirektor, aber das kleine klappbare Brötchen gab es noch immer nicht.

Auf den Straßen gab es gläserne Häuschen, in denen man telefonierte. Schwarz und goldgelb waren sie lackiert, in den Farben, die die Post hier hatte, als Nachfolgerin des kaiserlichen Kurierdienstes der Thurn und Taxis. Man warf eine Münze ein, die sich Telefonschilling nannte, und wenn eine Verbindung zustande kam, drückte man einen kleinen schmierigen Knopf.

So ging mobiles Telefonieren: Gläserne Häuschen, Telefonschilling, schwarzer Knopf, Hallo, hallo, ich brauche ein Taxi in die ... Türe auf ... Ecke Dings ... äh Moment ... äh ... klick. Tuut, tuut. Telefonschilling aus. Kein Taxi in die Pampa. Wenn Wien sich von seiner ehrlichen Seite zeigte, regnete es auch noch.

Und dann irgendwann ging alles ganz schnell. Im staatlichen Rundfunk sprachen sie über das Einrichten eines Funknetzes für mobiles Telefonieren. Geräte, die sich in dieses Netz einwählen würden, gäbe es bald zu kaufen. Zu kaufen! In Österreich. Zwar nicht in Geschäften, aber zu kaufen. Bist du gelähmt! Und von diesem Funknetz, wie sie sagten, würde man auch ins normale Netz telefonieren können. Ins normale Netz! Das Netz, das mit dünnen Kabeln aus den mehligen Wänden kam.

Mein erstes Handy war grau und es war aus Plastik und was die Größe betrifft, Captain Kirks Trzesniewskibrötchen war es nicht gerade, es war, na sagen wir mal, ein hartgebackner Weihnachtsstollen. Der Weihnachtsstollen hatte eine ausziehbare Antenne und einen kleinen Bildschirm. Das gefiel mir schon besser. Einen kleinen Bildschirm hatten die Kommunikatoren auf der Enterprise auch. Der Bildschirm hieß Display und hatte die Farbe giftgrünen Froschlurchs.

In der Bedienungsanleitung fanden sich Begriffe aus der Zukunft: Speicherplatz, Menüpunkt, Kurzwahlnummer, Ladezustand, SIM-Karten-Steckplatz.

SIM-Karten-Steckplatz. Ein wunderschönes Wort. Captain Dusl, Ma'm, wir haben Probleme mit dem SIM-Karten-Steckplatz. Schalten Sie um auf Teilchen-Kommunikation, Scottie. Und beamen Sie mich rauf.

Mein Handy. Mein Handy? Wie hieß das Ding überhaupt? Manche nannten den dunklen Wecken „Funktelefon". Andere wollten wissen, es heiße Mobiltelefon. Und die Schöpfer von Worten wie Wellness und Nachtskilauf brachten „Handy" in Umlauf. Ein fataler Sprachirrtum, wie man spätestens nach einer Amerikareise begriff.

Mein erstes Handy. Franz Vranitzky saß am Ballhausplatz, Wolfgang Schüssel trug noch große Brillen und bunte Maschen und ich steppte die erste Nummer in mein erstes Handy. In großen dunkelgrünen Computerziffern fädelte ich die Telefonnummer meiner Eltern auf den grüngelb beleuchteten Telefonbildschirm. Aufgeregt zitternd bohrte sich mein Zeigefinger in die grüne Gummitaste mit dem Symbol eines schwebenden Hörers.

Ich war bereit. Ich bestieg mein Rad, in der Rechten hielt ich den Lenker, in der Linken das „Funktelefon", und dann fuhr ich los, in die Zukunft. Wien, Michaelerplatz, Mündung Kohlmarkt, mein erstes mobiles Telefonat. „Hallo?" „Krächzkrächz!" „… Ja hallo?" „Krächzkrächzkrächz." „Ich bin es. Andrea." „Krächzkrächz." „Zirzpirp."

Bald hatten andere auch solch ein Handy. Schweizer nannten es Natel, und die Leute, die sich einen Ast lachten, wenn sie das Wort „Handy" für Telefon hörten, nannten die Gurken „mobiles" und „cellphones".

Es wurde Zeit für das nächste Phänomen. Den Handywechsel. Davon wusste man zwar nichts auf der Enterprise, aber die wussten auch nichts von Marketingoffensiven und von Peer Group Pressure und wie das alles hieß, was uns die Bankdirektoren in den Bundeskanzlersesseln eingebrockt hatten. Möglich, dass hinter meinem Handywechselwunsch auch die Klingonen steckten, jedenfalls brauchte ich jetzt dringend ein neues Handy. Dringend.

Mein zweites Handy sah aus wie ein Kurzwellen-Weltempfänger, den man mit einem Taschenrechner gekreuzt hatte. Die Klingonen hatten die Sängerin Madonna in einen Werbespot gebeamt und sie mit diesem ultraschicken Brötchen gefilmt. Fatal. Das Madonna-Handy musste ich haben.

Es war die Zeit der Großen Koalition. Die soziale Schere war noch nicht aufgegangen, wir hatten Geld wie Heu, das Madonna-Phone kostete soviel wie ein kleiner Sportwagen und die Bedienungsanleitung war so dick wie das Telefonbuch von Graz. Hundert Freundinnen konnte man im Madonna-Handy speichern. Der Akku hielt sieben Stunden. Und war in der verstörend kurzen Zeit von 24 Stunden frisch geladen. Ein Wunder der Technik! Mit dem Daumen drehte ich am Rad und spulte mich durchs Nummernmenü. Handyphonieren war Freizeit. Amtliches besprach ich von einem Telefon. Das mit den Kabeln. In der mehligen Wand.

Das Madonnaphone war deshalb so schick, weil es den Madonnabügel hatte. Der Bügel erinnerte an die Wangenmikros, ohne die Popstars in den Neunzigern keine wirklichen Popstars waren. Den Madonnabügel schnalzte man mit dem Daumen raus. Dann gingen die Lichter an. Das war schon was! Das hätte Captain Kirk gefallen.

Was wurde ich bewundert mit dem Madonnaphone! Wie hupte es hip, wenn mich wer „am Handy anrief", wie man damals sagen musste, um hochmodern zu wirken.

Das Madonna-Phone lag bei meiner nächtlichen Suche nach Tages-abschnittspartnern stets dekorativ am Loungetable, am Abhängetre-sen, auf der angesagten Bar. Bis das Bier des ossetischen Klingonen umfiel und mein erstes Handy ertrank.

Nie wieder sollte ich mir einen Nachfolger zulegen, der den Wert eines gepflegten Wirtshausmittagessens überstieg. Das hätten sogar der dicke Captain und sein spitzohriger Freund verstanden.

Rapide hat sich das österreichische in ein Volk von Enterprisianern verwandelt. Die Durchdringung des österreichischen Begegnungs-körpers mit mobilen Telefonen ist weltweit vorbildlich. Sagen die Netzbetreiber und Apparatehersteller. Die österreichische Telefon-begegnung ist radikal und öffentlich geworden. Längst ist es üblich, sich in Bussen, Supermärkten und Arztpraxen lautstark über die alle-rintimsten Befindlichkeiten zu verbreiten. Über Unterleibszysten, Fick-geheimnisse, Kapitalverbrechen und Vorstandsinterna. Nicht selten alle vier in einem Gespräch. Mir fiele kein Tabu ein, das zum Flüs-tern zwänge. Oder zum Abschalten des Handys. Doch. Als Gast in der spätabendlichen Nachrichtensendung, schnoddrig Zibzwei, ZIB2 genannt, habe ich bis jetzt noch niemanden telefonieren gesehen. Das liegt aber nur am schlechten Empfang in den faradayschen Käfigen der ORF-Studios, wie ich bestätigen darf. Ich bin mir sicher, dass sogar in Operationssälen und in der Kirche handyphoniert wird. Warum eigentlich auch nicht? Im Ersteren bin ich betäubt, in Zweiterer nur außerhalb der Betriebszeiten.

Das Kaffeehaus

Österreichs Öffentlichkeit ist spärlich entwickelt. Die Menschen in diesem Land haben nie wirklich Gelegenheit gehabt, eine zivile Gesellschaft aufzubauen, geschweige denn, ein Sensorium dafür zu entwickeln, was Öffentlichkeit ist.

Es wundert also nicht, dass sich stattdessen eine Kultur der Halböffentlichkeit entwickelt hat. Eine Begegnungsstätte dieses verborgenen Austauschs, eine Agora aphana ist das Kaffeehaus. Viel Unsinn ist über diesen wienmythischen Ort geschrieben worden. Wegen des Kaffees jedenfalls ging oder geht niemand in ein Wiener Kaffeehaus. Der Bohnenseich ist im besten Fall trinkbar, meist ärgerlich bitter, schal und nicht selten schlicht ungenießbar. Im Österreich der unterentwickelten Öffentlichkeitsmechanismen ist das Kaffeehaus eine Aufklärungsmaschine. Hier wurden und werden Nachrichten gedealt, Revolutionen geplant, Symphonien geschrieben. Dass es auch in Prag, Budapest, Salzburg, Lemberg und Krakau eine Wiener Kaffeehauskultur gibt, sollte uns irritieren und daran erinnern, dass auch hier die Habsburgermonarchie mit einer Mischung aus lethargischem Grüßaugusttum und nervösem Schönwetterabsolutismus regiert hatte.

Ins Kaffeehaus ging und geht man, um sichtbar unsichtbar zu sein, ungestört zu stören, und, wie es so treffend heißt, nicht daheim zu sein und doch zu Hause.

Das Kaffeehaus ums Eck von unserer Schule, dem Gymnasium in der Wasagasse, hieß Café Liechtenstein. Es hieß so, denn es existiert nicht mehr. Irgendwann wurde es zum Chinesen. Im Liechtenstein saßen wir, natürlich am liebsten während des Unterrichts, bei einem Achtel Soda (1 Schilling) und einer Packung Mannerschnitten (5 Schilling). In die Musicbox drückten wir „Down, Down" von Status Quo, oder „Da Hofa" von Wolfgang Ambros (jeweils ein Öschi). Wenn ein Lehrer ins „Liechtinger" kam, um uns beim Schule stageln zu erwischen, blieben wir ruhig. Nichts konnte uns geschehen. Die Lehrer, die ins Liechtinger kamen, erschienen nicht, um uns zu erwischen, sondern waren selbst incognito hier. Der Religionslehrer zum Beispiel, nebenher Pfarrer von Gießhübl, techtelte hier mit der Physiklehrerin. Die beiden Dornenvögel haben später, nach Erlaubniserteilung durch den Papst, tatsächlich geheiratet. Ihr Ausflug ins Kaffeehaus diente der diskreten Öffentlichmachung des Geheimnisses. Ein überaus österreichischer Vorgang.

Viel wurde geschrieben und berichtet vom Lieblingscafé, vom Stammcafé. Auch diesen Mythos wollen wir einen Holler heißen, denn die Wienerin und der Wiener und alle, die es ihnen gleichtun, haben für jeden Zweck ein eigenes Kaffeehaus. Für das Ungestörtsein eines, für schwierige Treffen ein anderes, ein drittes für das Rendezvous, ein weiteres für den Tortenheißhunger und ein fünftes, in dem man jederzeit aufs Klo gehen kann.

Von allen Kaffeehäusern des Landes wollen wir uns hier näher mit dem Salzgries beschäftigen, einer Aufklärungsmaschine mit vielfältigem Kharma. Der Kaffeehausgott hat es früh von uns genommen.

Das Café Salzgries war kein typisches Wiener Kaffeehaus, es war viel mehr, es war ein gastronomisches Vaporetto, das zwischen den Landungsstegen Beisl, Wirtshaus, Stehbranntweiner und Restaurant verkehrte. Und irgendwie hatte es auch etwas von einer Hafenkneipe. Das sollte nicht wundern, denn es lag tatsächlich an einem Ufer, am ehemaligen Hafenufer zur Donau. Der Salzgries war jener Stadtstrand, an dem die Salzschiffe aus dem Westen anlandeten. Das Salzgries war kein altes Kaffeehaus. Es war eine Verdichtung.

„A tote Gass'n", hatte Ernst Göschl selig, Wirt des Salzgries, vorgefunden, als er im Sommer 1988 sein Lokal eröffnete. „Da sperrst auf?" fragten Freunde ungläubig, „des kannst gleich vergessen." Gegenüber, auf Nummer 9 der steilen Gasse, mit einem Schuh im ehemaligen Flussufer, residiert (bis heute) das publizistische Gewissen des Landes, Armin Thurnhers Falter. In einer ehemaligen Hemdenfabrik. In einem gepenschten (gesegneten) Haus. Wir befinden uns im jüdischen Textilviertel Wiens.

Über die Straße, auf der Kaffeehausseite, in der ehemaligen Blusenfabrik Smarto des Hermann Israel Schapira hatten sich 1970 die beiden Magazine Trend und Profil einquartiert. Aus den Redaktionen der erwähnten Verlage, aus Interviewpartnern, Künstlern, Theatermachern, Politologen, Philosophen, Alltagsaphoristikern und Halbsandlern, Kleingewerbetreibenden und Großhändlern rekrutierte sich das Stammpublikum des Salzgries. Nirgendwo konnte man das Konzept des Kaffeehauses auf kleinerem Ort in situ studieren. Die Einrichtung des Lokals hatte der Szenewirt Kurt Kalb aus eingegangen Innenstadtkaffees zusammengetragen und mit dem Mobiliar so etwas wie die „Idee des Cafés" restituiert. Nur Carambol konnte man nicht spielen im Salzgries. Wie denn auch, die Räume waren kaum größer als ein Billardtisch.

In der winzigen Kochnische im Hinterzimmer des Salzgries zauberte Frau Martha den ganzen Katalog der Wiener Küche hervor und erinnerte daran, dass das Wiener Kaffeehaus sich nicht nur als Tages- und Abendheim der obskuren Gedanken und der verschwiegenen Gespräche verstand. Kaffee war, wie gesagt, nur ein Motto. Genauso gut hätte man es Schnitzelstation nennen können, Schirmschlucker, Zeitungsleihe oder Nikotinsalon.

Das Salzgries war alles von alledem, sogar eine Bar hatte es, sie stand dem Schlurftresen im Café Alt Wien in nichts nach, hier hielten sich Rotweinkranke an den Achtelgläsern fest, die Herr Anton ausschenkte, wegen seiner Tätowierungen „der Bunte" genannt.

Ursprünglich hatte es im Salzgries außer dem Hinterzimmer mit der Kochnische nur das Zwischenreich gegeben. Und einen straßenseitigen, dunkel getäfelten Salon von der kargen Enge einer Kapitänskajüte. Vom Zwischenreich führten zwei knarrende Wendeltreppen in den Tourettekeller mit den Klos und nach oben in den höhlenartigen Comptoirstock, der dem Vernehmen nach eine Art Büro darstellte, mit einem Sofa, auf dem erschöpfte Kellner zwischengelagert werden konnten, der mittagsmüde Wirt und wer sonst noch danach oder nach anderen Divanverwendungen fragte.

Irgendwann hatte man das Lokal um einen leerstehenden Nebenraum erweitert und wieder hatte sich dieser seltsame Effekt des Ewigdagewesenen eingestellt. Binnert eines Tages war auch dieser Raum patiniert mit Erlebnissen und Erörterungen.

Die Liste derer, die im Salzgries verkehrten, war stets länger als das Verzeichnis der Abwesenden. Wäre Wien bis auf alle Grundmauern verschwunden und nur dieser Ort geblieben, man hätte die Stadt wiedererrichten können aus den Geschichten, die hier erlebt wurden, aus dem Personal, das es bevölkerte, aus der Sprache, die hier gesprochen wurde.

In diesem Paralleluniversum wurde ein Jargon gepflogen, der das Amüsement des Alltäglichen auf der Schaumkrone des Abgründigen spazierenschipperte. Wo sonst konnte man ein „Knochenbad" bestellen, oder einen „Fleischtee", wenn man nach Rindsuppe durstig war? Wo verlangte man nach dem Fahrplan, wenn man die Speisekarte studieren wollte? Wo wollte man „Gas und Strom" ablesen lassen, wenn man nach der Rechnung rief? Und wo beglich man diese dann mit „Eisenscheinen" (Münzen)? Wo sonst wurde nach der „Gewürzschaukel" oder dem „Maggischiff" (Salz-Pfeffer) gefragt, der „Depressive" (Kren), das „Fleischildefonso" (Lasagne), der „aufgetrennte Pullover" (Spaghetti), der BSE-Roller (Rindsroulade) oder die „Heiße Wiese" (Spinat) gereicht?

Auch exotische Getränke wie der „Kinderfernet" (Coca-Cola), die „Hochobette" (großes Obi gespritzt), die „Hopfenkaltschale" (Seidel), das „Astl" (Zweigelt) oder der „Gießhübl" (Weißer Spritzer) gehörten in den Räumen des Salzgries zum Standardsortiment.

Gehegt und gepflegt haben diese Sprache, die als „Salzgriesisch" in die Geschichte eingegangen ist, „Perr Heter" (Herr Peter) und eine gleichermaßen eingeschworene wie ausgschamte Stammkundschaft, die sich in hingebungsvoller Treue um ihn scharte. Aber Perr Heter, der allen Ernstes Visitenkarten führte, die ihn als „Peter Ferber, Leitender Direktor der manuellen Getränke-, Kaffee- und Lebensmittelspedition auf mikroregionaler Ebene" auswiesen, war nicht das einzige Original in diesem Mikrokosmos. Von ganz eigentümlichem Charisma war die Besatzung des Stammtisches, der von schwarzgalligen Kabarettisten, tourettierenden Gesellschaftskolumnisten und einem Jedermannregisseur kommandiert wurde. Mit von der Partie waren ein persischer Innenarchitekt und ein ägyptischer Arzt. Auch der Maler Rudi Holdhaus, genannt der „Pinselschwinger", lehnte hier zu Tische. Seine Idee, den Großglockner zu vergolden, hielt ich für großartig. Im Ernst! Das Ausmaß an Tagesfreizeit, das die Erwähnten im Salzgries verbrachten, rang Bewunderung ab.

Im großen Salon saß derweil der Philosoph und Essayist Franz Schuh, genannt das Frettchen, raschelte mit der *Frankfurter Allgemeinen* und rang nach Ruhe. Am Nebentisch ließ die Profil-Redaktion innenpolitischen Rechercheballast ab, wusste Wochen vor Bekanntgabe die Neuwahltermine und wenn sie mal etwas nicht wusste, ließ sie sich Vermutungen aus der Nase ziehen. Ihre Kollegen vom Falter waren nicht weniger gut informiert, hatten aber oft den besseren Riecher und hängten Neuigkeiten noch dazu für weniger Gage ins Blatt.

Im Salzgries aß man ausgezeichnet und unaufgeregt, auf schwarz polierten Tischen, denen weiße Tischtücher aufgelegt wurden, die schon nach der Idee eines Kernölspritzers gewechselt wurden. „Gamaschen" hießen die bretthart gestärkten Gastronomietextilien.

Ganz besonders gerne stand schon des Morgens Herr Doft an der Bar des Salzgries. Herr Doft betrieb das Textilgeschäft gegenüber. Es hieß, er sei ein Philosoph. Das ist bei den Juden jemand, der das Leben kennt und Rat zu geben weiß. Von weit aus dem Osten kamen Menschen zu Herrn Doft. Mit kniffligen Lebensproblemen. Jedenfalls war er Frauenversteher und Charmeur der alten Schule. Und immer hatte er einen Hut auf. Eines Tages griff sich Herr Doft den Ober Peter und meinte in Anspielung auf das Bordell neben dem Café Salzgries:

„Herr Päiter, mach mer auf a Puff!"

„Wieso a Puff, Herr Doft?"

„Wieso a Puff? A Frau is doch viel schäiner als a Melange!"

Zu den Schönheiten des Lokals gehörte gewiss Frau Ricki, eine alterslose Blondine von großer Sprachkraft, von der die Mär ging, sie wäre als junges Ding die Geliebte von Wjatscheslaw Molotow gewesen, der als Missionschef der Sowjetunion in der Wiener Atomenergiebehörde das politische Abstellgleis polierte.

In voller Fahrt war im Salzgries stets „Jean Gabin", ein friedlicher, unablässig „Jean Gabin, Jean Gabin" vor sich hinmurmelnder Edelsandler, der Schnurren aus seinem haarsträubenden Leben zum Besten gab und dabei selbst aussah wie der französische Schauspieler. Auch die sterbende Frau sah aus, wie sie hieß. Die Pensionistin litt an Schlummersucht und fiel während narkoleptischer Anfälle regelmäßig in ihre Suppe. Dazwischen verirrten sich immer wieder Touristen in das Lokal. Die bestellten ausgerechnet jene Fantasiegerichte, die der poetisch veranlagte Herr Peter in Sommerlochzeiten auf die Tageskarte geschrieben hatte, um sich die Zeit zu vertreiben. Dinge wie „Papierschnitzel an Luftknödeln" oder „Keine Suppe ohne Einlage".

Im Salzgries blühte die anarchische Kraft des Verborgenen. In den späten Neunzigern war es kalt geworden in der Stadt, die politische Rechte zog ihre populistische Schraube an und leimte gequirlten Unsinn an die Wände: „Wien darf nicht Chicago werden". Als sich das als Holler herausgestellt hatte, weil Chicago eine niedrigere Kriminalitätsrate als Wien hat, wurde neu getextet. Die Salzgriesische Linke plante antifaschistische Lichtermeere und schrieb sich die Feuilletonfinger wund und als es Ende der Neunziger schließlich ganz düster kommen wollte, in der Zeit, in der Jörg Haider allen Ernstes den Kanzlersessel für sein aufwindiges Lager beanspruchte, schrieb ein Salzgriesgast an die Häuslwand im Keller: „Wien darf nicht Österreich werden."

41

Boboville

Viele Jahrzehnte ist Wien am Rande der Welt gelegen. Einen Rasen-
ziegelwurf vom Eisernen Vorhang entfernt. Gut, man musste mit dem
Rasenziegel noch ein bisschen fahren, auf holprigen Feldwegen und
zugewachsenen Landstraßen, aber dann, dann konnte man den labb-
rigen Wiesenlaib den Tschechoslowaken vor die Füße werfen. Den
Kommunisten, den elendichen. Ob sich je jemand zu einer Tat mit diesen Requisiten aufgerafft hat? Dazu fehlt es dem Österreicher doch
wohl an anarchischer Glut. Im Schatten des kalten Zauns hatte sich
eine repressive Kultur des Raunzens und Jammerns etabliert, die mit
Heurigem ertränkt wurde und in Inländer-Rum. Auf den Straßen
lauerte die alleinstehende Kriegswitwe mit ihrem giftigen Struppi, im
Amt schauten der umgefärbte Nazi, der hochnäsige Ständestaatler und
der misstrauisch-depressive Sozialdemokrat nach dem Rechten. Verboten war vieles, erlaubt nichts.

Jugendkultur stand im Diskredit des Amerikanismus, war ver-
hascht und verlärmt und blühte im Verborgenen. Als läge Wien nicht
im Westen, sondern mitten in der DDR. Einer DDR mit Weihrauch
und Fiakern.

Langsam taute in der dicken grauen Stadt ein Frühling der
Gefühle heran. Richtig lauten Rock zu hören, dafür gab es nun zumindest eine Handvoll Gelegenheiten. Dort gab es auch lange Haare

und hohe Sohlen. Wer es hingegen zu Hause wagte, Deep Purple in angemessener Lautstärke aus dem Speaker zu lassen, hatte innert Minuten die Polizei auf der Matte. Es war nicht leicht in diesem Land. Für sowas wie „Techno in den Spieler zu schieben", hätte es die Fließbandmucke denn damals schon gegeben, wäre man in die geschlossene Psychiatrie gekommen.

Die kleinen Geschwister dieser Generation und erst recht ihre Kinder sind das Substrat dessen, was wir heute die Bobos nennen. Unverschämte Dinger, die aufstehen, wann sie Lust haben, arbeiten, wenn es mal anfällt und all das machen, wofür man uns früher die Ohren abgerissen hätten. Partypoppen mal ausgenommen. Zum Austausch von Körpersäften haben die Bobos einen katholischen Zugang. Freie Liebe ist für Bobos so was wie ein offenes Schuhband. Aids ist noch nicht heilbar, auch wenn das keiner so sagt. Und weil das keiner so sagt, bilden sie Paare, die Bobos, und machen Kinder, als gäbe es kein Gestern. Okeh.

Aber wer und was sind diese Bobos? Wer hat dieses Wort erfunden? Meine Kollegin von den gutbezahlten Kolumnen, Doris Knecht, gebraucht den Begriff und auch der andere Theoriebegleiter unserer Generation tut es, Robert Misik, der seit fünfundzwanzig Jahren aussieht, als wäre er eben aufgestanden. Aber so genau will es niemand wissen. Wer der Bobo ist. Außer mir, denn für das, was niemand wissen will, bin ich zuständig.

Für David Brooks, den Erfinder des Wortes Bobo, dürften Doris Knecht, Robert Misik und die Autorin dieses Stückes ungeachtet ihrer eigenen Positionen zu diesem Begriff idealtypische Bobos sein. Im Jahre 2000 hatte Brooks, konservativer Kolumnist der New York Times das Referenzwerk veröffentlicht – *Bobos in Paradise: The New Upper Class and How They Got There.* Das Kunstwort BoBo hatte er aus scheinbaren Gegensätzen konstruiert, aus Bourgeois (bürgerlich) und Bohemian (Künstler). Nach Brooks Definition sind Bobos „die neue Elite des Informationszeitalters", ihr Lebensstil führe zusammen, was als unvereinbar gegolten hatte: Reichtum und Rebellion, beruflicher Erfolg und eine nonkonformistische Haltung. Das Denken der Hippies und der unternehmerische Geist der Yuppies. „Bobos leben idealistisch, pflegen sanften Materialismus, sind korrekt und kreativ zugleich." Bon.

In Wien geht der Boboismus mit Sympathie für die Partei der Grünen einher – und franst aus in die hedonistischen Zirkel der Sozialdemokratie und die liberalen Salons der Döblinger Regimenter. Wiener Bobos leben in Bobograd (Leopoldstadt), Bobopol (Josefstadt), Boboville (Neubau und Mariahilf) und im Boboais (Wieden und Margareten). Und am Alsergrund (Faubourg Saint Bobo). Das Badeschiff am Donaukanal wollen wir nicht vergessen, einen aufgelassenen Donauschleppkahn, in das ein boboaffiner Gastronom einen Swimmingpool reingebaut hat. Und wie in den Bobohauptstädten Paris und Berlin kann man auch in Wien den Sommer am Stadtstrand verbringen.

Wie der Bobo der Boboine begegnet, wie sich romantischer Gefühlsakrobatismus mit abgebrühter Entösterreicherung paart, soll die nun folgende Geschichte bebildern, wie sie monatlich gewiss tausendemal in der schnitzelländischen Bobohauptstadt Wien abläuft. So oder so ähnlich.

Die Protagonistin unserer Erzählung wollen wir Nina nennen. Nina kommt aus Oberösterreich. Und das ist weit weg. Neunundneunzig Minuten mit dem Mini. Die Geschichte ist frei erfunden und spielt bei mir in der Kleinen Neugasse. Gegenüber vom Hugo-Wiener-Platz. Zwei Platanen sind Zeuge. Sie bringen das Paris-Feeling in unseren Plot.

Nina hat ihren Neuen mitgebracht. Der Neue ist Kabarettist. Und das ist gut so. Warum das gut ist, wenn der Neue Kabarettist ist? Weil man ihn dann gut googeln kann. Nina hat das natürlich gleich nach ihrer ersten gemeinsamen Nacht gemacht. Den Neuen gegoogelt.

Der Kabarettist ist noch auf Ninas Futon gelegen und hat Restalkohol verbrannt, der 11-Uhr-Frühstücks-Kaffee hat sich durch die Espressomaschine gequält, da ist Nina schon am Laptop gesessen und hat ihren Neuen gegoogelt. 66.400 Einträge. Na prack, hat sich Nina gedacht. Kein Bemmerl, der Neue.

Und dann brachte Nina den Neuen mit. Sechsundsechzigtausendvierhundert Google-Einträge. Ein bissl viel für Nina. Nicht gut für Ninas Googel-Ego. Nina ist Redakteurin beim saiblingsfarbenen Blatt und hat magere 530 Einträge auf der kalifornischen Kante. Aber so ist das. Nina darf nicht unbescheiden sein. Guten Sex und einen Pächter, dessen Google-Zahlen auf den Siebzigtausender zurudern. Was will sie mehr? Blöd nur, dass auch im Kabarett-Forum.at was steht über den Neuen. Das gefällt Nina nicht so gut. Der Neue hat ein Kind aus erster Ehe. Obwohl sie nicht verheiratet sind. Obwohl sie nie verheiratet waren. Wie sagt man da? Ein Kind aus erster Zusammenlebung? Ein Sohn aus früherem Konkubinat? In der Wikipedia steht nichts über den Sohn. Und auch nicht, wie das heute unter Bobos hieße, ein Sohn aus erster Wohngemeinschaft. Auch die globale Bobobörse Orkut hat noch kein Wording für moderne genealogische Zusammenhänge.

Der Neue hat sich gerade umgedreht und wäre fast aufgewacht. Aber der Neue ist bedient und sägt weiter an den Real-Life-Tequilas von gestern Nacht. Nina hat was entdeckt, was ihr wirklich Sorgen macht. Der Neue wohnt in einer Dachwohnung mit Terrasse. Hat er gesagt. Im Zweiten, wo die Bobos wohnen. Vom Kulturstadtrat abwärts. So weit, so gut.

Im Häuserblock, in dem der Neue wohnt, wie er sagt, gibt es aber keine Dachterrasse. Jedenfalls keine mit 120 Quadratmetern. Sind Kabarettisten Mythomaniacs? Oder darf man noch „Einedrahra" sagen? Ecke Nestroygasse, hat der Neue gesagt. Auf 48.22038 nördliche Breite mal 16.373974 östliche Länge: Keine Dachterrasse. Er wird doch nicht lügen? Andererseits: Die Wien-Auflösung von Google-Earth ist nicht berühmt. Da kann ein Hundertzwanzig-Quadratmeter-Zitronengras-Dachgarten doch glatt übersehen werden. In Paris müsste man sein. Von Paris haben sie bessere Luftbilder bei Google-Earth.

Der Neue ist aufgewacht und küsst Nina in den Nacken. Nina: „Wie heißt Kabarettist auf Französisch?"

Unsere Freundin Nina aus Marchtrenk (530 Google-Einträge, kein Wikipedia-Artikel, kein Kind) bringt also ihren Neuen mit (66.400, Wikipedia-Eintrag, Sohn und keine Dachterrasse). Nina gefällt es bei uns. Wir haben nämlich Wireless LAN und eine googelbare Dachterrasse. Und auf der sieht man den Olivenbaum, den Nina vor fünf Jahren zur Dach-Warming-Party mitgebracht hat. Sagt sie.

Bei uns ist es locker. Thomas ist Journalist (69.800 Google-Einträge, aber nichts in der Wikipedia.) Die Google-Einträge sehen allerdings nur deswegen so fett aus, weil es einen weinhändlernden Onkel, einen Comiczeichner, einen Hotelmanager, einen theoretischen Physiker und einen Boy Soprano in Tölz gibt, die exakt so heißen wie Thomas. In Anführungszeichen gegoogelt. Ohne Anführungszeichen hätte Thomas 1.260.000 Einträge. Aber ohne Anführungszeichen googeln gilt nicht.

Mein Boy Soprano, sage ich deshalb zu Thomas. Immer dann, wenn er sich selbst googelt. Dann explodiert Thomas. Mit einem Pornoheft in der Hand kann ich meinen Lebensabschnittspartner nicht erpressen, mit Egogugeln schon. Deswegen liebe ich Thomas. Für die roten Ohren, wenn ich ihn beim Egogoogeln erwische. Außerdem: Das Weingut gehört wirklich seinem Onkel und das Online-Archiv von Thomas' Brötchengeber biegt sich von Artikeln aus Thomas Tastatur. Da ist der Neue schwach auf der Brust.

Die Thomas-Lücke in der Wikipedia schmerzt. Ich könnte das fixen. Das Blöde an der Sache: Wenn ich das von unserem Laptop aus mache, sieht das aus, als hätte sich Thomas selbst eingetragen. Nicht auszudenken, wenn jemand Thomas' IP-Adresse in seinem Wikipedia-Artikel entdeckte! Der Ausweg wäre die düstere türkische Internetbude neben dem Branntweiner. Will ich das? Moderne Liebe hat Grenzen.

Maja kommt heute auch, sie ist Malerin, aus der Leopoldstadt und international gefragte Festemacherin. Aus ihren 240 Google-Eintragungen wird noch was, sag ich. Spätestens, wenn Maja sich einen Computer zulegt. Davor fürchtet sich Maja. Davor und vor den Wörtern: Online, Weblog, Google. Darling, what a sweet Furcht! Immerhin bringt Maja den entzückenden Georgier mit. Giga heißt er und hauert Bild. Giga bringt seine Freunde Mega und Kilo mit. So nennen wir sie jedenfalls. Mega ist Restaurator und Kilo ist Opernsänger. Internetmäßig haben sie es faustdick hinter den Ohren. Immerhin hat Mega seine Freundin Deka im georgischen Ficktempel in Second Life kennen gelernt. Nicht im georgischen Bobo-Lokal am Karmelitermarkt, wie sie gerne behaupten. Der runde Bauch, den Deka von ihrer siebenten Offline-Nacht mit Mega hat, heißt Mikro. Und frage nicht, auf wie viele Einträge Mega kommt.
Nina kommt also und bringt den Neuen mit. Der Neue mag Wirsing und hasst Fenchel. Woher wir das wissen? Das steht in einem Interview, das Nina im Internet gefunden hat. Anlässlich des dritten Pro-

gramms vom Neuen. Das soll nicht so spannend gewesen sein wie das zweite. Sagt das Netz. Gut, dass der Neue ein viertes Programm hat. Und gut, dass es darüber ein Weblog gibt. Mit einem Blog bist du fein raus. Geschicktes Bürschchen, der Neue, sagt Thomas, pumpt seine Google-Präsenz mit einem Blog auf. Wenn er das geschickt macht, sagt Thomas, und er macht das geschickt, sagt Thomas, dann ist der bald über die Hunderttausend. Mit Old-School-Journalismus ist das nicht zu schaffen. Findet Heidi auch. Deshalb macht Heidi jetzt Filme. Wegen der Google-Einträge. Nina ist gerade gekommen. Der Neue sieht gut aus. Besser als auf dem Bild, das mit dem Hut, auf der Website seiner Agentur. Das war nach der Trennung von der Kindsmutter, hat mir Nina heute Mittag beim Skypen reingedrückt.

Der Neue hat vier Flaschen Umathum mit, 2004er Haideboden Magnum, elegante Struktur, leichte Kakaonote im Duft, sehr saftig, sehr feine Frucht, eine Kanone. Wenn wir zwölf Flaschen nehmen, hat Nina gegoogelt, kostet der Saft nur 41,73 die Flasche. Wir brauchen aber nur vier Flaschen, hat der Neue gesagt.

Das hat mir Nina am Nachmittag gemailt. Und dass der Neue einen seltsamen Fleck hat. Am Dings, an der Kabarettlatte. Naja, so ein Muttermal halt. Steht nicht in der Wikipedia. Im Echelon sehr wohl. Im Echelon werden alle Mails ausgewertet. Alle. Auch die von Nina. Das Echelon ist die Wikipedia vom CIA.

Egal, der Neue ist da, es gibt keinen Fenchel, dafür Lamm und Wirsing. Und Umathum um 41,73. Bis zum Abwinken. Und keine Gespräche über Söhne aus früheren Verbindungen, Dachterrassen oder Flecken auf Künstlerpenissen. Das Wort „Bobo" ist kein einziges Mal gefallen. Das Wort Bobo ist wie der Heilige Geist. Es spricht in Zungen.

Der Ball

Die österreichische Begegnung vermag vieles. Zum Beispiel mich und einen Bundeskanzler aneinander schmeißen. Jenseits aller Etikette und unabgehalten von jeder staatspolizeilichen Abschirmung.

Seit einem Besuch in Kairo besitze ich das Originalkleid einer Beduinenfrau vom Sinai. Das habe ich mir im berühmten Basar Khan el Khalili gekauft. Vorsorglich, aber nicht ohne härtere Idee: Ich wollte damit den Altausseer Kirtag verwirren. Immerhin ist es ja ein Trachtentextil.

Zu dem Kleid gehört ein blauer Gesichtsvorhang, auf den silberne Münzketten genäht sind. Das Haar bedeckt ein schwarzer, mit bunten Mustern bestickter Schleier.

Noch bevor ich das Kostüm am Altausseer Kirtag zum Einsatz bringen konnte, kam mir ein anderer Kirtag dazwischen. 1997 muss es gewesen sein. Mein Freund Triebl hatte Karten für den legendären Life Ball bekommen. Jenes Lebenslustfest, das der frühere Visagist Gery Keszler alljährlich zugunsten von HIV-Positiven im Wiener Rathaus veranstaltet. Als es noch nicht so hip war wie heute, fand es noch innerhalb des Rathauses statt. In der Intimität jener Begegnungsfläche, die man den Ball nennt.

Und trotz seines doch recht ernsten Themas und seines Termins außerhalb der offiziellen Ballsaison ist der Life Ball doch ein Wiener Ball von echtem Schrot und Korn. Manche meinen, es sei der einzige Ball von Schrot und Korn. Wie auch immer. Es war 1997 und

Vivienne Isabel Swire, genannt Westwood, hatte man den Kommandostab des Rathaus-Catwalks ausgehändigt.

Auch diesmal, es muss der vierte Life Ball gewesen sein, waren Krethi und Plethi gekommen, Autorennfahrer, Chansonetten, Modeschöpfer, Friseure. Und ich. Ich, in meinem Woman-from-Mount-Sinai-Kleid.

Ich begriff meine Couture als Statement gegen die Unterdrückung der islamischen Frau und war mir sicher, dass ich die Einzige in solch einem Kleid sein würde. Mein Statement sollte durch diese Einzigartigkeit auch ein gewisses Gewicht erhalten.

Mein Handtäschchen war nicht vom Sinai, so was trägt die Beduinenfrau nicht, mein Handtäschchen war aus der Leopoldstadt und es hat Vivienne Westwood auch gut gefallen. Mein Portemonnaie war ein verkrusteter Farbkübel, er war vor seiner Eintrocknung rot pigmentiert gewesen. Ich hatte damit die Regale meiner Bibliothek gerötet. In dem Farbkübel verstaute ich mein wenig Geld und eine kleine Kamera. Olympus Mju hieß das Ding, es war robust und schnappschussgewandt, dezent und stets geladen. Und funktionierte unter strengsten Bedingungen.

Im Getümmel des Balls ging mein frauenpolitisches Anliegen unter, neben all den Federboas und Gummikorsagen, den freihängenden Bilderbuchbrüsten und solariumgebräunten Lederhintern, nicht jedoch mein Blick für das Protokollarische.

In einem Seitentrakt der weitläufigen Rathaus-Ball-Landschaft begegnete ich schließlich ihm, dem großen Schwechater und damaligen Bundeskanzler der Republik Österreich:

Viktor Klima, der letzte Mohikaner, Sozialdemokrat bis in die Tränenkanäle, Duzfreund von Tony und Gerd und einer der bestfrisierten Männer des Landes. Ich kramte meine kleine Kamera aus dem Farbtiegel und streckte meine hennatätowierte Hand aus, um einen Schnappschuss vom Kanzler anzufertigen.

Viktor Klima kam mir zuvor. Er umarmte mich nach Art der Heurigentenöre, wand die Kamera aus meiner Hand und gab sie zwei Japanern, die da zufällig standen, mit den Worten: „Des loss ma si von die Profi mochen!"

Das Bild existiert.
Viktor Klima verkauft jetzt Autos in Argentinien.

Vokabular des oberflächlichen Begegnens

Von Adoschauher bis Zylmurbafi

Adoschauher

Der Ausruf größten Erstaunens. Situationen, die das Adoschauher erfordern, gehen oft mit sozialen Komplikationen einher. Szenen, die mir dazu einfielen: der Bürgermeister der Wienerwaldgemeinde, der seine Gattin beim Schäferstündchen mit dem Kleinstadtnotar erwischt. Die Sonnenstudiobesitzerin, die entdeckt, dass man in der CD-Auswurflade ihres Hofer-Computers auch den Automatenkaffee abstellen kann. Der Gynäkologe, dem jemand an der Ampel hinten in seinen Porsche-Cayenne geknallt ist und der den aussteigenden Wüterich als seinen Squash-Partner identifiziert. Bei einer Lesung hat mich einmal der Zeitungskonzern-Direktor Rudi Klausnitzer um ein Autogramm gebeten. Verdutzt ob der unerwarteten Erscheinung konnte ich nur mit einem „Adoschauher, wenn hamma denn da!" antworten.

Rudi und ich sind jetzt dicke Freunde.

Aufmachen, Gericht

Als ich Twen war, war ich arm wie eine Kirchenmaus, nein, wohl ärmer, denn die Kirchenmäuse in der Leopoldskirche behaupteten, so arm zu sein wie ich. Durch meine Fenster zogen Bora und Mistral, Norte und Polarwind. Kurz strichen sie über die Rippen des fahrbaren Elektroelements, um mit dem bisschen Wärme, das dieses arme Gerät abstrahlte, durch den Kamin zu sausen.
Heizung? Heizung hatte diese Wohnung keine.
Den Winter 1985, als es draußen minus 30 Grad hatte, habe ich meine kleine Wohnung unter dem Dach trotz verzweifelsten

Elektroelementetunings nie auch nur über 2 Grad über den Wassergefrierpunkt erwärmen können. Die Eisblumen an meinem Fenster bildeten kleine Gletscher. Und dem Eiskasten entströmte Wärme, wenn man ihn öffnete. Sein Thermostat war ja auf acht Grad eingestellt.

In diesen Jahren hing das Damoklesschwert des Stromabsperrens monatlich über meinem schalvermummten Kopf. Es reichte ein einziger Schweinepriesterverlag, der Zeichnungen bei mir bestellt und gedruckt, aber nicht bezahlt hatte. An solchen Schweinepriesterverlagen war in diesen Zeiten kein Mangel. Die Schweinepriesterverlage, die bestellten und abdruckten, aber nicht zahlten, handelten untereinander mit meiner Vierteltelefonnummer. Ich muss in Schweinepriesterverlagskreisen einen legendären Ruf gehabt haben. Die-der-man-nie-zahlen-muss. Die-Dumpfbacke-mit-den-Scheibengletschern. Das-Mädchen-mit-den-Schwefelhölzchen.

Stromabsperren hatte etwas von einem Spiel. Und das Spiel war von keiner Seite zu gewinnen. Die Strombanditen von der Gemeinde hatten den Strom. Und ich hatte den Filmstreifen.

Der Filmstreifen war ein Trick, den mir meine Cutterfreundin Clautschi beigebracht hatte. Mit einem Quentchen durchschnittlichen Geschicks und einem ellenlangen 35 mm-Filmstreifen konnte man das Rädchen im Zähler zum Stoppen bringen. Man fädelte den Filmstreifen durch die verplombten Falze, mit dem die Zählerkästchenhaube an der Zählerkästchengrundplatte festgeschraubt war. Einmal reingeschoben und durch den Falz gefädelt, bog sich der Filmstreifen im Inneren der Zählapparatur. Ganz wie er es von Schneidetischen und Projektoren gewohnt war. Er bog sich hin, er wand sich her, bis er das Rillenrad zum Stehen gebracht hatte. Der Filmstreifen war glücklich, wie immer, wenn er sich im Inneren eines elektrifizierten Räderwerks wiederfand. Strom floss, der Zähler schlief.

Dabei hätte ich ja einen noch viel besseren Trick gehabt! Beim Renovieren meiner heizungslosen Wohnung hatte ich Wände aufgestemmt, Leitungen verlegt, Steckdosen geschaffen, wo keine waren. Kein Geld für den Elektriker, aber den Kopf voller Ideen. So war das damals, am Beginn meiner Schweinepriesterverlagsgeschichte.

Um meine neuen Leitungen mit dem alten Zähler zu verbinden, stemmte ich einen Krater um den schwarzen Kasten. Der Plan: alte Drähte kappen, neue dranmachen. Alles in der Tiefe des Kraters. Tausendmal gemacht, tausendmal war nichts passiert. Einmal verputzt, sollte man nichts von meinen Verlegearbeiten sehen.

Während meiner Transplantation muss das Telefon geläutet oder irgendeine andere Ablenkung meine Schritte von der Operationsstelle weggelenkt haben. Als ich wiederkam, wusste ich nicht mehr, welches Kabel zu welchem Kabel gehörte. Gut, alt zu neu und alt zu neu, das war ja nicht so schwer. Welches aber waren die Arterien und welches die Venen? Ausprobieren? Genau. Ich schloss die Drähte an und dann war ich sehr verwirrt. SEHR verwirrt. Mein Zähler lief rückwärts. Die elektrotechnische Kriminalenergie, die hier am Sprudeln war, hatte den Damm meiner schweinepriesterverlagsverursachten Armut fast schon überspült. Du saugst einen Minusverbrauch aus dem Haus, sagte die Clautschi, da kenn ich mich nicht aus. Wir vertagten die Dauerinstallation des rückwärts laufenden Zählers.

Die Winter waren hart und die Schweinepriesterverlage gemein und so kam es des Öfteren, dass mir der Strom abgesperrt wurde. Meist war ich nicht da, wenn es passierte. Aber wenn ich kam, merkte ich es schon auf dem Gang. Der kharmabeschädigte Absperrbeamte hatte das Stiegenhaus mit seiner kaputten Aura versaut. Paranoiker meines Schlages entwickeln ein Sensorium für diese Sachen. Abgesperrt hieß im mildesten Fall: Sicherungen raus. Im Regelfall: Sicherungen raus, hohldrehende Antirausschraubsicherungen rein.

Wie die hohldrehenden Antirausschraubsicherungen rauszuschrauben gingen, wusste ich bald. Bin ein kluges Köpfchen. Urgroßvater, Großvater und Vater waren Erfinder.

Worum es eigentlich ging, war das Spiel. Gezahlt wurde ja irgendwann. Dann. Wenn die Schweinepriesterverlage ihre astronomischen Guthaben bei mir verkleinert hatten.

Stromabsperren war so etwas wie das Gefängnis beim Monopoly. Eine Art theoretische Bestrafung für Leute wie mich. Leute die aus Gründen, die schweinepriesterverlagsbedingte Armut so mit sich brachte, ihre Stromrechnung nicht bezahlen konnten. Und dann die Arschkarte gezogen hatten.

Mit Stromabsperren zeigten sie mir, dass sie die Macht hatten. Die dicken Hotels am Monopolybrett. Weil das „sie" in etwas wie den Wiener Stadtwerken streng genommen gar nicht existiert, zumindest nicht in persona, und die Vorstandsetagisten für Strom- und Gasangelegenheiten sich nicht persönlich mit Lappalien wie offenen Künstler-Stromrechnungen beschäftigen wollen, entsteht in Fällen wie diesen ein Machtvakuum.

Vakua aber haben das Bedürfnis, angefüllt zu werden. In meinem Fall wurde das Vakuum von einem atemlosen Neurotiker mit Herrenhandtasche, Seitenscheitel und ärmellosem Pullover gefüllt. Der gefiel sich darin, mich, besonders spätwinters, wo es, wie die Statistiken verbürgen, vor der Klimaerwärmung stets bitterkalt war, von der Möglichkeit auszuschließen, warm zu duschen und warm zu speisen. Ob das nicht unsozialistisch sei, fragte ich ihn einmal frech, von Sozialistin zu Sozialisten. „Keineswegs", antwortete mir der städtische Beamte mit einer glitzernden Atemfahne, „in meina Jugend woama a oam und homa nua koitn Gagau trunken. Des woa a net unsozialistisch!" Geschenkt.

„Aufmachen, Gericht" hingegen war schon eine härtere Bandage. „Aufmachen, Gericht" fand nie nach 5:30 statt. Gerichtsvollzieher können Exekutionsfälle schließlich nur ausplündern, wenn sie noch im Tiefschlaf liegen und noch nicht kalt gefrühstückt und kalt geduscht in der warmen Bürostube ihrer Schweinepriesterfirma sitzen, um das Geld zu verdienen, das sie schon jetzt dem Staat, der Steuer, der Gebietskrankenkasse, der Sozialversicherung, der katholischen Kirche, dem Papiergeschäft schulden.

„Aufmachen, Gericht" ging immer mit infernalischem Klopfen einher. Gerichtsvollzieher, jemand mit besseren Nerven sollte das recherchieren, müssen über spezielle Fertigkeiten im Erzeugen trommelfellzerreißender Klopflaute verfügen.

Gerichtsvollzieher: „Aufmachen, Gericht!"
Ich: „Ja, guten Tag, so früh?"
Gerichtsvollzieher: „Darf ich reinkommen?"
Ich: „Kann ich es verhindern?"
Gerichtsvollzieher: „Sehr brav. Wir sparen den Schlosser. Ist das der Fernseher?"
Ich: „Das ist eine Attrappe. Wie viel ist es diesmal?"
Gerichtsvollzieher: „6 720,40."

Ich: „Ähem."
Gerichtsvollzieher: „Wie viel haben Sie bei sich?"
Ich: „62,40?"
Gerichtsvollzieher: „Wo ist der Notgroschen?"
Ich: „Ähem. Das ist der Notgroschen."
Gerichtsvollzieher: „Unterschreiben Sie hier."
Klimperklimper, krixikraxi.
Gerichtsvollzieher: „Auf Wiedersehen."
Ich: „Muss das sein?"
So war das oft. Die Summen variierten.

Baba

Die wienerische Grußformel wird auf der zweiten Silbe betont, etwa
so wie das Wort „gagá" für meschugge und es wird weicher ausgesprochen als das französelnde Papá, mit dem Hofratswitwen und Josef-
stadtabonnentinnen ihre jeweiligen Väter bezeichnen. Auch wenn das
viele glauben, hier werden sie enttäuscht, vom englischen Bye-bye stammt
unser Baba nicht ab, denn das kommt von Good-bye (auf Wiedersehen).
Good-bye wiederum ist eine Verballhornung der altertümlichen und
daher doch etwas geschraubt klingenden Version God be wy you.

Trotz etymologischer Distanz zu unseren Schwestern und Brü-
dern jenseits des Leberkäsäquators scheint ausgerechnet das urwiene-
risch klingende Baba aus Deutschland zu kommen. Es ist die Verdop-
pelung des germanischen Ekelausrufs „Bäh!", der in der Form „Ba!"
irgendwann Eingang in die österreichische Säuglingssprache, oder
genauer, in die Sprache gefunden hat, in der hierzulande mit Klein-
kindern konversiert wird.

Das verdoppelte Lallwort Baba für das emotionelle Distanzieren
von ekelerregenden Dingen ist irgendwann zum Abschiedsgruß für
Babies und Kindergartenkinder verkommen. Von da zum Bussi-Bussi-
Verabschiedungsfloskerl wars nur mehr ein lauschiges Walzerschritt-
chen. Heute stößt sich nicht einmal mehr das allersensibelste Seelchen,
wenn es mit einem Wörtchen vertschüsst wird, das einst dazu gedient
hatte, den Nachwuchs davon abzuhalten, in Flockis Gacki zu greifen.

Bumstinazl

„Bumstinazl" sagte meine Großmutter Dora, wenn mich eines meiner unsteten Beinchen über eine Falte in ihrem Perser geworfen hatte. Bumstinazl, das Hinfallen mit dem seichten Touchieren des Kopfes und der Fritzelack, der sternförmige Bauchfleck, gehörten zusammen. Bumstinazl und Fritzelack, das waren Brüder. Der Fritzelack hieß Fritzelack, weil auf den Farbtöpfen der Firma Fritze-Lacke ein bäuchlings hingefallener Lehrbub abgebildet war. Die mitgestürzten Lackdosen in einer riesigen Lache vor ihm. Den Fritzebub hatte der galizische Politplakat-Maler Adolf Karpellus für die Firma Fritze entworfen. Die Etymologie von Bumstinazl ist komplexer. Zeitzeugen wollen das liebliche „Bumstinazi'" aus den Dreißigerjahren in Erinnerung haben, als man mit diesem Ausruf Sprengstoffattentate der illegalen Nationalsozialisten leicht verschlüsselt aber zustimmend kommentiert habe. Eine Zustimmung, die manche in kindlicher Sprache konserviert und entfremdet haben wollen, wie sie bekennen. Das hätte meine antifaschistische Großmutter doch wohl gewusst. Karl Kraus verwendet Bumstinazl in den Letzten Tagen der Menschheit, ganz wie meine Großmutter, ganz ohne den Anlass illegalen Nazigebumses. Denn Bumstinazl ist der Verschliff von Bumsti, dem Verzückungsausruf der Fallenden, und Ignatius, wienerisch Nazl. Die bumstinazolinischen Wurzeln liegen tief in den nebeligen Wäldern katholischen Anlasszaubers. Österreicher kennen Ausrufe wie Jessasmaria! (Jesus-Maria) oder Marantjosef! (Maria und Josef). Früher war man in Notsituationen durchaus gewohnt, auch einen der hunderten Schutzheiligen anzurufen. Antonius, wenn der Haustürschlüssel ins Kanalgitter oder die Taschenuhr in die Jauchegrube gefallen war, Florian beim Brennen des Stadldachs, Don Bosco, wenn eine katholische Druckmaschine von gottlosen Sozialdemokraten bestreikt wurde. Der Schutzheilige einer ganzen Liste von Alltagsunglücken war der Heilige Ignatius von Loyola. Der Gründer des Jesuitenordens war nicht nur begabt im Einrichten einer katholischen Eliteorganisation und dem Protrudieren von Gebetstränen, er gilt als Antidämon von Gewissensbissen, Flöhen und Zauberei, auch als Protektor der Kinder. „Bumsti, Nazl" (die Kurzform von Ignatius) hat also seinen Ursprung im Anrufen des Heiligen bei Kinderunglück aller Art.

C + M + B

Sechs Tage nach dem Jahreswechsel kommen die Verkleideten. Einer von ihnen hat Schuhpasta im Gesicht. Alle haben sie Faschingskronen auf dem Kopf, und nachdem sie Geld kassiert und ein Stänzlein gesungen haben, schicken sie sich an, das zu tun, wofür sie eigentlich gekommen sind: Mit Kreide eine Formel an den Türsturz zu schreiben. Zuletzt war das österreichweit 20 C + M + B 07. (C für Caspar, M für Melchior und B für Balthasar.) Vorlaut wie ich bin, verrate ich jetzt, dass der Spruch etwas ganz anderes bedeutet.

Die Namen der Heiligen Drei Könige erscheinen zuerst bei Beda Venerabilis, einem frühmittelalterlichen englischen Theologen und Geschichtsschreiber. Der klaute die Namen der morgenländischen Reiseastrologen aus orientalischen Legenden. Aus dem chaldäischen Namen des Propheten Daniel machte er Balthasar, aus dem hebräischen Begriff für „Mein König ist Licht" borgte er sich Melchior aus, und Caspar, der in älteren Legenden noch Gathaspar heißt, ist niemand Geringerer als der indisch-parthische König Gondophares.

Nach anderer Theorie bedeutet C + M + B „Christus Mansionem Benedicat", „Christus segnet (dieses) Haus". Noch im Mittelalter standen die drei Buchstaben allerdings für die Namen der drei gütigen Frauen Catharina, Margareta, Barbara. In heidnischer Zeit waren das die „drei Bethen", vorchristliche Gottheiten mit den Namen Anbeth, Wilbeth und Borbeth, die für die drei Stadien der Frau Jungfrau, Mutter und weise Alte standen.

Fröndschaft

Das Wort wird Freundschaft geschrieben, aber Fröndschaft ausgesprochen.

Zu Beginn der Zwanzigerjahre begrüßten sich die Mitglieder der Sozialistischen Arbeiterjugend noch mit „Frei Heil", einer Grußformel, die vermutlich von den österreichischen Arbeitersportverbänden übernommen worden und spätestens mit der Konjunktur des „Heil Hitler" der illegalen Nazis unmöglich geworden war.

Auch aus der Arbeitersportbewegung kam der Gruß „Freundschaft", der sich in den Zwanzigerjahren zunächst bei den Österreichischen Kinderfreunden durchsetzt hatte und von dort nach Deutschland „exportiert" wurde. „Fröndschaft" gefiel eindeutig besser als „Frei Heil". Zur Frage, welcher Gruß der bessere sei, gab es dennoch kontrastierende Meinungen und heftige Erörterungen.

Als der sozialistische Arbeiterpädagoge Otto Felix Kanitz auf dem großen Internationalen Jugendtag in Wien im Juli 1929 seine Begrüßungsansprache mit dem Gruß „Fröndschaft!" schloss, war dem Redner aus 50.000 Kehlen ein begeistertes Echo entgegengeschallt. „Fröndschaft" war endgültig etabliert.

Von den Jugendorganisationen trat der Gruß schließlich seinen Siegeszug in die gesamte sozialdemokratische Bewegung an – als Zeichen der solidarischen Verbundenheit und als ein äußeres Unterscheidungsmerkmal zum faschistisch punzierten „Heil". Ähnlich wie „Glück auf" (Glükof) wurde „Freundschaft" (Fröndschaft) auch allgemein von Arbeitern verwendet, in der Sowjetunion ursprünglich auch auf Deutsch, bis zum Unternehmen Barbarossa, Hitlers Angriff auf die Sowjetunion. Von da an wurde „Freundschaft" russisch entboten: Дружба (Druschba).

Mit dem Aufkommen des Chianti-Sozialismus ist der proletarische Gruß etwas aus der Mode gekommen. Was ich ausdrücklich bedaure. Einen eleganteren Gruß mit besserer Aura wüsste ich nicht. Freundschaft.

Gurkerl

Das Gurkerl ist eine Begegnung voll komischer Tragik. Der Wiener Kickerausdruck bezeichnet einen Ball, der durch die Beine des Gegners, im besten Fall sogar durch die des feindlichen Tormannes, geschupft wird. Eine größere Demütigung für einen Fußballer ist nicht denkbar. Der Terminus selbst dürfte gastrotechnisch verankert sein und vom Wiener Würstelstand kommen. Um nämlich Essiggurken aus einem großen Glas zu fischen, braucht man eine hölzerne Gurkenzange. Die Gurkenzange funktioniert wie eine große Pinzette. Fasst nun der Würstelmann das Gurkerl nicht mit den unteren Enden der Zange, bleibt es beim Aus-dem-Glas-Fischen unweigerlich an anderen Gurken hängen und rutscht durch die leicht nach außen gebogenen Zangenschenkel. Ein Phänomen, das wir in kleinerem Maßstab auch vom Essen mit chinesischen Stäbchen kennen. Wenngleich sich die chinesischen Stäbchen selten nach der Art der Fußballerbeine biegen. Mit Gurkenzangen lassen sich übrigens auch lästige Nacktschnecken übersiedeln, womit wir einerseits bei Schneckerl Prohaska und andererseits wieder beim Gurkerl wären.

Griassdi

Wo die Wiener und die von ihnen sprachlich Beeinflussten „Seawas" sagen, sagt der Rest Österreichs (mit Ausnahme Vorarlbergs und der alemannischen Partien Tirols) „Griassdi". „Griassdi" heißt soviel wie „Grüß dich". Gilt es, mehrere zu begrüßen, tritt das „Griassenk" auf den Plan, bis auf Gegenden Tirols, die dafür „Griassach" verwenden. „Griassdi" ist der häufigste Gruß auf der Wiener Uni. Er steht bei den oberösterreichischen Studenten, die die Majorität unter den Nationen der Alma Mater Rudolphina darstellen, in großer Blüte. „Griassdi" gehört aber auch zum Klingeln zweier zusammenstoßender Obstlergläser.

Grüß Gott

Der betuliche Gruß der Katholiken kann aus Bischofsmund auch schon mal zu einem „Gott zum Gruß" anschwellen. Wo der aufgeklärte Atheist einen „Guten Tag" wünscht, fordert der gläubige Österreicher mit „Grüß Gott" zu, ja zu was denn nun auf, Gott zu grüßen? Keineswegs. Das Wort „grüßen" hatte ursprünglich auch die Bedeutung „segnen". Katholifizierte Österreicher kennen die Wendung aus dem Ave Maria. Dort heißt es: „Gegrüßet seist du, Maria ...", was soviel bedeutet wie: „Gesegnet seist du, Maria ..." „Grüß Gott" wurde im 19. Jahrhundert von der katholischen Geistlichkeit propagiert und hat sich in Süddeutschland, Österreich und Südtirol zum Standardgruß entwickelt, der auch von Sozialdemokraten und Umstürzlern bedenkenlos verwendet werden kann. In seiner hochdeutschen Form wird „Grüß Gott" meistens auf dem zweiten Wort betont. Das kann bisweilen wie „Sgott" klingen.

Grüssie

Eine Antithese des „Grüß Gott" dürfen wir in der Formel „Grüssie" (Grüße Sie) sehen, wie sie im Schmalspuringenieurswesen, bei den Herrenfriseuren und in Kommerzialratskreisen zu Gange ist. „Grüssie" führen auch außerhalb dieser Berufsbilder alle im Schilde, die mit Gott nichts am Hut haben. Was sie nicht wissen: „Grüssie" ist nur der erste Teil des doch recht klerikalen „Grüß Sie Gott!"

Guten Abend die Damen, guten Abend die Herren, griasseich die Madln, seavas die Buam!

Jahrzehntelang gehörte die elaborierte Grußformel zur zentralen Begegnungszeremonie des Landes. Mit dem Spruch, den er bisweilen auch mit dreifach Gutemabend ohne Madl-Griassdi aussprach, adressierte der Nationalheld der österreichischen Rundfunkunterhaltung vierzig Jahre lang ein Millionenpublikum. Ab 1946 bis zu seinem Tod aus dem sonntagvormittäglichen Radio, ab 1957 vom Schwarz-weiß-bildschirm. Der gelernte Modelltischler Heinrich „Heinz" Conrads, der „Heinzi", wie ihn seine betagten weiblichen Fans nannten, war Schauspieler, Komiker, Conférencier und Wienerliedinterpret. Nie vergaß er auf die „Kranken vor dem Fernsehapparat" und jene, „denen es heute vielleicht nicht so gut geht". Das meinte der Grantscherm nicht wirklich so, wie er es sagte. Geliebt wurde er dafür dennoch. „Was gibt es Neues" hieß die samstägliche Sendung des Weltklasse-Talkmasters. Die Frage wurde kein einziges Mal beantwortet. Seine drei Klavierbegleiter Gustav (Gustl) Zelibor, Karl Krof (genannt Carl de Groof) und Norbert Pawlicki klimperten den feixenden Conrads mit alten Hadern durch die halbstündige Institution. Die Sendung war im klassischen Conférencestil gehalten und vereinte Musikdarbietungen von Operettenstudenten und ihren Gesangsprofessoren mit kurzen Plaudereien und halblustigen Schnurren. Auch der Gastgeber selbst gab Gesangsproben und las aus lähmenden Mundartbändchen. Nach fast 1800 Sendungen hieß es das letzte Mal „Seavas, die Buam." Das Unfassbare war eingetreten. Der Heinzi war tot.

Hallo!

Das weltweit gebräuchliche Wort „Hallo" soll den Sprachforschern zufolge vom englischen hail (rufen), vom mittelhochdeutschen halen (rufen, holen), oder vom Fährschifferruf holla (hol über) kommen. Auch die Abstammung vom hebräischen lehalel (für verherrlichen, preisen, ausrufen) wird für die Genese des Hallo diskutiert, und die französische Warnung „à l'eau!", die mittelalterliche Gehsteigbenutzer vor dem Inhalt des Nachttopfes warnen sollte. Nichts davon hat unser Hallo tatsächlich hervorgebracht. Die Wahrheit ist skurriler und ungarischer. Vater des Telefongrußes „Hallo" ist Tivadar Puskás. Der 1844 in Budapest geborene Erfinder arbeitete verbissen daran, das Telefon, das gerade eben erst von Alexander Graham Bell erfunden worden war, als Kommunikationsmedium zu nützen.

Puskás war in die USA gereist, um mit der Erfinderlegende Thomas Alva Edison seine Idee zu entwickeln, mehr als jeweils zwei Teilnehmer mit einander zu vernetzen. Puskás gilt als Erfinder des Telefonnetzes. Bei ihren Bostoner Telefonie-Experimenten soll 1877 Puskás das erste „Hallo" der Weltgeschichte in einen Hörer gerufen haben. Ohne großes Brimborium und ohne dass sein telefonisches Gegenüber Edison wusste, was mit dem heute weltweit gebräuchlichen Wort überhaupt gemeint war. Genauer gesagt war es nicht „Hallo", sondern „hallod", was Puskás Edison durchs Kabel zurief. Hallod heißt auf Ungarisch schlicht: „Hörst du?"

Hardigatti!

Der Tiroler Seufzerfluch „Hardigatti" oder „Harschdigatti" ist eine direkte Begegnungsformel mit einem imaginierten Wesen namens Hardigatti (Harschdigatti). Ist es der Gott Hardi? Die Göttin Harschdi? Dürfen katholische Tiroler unchristliche Götter überhaupt anrufen? In Überbrückung dieses Zwiespalts wurde vorgeschlagen, Hardigatti hätte etwas mit „Unterwäsche" oder dem „Lieben Gott" zu tun. Die Erklärungen sind unbefriedigend, denn Hardigatti kommt von ganz woanders her.

Dass Tiroler auf der Suche nach ihrem Nationalfluch erstmal an die, in Österreich weithin als „Gattihose" bekannte Unterhose denken und dann den „Herrgott" herauszuhören vermeinen, ist verständlich. Wie alle guten Flüche hat „Hardigatti!" mehrere scheinbare und eine tatsächliche Bedeutung. Das Tiroler „Hardigatti!" entspricht ungefähr unserem „Verflixt!". „Harschgatt!" oder „Harsch di Gatten!" erinnert nicht zufällig an den „Arsch!" Fluchende Pinzgauer kennen „Hardiguggi!", ausflippende Osttiroler „Hardimizzn!", mit der sie Marien (Mizzen) zürnen. Der Liebe Gott, die Mutter seines Sohnes und die männliche Unterhose sind aber nur Masken, hinter denen sich die wahre Bedeutung von „Hardigatti!" verbirgt. Der Fluch, den es auch im alten Wienerisch als „Hardek!" oder „Hardex!" gibt, kommt aber nicht aus dem Tirolerischen, Pinzgauerischen, Osttirolerischen, sondern wie „Hallo" aus dem Ungarischen. Und mit Gott hat er nur wenig zu tun.

„Ördög" nennen nämlich die Magyaren den Satan, „ördögüzö" Exorzisten und andere Hexer. Der Teufel „ördög" ist wie die ungarischen Wörter für Gott (Isten), allerdings nicht einmal originär ugrischer, sondern persischer Herkunft.

„Hardigatti" kommt vom ungarischen „ördögatta" und ist vermutlich in der k.k. Armee (das gemeinsame Heer Österreich-Ungarns) von der Puszta an den Inn gekommen. „Atta" (mit heutiger Rechtschreibung „adta"), ist das Partizip Perfekt (mit Possessivsuffix) des Wortes „ad", geben. Es kommt in mehreren ungarischen Redewendungen vor: Istenadta (von Gott gegeben) ördögadta (Kreatur des Teufels), ebadta (Kreatur eines Hundes). „Ördegatta" ist heute ein mildes Schimpfwort, früher wurde es etwas heftiger wahrgenommen. Die schweren Kanonen ungarischer Fluchkunst sind mittlerweile ausgestorben: „Teremtette", und das unaussprechlich derbe „bassza teremtette" – „Der Schöpfer (Gott) soll sein Geschöpf ficken".

Heile

In Vorarlberg und tischtuchgroßen Teilen Tirols wird unter Freunden statt mit „Griassdi" oder „Seawas" mit „Heile!" oder gar „Heil!" gegrüßt. So befremdlich das für Außenstehende auch klingen mag, nach Auskunft meiner Vorarlbergkonsulenten ist da nichts Braunes dran, „Heil" sagen sie, wäre dort schon vor der Zeit des Nationalsozialismus als Grußformel verwendet worden und habe sich bis heute gehalten. In Ordnung. Wie schiede man in Vorarlberg dann einen politisch korrekten Grüßer von einem unpolitischen? Na durch „Heile!" „Heile" würde ein Heilwünscher nie sagen, zur politischen Korrektheit ließen sich die politisch Inkorrekten nie hinreißen. Auch in Vorarlberg nicht. Das leuchtet ein.

Als wären die Dinge nicht kompliziert genug, gibt es auch noch „Hoi". Dieses Wort segelt uns im Bregenzerwald, in Lustenau, im Rheindelta, in Feldkirch und auch in Götzis gegen die Trommelfelle. Auch am Bodensee wird „Hoi" gerufen. Von den im Rest Vorarlbergs so genannten „Seebrünzlern". Dass das Hoi, das schwedische Hej, und das Ahoi der Tschechen und Matrosen miteinander verwandt sind, muss nicht bestritten werden. Hoi und sein verspieltes Cousinchen Ahoi haben auch jenseits des Rheins ihre Grußspuren hinterlassen. Hoi/Ahoi hätte sich um ein Haar gegen Hello/Hallo als Telefonausruf durchgesetzt. Aber Thomas Alva Edison setzte wie erwähnt den ungarischen Vorschlag durch. Telefonerfinder Alexander Graham Bell soll „Ahoi" beziehungsweise das daraus abgeleitete „Ahoi-hoi" als Fernmelde-Begrüßung favorisiert haben.

Is wos?

Als ich noch teenagete, verkehrte in unserem Häuserblock, also eigentlich um unseren Häuserblock, der so genannte „Spucker". Alles am Spucker war frisiert. Seine weißgelben Schnittlauchlocken wurden viertelstündlich in Strähnen gelegt, mit einem Aluminiumkamm, der nach Futkarliart mit dem Stiel nach oben in seiner hinteren Ho-

sentasche steckte. Frisiert war auch sein Eisen, ein knallrotes, aufge-
bohrtes Puch-Moped, mit dem der Spucker böse Runden um den
Häuserblock glühte und sich dabei gewiss fühlte wie Johnny Cecotto
in Monza. Die Zeiten, die der Spucker für den Häuserblock Schrey-,
Nestroy-, Leopolds- und Adambergergasse brauchte, stoppte sein
Haberer Pepperl, der Installateur lernte und auch ein lautes MC-50-
Moped hatte, das bei seiner Mutter in der Erdgeschoß-Küche gara-
giert war und dort auch gezangelt wurde. Der Spucker war von klei-
ner Gestalt und saß nach Art der Apachen in der Ritze zwischen
Tank und Sitzbank. Dass der Spucker spuckte wie ein Lama, versteht
sich von selbst. „Is wos?" war die Formel, mit der er seinem besten
Freund und Mopedblutsbruder Pepperl Holzschuh begegnete.

Jössers

„Jössers" oder „Jessas" ist ein Schreckensruf. Ein guter Anlass für ein
landesweit ausgerufenes Jössers war der 13. Februar 1998, als der
spektakuläre Abflug eines Flachauer Maurers von der olympischen
Abfahrtsstrecke im japanischen Nagano der Nation den Atem raub-
te. Als der wortkarge Hermann Maier drei Tage später im Super-G die
Goldmedaille erbretterte und wieder drei Tage später auch noch die
im Riesenslalom, antwortete Schneekanonenland mit einem nationalen „Bist du deppert". In die Weltgeschichte ging der Unzerstörbare
als „Herminator" ein.

„Jössers" mag aber auch bei vergleichsweise unspektakulären
Unglücken ausgerufen werden. Etwa wenn die Milch übergeht, oder
wenn ein Hagelsturm die Erinnerung daran wachprasselt, dass die
Versicherungsrate für die Unwetterzusatzversicherung noch unbegli-
chen ist. Jessas ist Kurzform der Herbeizitierung der Heiligen Familie
und heißt in vollem Wortlaut „Jessasmarantjosef".

Der Name des galiläischen Wanderpredigers ist die lateinische Interpretation des griechischen Ἰησοῦς, das wiederum das
hebräisch-aramäische „Jeschua" übersetzt. Dieses setzt sich aus
dem Tetragrammaton יהוה (JHWH) – kurz jehu – und dem Wort
schua (retten) zusammen, woraus sich das Substantiv Je(hu)schua,
Gottes Rettung (Gott ist die Rettung) ergibt. Jössers!

Kaisliche Hoeit

Die Anrede für Otto von Habsburg, den ältesten Sohn des letzten österreichischen Kaisers, und für andere Mitglieder seines Hauses regelt das Habsburgergesetz vom 3. April 1919, ein Gesetz im Verfassungsrang. Darin werden Herrscher- und sonstige Vorrechte, darunter auch die vielfältigen, bisweilen aus dem Mittelalter stammenden Titel des Hauses Habsburg-Lothringen aufgehoben. Dr. Otto Habsburg-Lothringen, dem ein österreichischer Reisepass erst 1966 ausgestellt wurde und der 1978 die deutsche Staatsbürgerschaft erhielt, hatte sein Studium an der katholischen Universität im flandrischen Löwen unter dem Namen „Herzog Otto von Bar" absolviert. Gehörte das kleine französische Herzogtum am Oberlauf der Maas doch zum lothringischen Hausbesitz. Der Direktor des Kunsthistorischen Museums, Wilfried Seipel, Ägyptologe, Historiker und Hofrat, hat aus seinem Herzen keine Demokratengrube gemacht und während einer Ausstellungseröffnung in Anwesenheit des alten Herrn mit der Anrede „Kaisliche Hoeit" (Kaiserliche Hoheit) für republikanische Entrüstung gesorgt. Die Strafandrohung, unter der die Verwendung von Adelsprädikaten gemäß § 2 Adelsaufhebungsgesetz steht, hat indes zu keinen Konsequenzen geführt. Denn neben dem österreichischen Reisepass hat der Herzog von Bar einen spanischen Pasaporte Diplomático, ein Papier des Malteserordens und über Vermittlung von Charles de Gaulle ein monegassisches Reisedokument.

Mit der Entfernung vom Thron sinkt bei den Habsburgern die Passrate. Dafür steigt ihr Sinn für Humor. Hubert Salvator aus der Toskana-Linie hieß nach seinem Schloss in Ybbs-Persenbeug „Schleusen-Hubsi". Ein weiterer Habsburg-Lothringen nannte sich in anderer Abkürzung des umfangreichen Familiennamens kurz entschlossen „Halo".

Krawuzikapuzi

Krawuzikapuzi Kinder, Krawuzikapuzi Kasperl. Wann immer der Puppenbühnenbär Pezi, homoerotischer Weggefährte des vagabundierenden Hobbydetektivs Kasperl, seinem Erstaunen Ausdruck verleihen wollte, schmetterte er „Krawuzikapuzi" ins Publikum. Mit einiger Bastelarbeit ist der Bärenausruf aus dem wienerischen Ausdruck „krawutisch" und der Bezeichnung „Kaputssina" entstanden. Krawutisch ist ein Amalgam aus „krowotisch" (kroatisch) und „wutisch" (wütend) und bezeichnet das feurige Temperament der Südslawen. „Kaputssina" spricht der Wiener den Kapuziner aus, den Mönch, der nach der gleichnamigen Kuttenkappe heißt. Krawuzikapuzi ist also die Krawutkapuze, kein falscher Ausdruck für den manischen Zipfelmützenmann an der Seite des pummeligen Bärenbuben.

Mahlzeit

Während der NS-Zeit hatte sich in den Amtsstuben der Ostmark, wie Schnitzelland damals hieß, eine Begegnungskultur der hochpräzisen Ungenauigkeit entwickelt, die vor allem dazu diente, die eigene politische Färbung zu verschleiern.

Die Zugehörigkeit zu jedem politischen Lager außer dem nationalsozialistischen war längst zur Gefahr für Leib und Leben geworden. Gelernte Österreicher, Katholiken und Klerikalfaschisten waren einander bis zum Einmarsch mit der Aufforderung „Grüß Gott" begegnet, Sozialisten zeigten Fahne mit dem solidarischen Gruß „Freundschaft" oder dem agnostischen „Guten Tag", wienerisch „Daaag" ausgesprochen. Nationalsozialisten schließlich, und die waren jetzt am Ruder, wünschten wem auch immer „Heil Hitler!" Und sie erwarteten den gehusteten Tyrannengruß auch von der Gegenseite. Ein gedeihliches Zusammenleben auf Beamtenebene war in den ehemals österreichischen Amtsstuben nur mit einer unverfänglichen Begrüßung möglich. Die wenig elegante, aber ungefährliche Grußform „Mahlzeit" umschiffte die Klippe, dem Falschen zur falschen Zeit das Falsche zu wünschen.

Der in Wien ab neun Uhr morgens allgegenwärtige Gruß „Mahlzeit", eigentlich „Ich wünsche Ihnen eine gesegnete Mahlzeit", ist in Amtsstuben und Bürofluren auch heute noch populär. Der Gruß ist heute ab 9:58 applikabel und kann getrost bis 15:15 verwendet werden. Er wird stets „hochdeutsch" ausgesprochen, was sich in etwa wie

„Maalzett" anhören sollte, um authentisch zu wirken. Ein verwandtes Phänomen der wunschtechnischen Unschärfe liegt im Gruß „Schöneswochenende" vor, der locker ab Mittwoch in Stellung gebracht werden kann.

Ab Mitte Juni darf auf den Gängen der Republik „Schönen Urlaub" gesagt werden. Wem ein solcher gewunschen wird, dem Begegner oder dem Begegneten, ist völlig einerlei.

Servus

In Österreich gibt es zwei Sorten Servus, zwischen ihnen verläuft die Hietzinger Demarkationslinie, jene unsichtbare Grenze, die quer durch alle politischen Lager das Joviale vom Gespreizten trennt.

Das eine Servus, das Hohe Servus, wie ich es nennen möchte, warfen sich promenierende Offiziere am Ringstraßen-Korso entgegen, die eine Handschuhfaust am Säbelknauf, die andere am Tschakoschirm. Heute begrüßen sich Primarii so, wenn sie einander im Foyer des Musikvereinsgebäudes begegnen. Auch Mitglieder der Industriellenvereinigung greifen zum Hohen Servus, wenn die zufällige Begegnung am Schwarzenbergplatz einen Gruß erfordert. Dieses „Servus" kann zur Begrüßung wie zur Verabschiedung verwendet werden und klingt wie „Sehr wus". Stets wird das „sehr" betont, das auf Kosten des kümmerlichen „wus" groteske Dehnungen annehmen kann. Sintemale bis heute niemand weiß, was ein „wus" wäre.

Das Hohe Servus hat sich mit der Habsburger-Monarchie in den Kronländern verbreitet und ist in Slowenien, Ungarn, der Slowakei, Rumänien und Polen bekannt. Es kommt vom Lateinischen servus, „der Diener" und bedeutet, der Grüßende empfähle sich dem Begrüßten als solcher. Dass dies in der Geschichte der Servussiererei auch nur ein einziges Mal ernst gemeint gewesen sein könnte, will ich stark bezweifeln.

Das zweite Servus, das Niedrige Servus, klingt schon ganz anders, nämlich „Seawas". Es wird ganz kurz ausgesprochen, in der Kurzform „Sers", „Sas", „Seas" besteht es überhaupt nur aus einer zischenden Silbe. Es ist die Alternative zum „Griassdi" und hält nicht länger auf als notwendig. Als Ausruf des Erstaunens (Na seawas!) ist es vermutlich eine Verballhornung von „Na sowas!"

Steirertor

Der despektierliche Kickerausdruck für ein leicht zu haltendes, meist dummes und oft unnotwendiges Tor wurde 1927 geprägt. Der blutjunge Grazer Bäckergeselle Rudolf Hiden, später Mitglied des legendären Wunderteams und einer der besten Torhüter seiner Zeit, erhielt bei seinem Debüt für den damaligen Spitzenclub Wiener AC das erste Steirertor der Geschichte. Den Begriff erfand sein damaliger Kollege in der schwarzroten Verteidigung, Karl Sesta. Als Hiden einen haltbaren Schuss eines heute nicht mehr namentlich bekannten Gegenspielers durch die Butterfinger in die Kiste ließ, ätzte Vordermann Sesta, rot vor Wut: „Sora Tiarl kaun nuara Steira kriang!" (So ein Tor kann nur ein Steirer kriegen). Die Karriere Rudolf Hidens sollte das styriakische Gurkerl nicht weiter beschädigen. Nach fulminanten Jahren im Wunderteam wurde er 1936 mit dem französischen Spitzenclub RC Paris gallischer Meister und Pokalsieger. Seinen Lebensabend ließ der frauenumschwärmte Beau als glückloser Pariser Barbesitzer und Elfmeter-Artist beim Zirkus ausklingen.

Taxi

Der Stephansdom steht auf einem respektablen Platz, der dadurch entstanden ist, dass alle Straßen, die rings um den Dom liefen, ihrer Fahrbahnen und Gehsteige beraubt und zur Fußgängerzone degradiert wurden. Bis auf das Gässchen beim Fiakerstandplatz ist der

Stephansplatz verkehrsbefreit. Hier wird nur fußgegangen. Vor das Riesentor, den Haupteingang des romanisch-gotischen Doms, hat man den Ausgang der U-Bahnstation Stephansplatz gelegt. Hier ist, wenn man so will, der Nullpunkt des Wiener Untergrundbahnnetzes. Unsere Taxigeschichte spielt in den Achtzigern, einer Zeit, in der die Dinge noch eindeutig waren. Alles hatte seinen Namen, jeder wusste, wer er war.

Nachmittag. Spätherbst. Aus der Tiefe der U-Bahnstation keucht eine dicke alte Frau die Stufen empor. Sie hat einen Lodenmantel an, graue Haare lugen unter ihrem grünen Hut hervor. Gehen fällt ihr schwer, Stiegen steigen umso mehr. Als sie am obersten Absatz, am Pflaster des Stephansplatzes angekommen ist, bleibt sie stehen, blickt um sich und dann schreit sie: „Taxi!"

Nichts geschieht. Die alte dicke Frau mit dem Steirerhut keucht noch immer, atmet schwer, aber sie gibt nicht auf. „Taxi", schreit sie, „Taaaxi." Ein Mann bleibt stehen, um Rat zu geben: „Nau, weng Ihna wiad do ka Taxler einefoan. Do miassns scho am Taxistaunplods gehn."

„Lassens mich in Kraut", schnaubt die dicke Frau, und rührt sich nicht vom Fleck. „Taxi!", schreit sie, „Tahaxi!" Kopfschüttelnd geht der Mann seines weiteren Weges. Kein Taxi kommt. Die dicke Frau sucht den Platz mit Blicken ab. Sie keucht und starrt und blickt und schnaubt und dann dreht sie sich um, schaut die Treppen hinunter in den U-Bahn-Aufgang und schreit „Taaxi." In die Tiefe des Lochs vor dem Dom.

Ein kleiner struppiger Hund hoppelt die Stufen des U-Bahn-Abgangs herauf und bleibt mit hängender Zunge ein paar Meter vor der dicken Frau stehen.

„Daxi!", schreit die dicke Frau den Hund an, „do geh her, du Oaschloch."

Tschüdilü

Tschüdilü, mit einem Meidlinger „l", sagte der Keyboardbetreuer vom For Music so oft und so gerne, dass sich die Lautfolge in die Großhirnrinde meines Sprachzentrums eingebrannt hat. Vor und im

For Music, einem weitläufigen, mit mehreren Gros Gitarren und Verstärkern vollgerammelten Musikinstrumente-Geschäft in der Alserstraße, habe ich das Knospen meiner Jugend verbracht. Vor dem For Music drückte ich mir täglich die Nase platt, um mir die ebenso neuen wie unerschwinglichen Gibsons und Fenders und die ebenso alten wie ausgemergelten Gitarrenhelden Wiens anzuschauen. Im For Music mit seinem süßlichen Lötpastengeruch verströmenden Spannteppich war ich beim „Techniker" vorstellig, um Gitarrensaiten zu kaufen, für „die Geigen", oder „die Axt", wie man die Stromgitarre hier nennen musste, um nicht unangenehm aufzufallen. Ein Mitarbeiter des „Techniker" war der „Kalenda", ein langhaariger Verstärker-Hippie, dessen imposanter Bierbauch aus seinem blauen Mechanikeroverall ragte wie der Kahlenberg aus dem Wienerwald. Punkt Mittag in den Siebzigerjahren, als ich einmal, Religionsunterricht und Chemie schwänzend, im For Music lungerte, hat Herr Kalenda seine Gattin angerufen. „Grüssie, Kalenda", japste er in gespielter Langeweile in die Muschel des For-Music-Tresentelefons, „is da Kölch scho haas?"

„Tschüdilü" kommt, wie unschwer geraten werden darf, über ein Umwegerl durch den Alsergrund aus dem Norddeutschen. Der Abschiedsgruß „Tschüs" (auch Tschüss) hat sich langsam aus dem bis in die 1940er Jahre üblichen Atschüs (eigentlich Adjüs) entwickelt.

Als Herkunft des „Tschüs" hat man erst das Spanische adiós verdächtigt, das in den damals spanischen Niederlanden zu atjüs geworden, in den norddeutschen Sprachraum eingedrungen sein soll. Mir gefällt diese Variante nicht. Sympathisch erscheint mir hingegen der Gedanke, das Wort „Tschüs" sei aus dem französischen adieu (mit Gott) entstanden, besser gesagt, aus dessen wallonischer Variante adjuus.

Ganz besonders österreichisch ist der Gebrauch des Wortes „Tschau". Es ist abgeleitet von ciao, einer Dialektform des italienischen schiavo, das eigentlich „Sklave" bedeutet. Und anders, als sich die Hietzinger denken, ist Ciao, Tschau, nicht erst über die Vespa fahrende Jeunesse Haute-Saint-Guyenne (die Ober-Sankt-Veiter Jugend) aus den adriatischen Gefilden mitgebracht worden, sondern schon weit früher. Bereits 1900 haben sich die Urgroßeltern der Vespapiloten am Ringstraßenkorso das „Ciao" der österreichischen Armeeoffiziere entgegengeworfen.

Tschulligen, stegen Sie os?

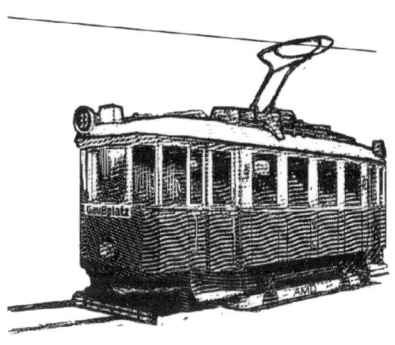

Wer in Wien mit der Straßenbahn oder dem Bus fährt, kennt die Frage. Sie ist so notorisch wie verquer. Wildfremde Menschen hauchen sie dir ins Genick: „Tschulligen, stegen Sie os?" Die Unsitte des Stegens-Se-os-Fragens kenne ich seit meiner Kindheit. Sie trat stets mit der Schelte älterer Damen mit Seppelhut auf, die Kindern, die es wagten, einen Sitzplatz zu benutzen, mit einem zornig gepressten „Schämst dich nicht?" einzuheizen. Das „Tschulligen, stegen Se os?" scheint so alt zu sein wie das Straßenbahnfahren selbst, und es entspringt wohl der Angst, den Ausstieg zu spät zu erwischen. Das kann fatal sein, denn wegen einer zu spät beim Aussteigetürl erschienenen Passagierin hat noch kein einziger Tramwaypilot in der Geschichte des Wiener Schienenverkehrs seine Tür noch einmal geöffnet. In hoher Pein wird ein Wiener Tramwaybenutzer auch „Austeigenlassen!" rufen. Mit einem kehligen Sopran, wohl wissend, dass er damit nicht mehr bewirkt, als aufgehende Impfnarben oder ein vorwurfsvolles „Na, na!"

Als Privatrevolutionärin begrüße ich als Antwort auf die Ungustlfrage das kryptische „Man wird sehen". Auch ein gefährlich mit den Zähnen geknirschtes „Sie müssen mir Zeit geben" lohnt die Mühe. Deutsche Antworten wie „Ich bin neu hier, wie geht das?" und „Ich steige grundsätzlich nicht aus" kann man auch immer gut gebrauchen.

Weisel

Gesellschaftliche Vorgänge hängen am losen Gängelband der Kommunikationstechnologie. Zur Zeit der Hohen Minne hätte ein liebessatter Sänger zum Palimpsest oder zur fünfchörigen Laute gegriffen, um den Schmerz der Trennung anzubringen. Die Zeiten sind amourtechnisch rauer geworden. Eine Freundin von mir bekam ihren letzten Weisel (das wienerisch-gaunersprachliche Derivat des juristischen Ausdrucks „Abweisung") per SMS von einer Computerstimme auf ihren Anrufbeantworter aufgesprochen. Österreichische Männer sind durchaus erfinderisch in diesen Dingen. Der Weisel ist den Kernschichten der Wiener Bevölkerung auch als Weider bekannt. Was immerhin bedeutet, dass es, wohin auch immer, weiter geht.

Wer begehrt Einlass?

Zita Maria delle Grazie di Bourbon-Parma, Ehefrau des letzten gekrönten Kaisers des Landes, war im Alter von 97 Jahren im klösterlichen Exil in der Schweiz gestorben. Sie wurde in das republikanische Österreich überführt und am 1. April 1989, nach Messe und Einsegnung im Stephansdom, im berühmten pechschwarzen, von acht Rappen gezogenen Imperial-Leichenwagen der gekrönten Mitglieder des Kaiserhauses zur Kapuzinergruft geführt.

Im Einklang mit dem spanischen Hofzeremoniell war der große Leichenzug an der Habsburger-Grabstätte am Neuen Markt angekommen. Es regnete leicht. Zitas Herold klopfte an das Tor. Ein Kapuziner-Wächter fragte von drinnen: „Wer begehrt Einlass?"

Der Herold rief: „Zita, Kaiserin von Österreich, gekrönte Königin von Ungarn, Königin von Böhmen, von Dalmatien, Kroatien, Slawonien, Galizien, Lodomerien und Illyrien; Königin von Jerusalem; Erzherzogin von Österreich, Großherzogin der Toskana und von Krakau; Herzogin von Lothringen und Bar, von Salzburg, Steyr, Kärnten, Krain und der Bukowina; Großfürstin von Siebenbürgen, Markgräfin von Mähren; Herzogin von Ober- und Niederschlesien, von Modena, Piacenza und Guastalla; von Auschwitz und Zator, von Teschen, Friaul, Ragusa und Zara; gefürstete Gräfin von Habsburg und Tirol, von Kyburg, Görz und Gradisca; Fürstin von Trient und Brixen; Markgräfin von Ober- und Niederlausitz und in Istrien, Gräfin von Hohenems, Feldkirch, Bregenz und Sonnenberg; Herrin von Triest, von Cattaro und auf der Windischen Mark; Großwoiwodin der Woiwodschaft Serbien, Infantin von Spanien, Prinzessin von Portugal und Parma."

Darauf der Wächter: „Kennen wir nicht."

Der Herold klopfte ein zweites Mal, und wieder wurde gefragt, wer Einlass begehre. Jetzt nannte der Herold die Tote beim kleinen Titel: „Zita, Ihre Majestät, die Kaiserin und Königin!"

Der Wächter wieder: „Kennen wir nicht!"

Als wäre die Zeit siebzig Jahre stehen geblieben, als hätte es Sarajevo und den Weltkrieg, Erste Republik, Bürgerkrieg und Diktatur, Hitler und den Weltenbrand, die Besatzung und die Zweite Republik nie gegeben, spulte der Herold der toten Kaiserin das spanische Hofzeremoniell ab.

Der kaiserlich-königliche Pompfineberer klopfte ein drittes Mal. „Wer begehrt Einlass?"

„Zita", sagte er nun, „eine arme Sünderin, deren Sünden so reich sind an der Zahl, wie die Sterne am Himmel."

Erst jetzt öffnete sich das Tor zur Kapuzinergruft.

Zahlenbitte!

Das Trinkgeld. Die Maut. Der Zimt. Wieso heißt das Trinkgeld eigentlich Trinkgeld? Dient der freiwillig und zusätzlich zur Rechnung geleistete Betrag etwa dazu, dass sich Kellnerinnen und Kellner am Ende der Woche mal so richtig voll laufen lassen? Fällt das Trinkgeld an, weil man selbst was getrunken hat? Wieso wird dann Trinkgeld auch fürs Essen bezahlt? Und beim Friseur? Und beim Tankwart? Und der Putzfrau? Und dem Postler, wenn er ein Packerl bringt?

In früheren Zeiten diente das Trinkgeld tatsächlich ausschließlich dazu, dem kellnernden oder sonst wie dienenden Personal ein Gläschen Vergessenssaft zu spendieren. Dem Tankwart zahlte man für das Putzen der Scheiben und die Kontrolle von Öl und Kühlerwasser. Obwohl das Trinkgeld, eine Chimäre aus Kleinstbestechung und Almosen, längst ausgestorben sein sollte, hat die moderne Ausbeutungsgesellschaft das Relikt einer unsozialen Vergangenheit als Lohnbestandteil affirmiert. Mit dem Namen „Trinkgeld" sollten wir allerdings spielen dürfen. „Solidarbeitrag zur sozialen Abfederung des Konsumenten-Dienstleistungs-Anbieter-Gefälles", „fürs Orchideenstudium", „für die Haschkassa" oder „Kaufen Sie sich eine Homepage damit", machen sich sicher gut im Restaurant oder an der Tankstelle.

Jenseits des sichtbaren Trinkgelds gibt es aber auch noch ein unsichtbares. In den alpinen Gegenden Österreichs katapultieren Kellner und Wirte den aus dem Lokal apernden Gast noch schnell ins Alkoholhoch. Mit einer Runde Schnaps „aufs Haus". Als das unsichtbare Trinkgeld wollen wir jenen Betrag bezeichnen, den der Wirt dem angschickerten Feriengast noch zusätzlich auf die Rechnung schreibt. Breit wie ein Scheunentor ist der geneigt, auch die abenteuerlichsten Summen widerstandslos zu begleichen.

Zao!

„Zao", „Zah an", „Ziehe an", sagt der Fortgehfertige zur Halb-
bekleideten und er meint damit nicht, dass sie sich anziehen, sondern
das sie sich beeilen solle. Die Josefstadtpremiere warte, die Heurigenpartie, die Betriebsweihnachtsfeier. „Zao" sagt aber auch die Unbe-
kleidete zum Unbekleideten, wenn er nach der Josefstadtpremiere,
nach der Heurigenpartie, nach der Betriebsweihnachtsfeier mit der
Rohrverlegung in Verzug gerät.

Zylmurbafi

Öffentliches Fernsprechen in der Zeit vor der Einführung europäischer Lebensstandards war hierzulande untrennbar mit Telefonschilling, Zahlknopf und der nach Sandlerurin stinkenden Telefonzelle
verbunden. In Wien ein eigenes Telefon zu bekommen, war einer
Lotterie nicht unähnlich und selbst mit Bakschisch („für die
Kaffeekassa") reichte es selten zu mehr als einem Vierteltelefon (ein
Anschluss, den man sich mit drei Wildfremden teilte). Heimische Ba-
kelitapparate waren schwer und schwarz wie die Bundeskanzler dieser Zeit. 1927 wurde das fünfstellige Nummernsystem auf eines mit
vorangestelltem Buchstaben ersetzt. Internationale Telefone dieser Zeit
hatten Wählscheiben, auf denen, wie heute noch auf Handys üblich,
den Ziffern von 1 bis 0 Buchstabentripletts zugeordnet wurden. Telefonnummern waren leicht merkbare Kombinationen aus kurzen
Wörtern und Ziffern. Nicht so in Österreich, wo man die selten geni-
ale Idee hatte, den 10 Ziffern die Buchstabenfolge IFABRUMLYZ
(verkehrt gelesen: ZYLMURBAFI) zuzuweisen. ZYLMURBAFI war
bis in die frühen 60er in Verwendung.

Auch wenn ich nicht gerne daran erinnert werde: Ich hatte eine
Beziehung zu meinem Festnetz. Eine Geschichte voller Missverständnisse. Sie begann mit meiner ersten Wohnung. Mein erstes eigenes Telefon gehörte offiziell dem Staat. Oder so ähnlich. Ganz genau
wusste man das nicht. Wer wem gehörte. Die Post dem Staat und der

Staat uns oder umgekehrt. Oder ganz anders? Die Schrauben des Apparats jedenfalls waren mit post-und-telegraphen-amtlichen Siegeln gegen das Öffnen gesichert. Da durfte niemand rein. Es fing schon mal gut an.

Mein erstes eigenes Telefon kam nach elf Wochen Lieferzeit von einem Unternehmen, das man auch jenseits der Briefkästen „Die Post" nannte. Es war ein schnittiges Ding, dunkelrot wie fruchtiger Merlot, leicht wie eine Kinderrassel. Wenn ich eine hohe Ziffer wählte, eine 9 oder die 0, schob mein Zeigefinger die Wählscheibe bis an den Scheitel, und dann fuhr das Telefon an meinem Wählfinger durch die Gegend.

Das hatte ich dem Apparat bald ausgetrieben! Ganz und gar nicht gesetzeskonform hatte ich das Siegel der Post gebrochen und das merlotfarbene Telefon innen zentimeterdick mit Bleiplatten aus der Metallhandlung „Zu den zwei Rittern" ausgekleidet. Jetzt konnte man zwar nicht mehr durch die Wohnung tanzen, wie es die telefonierenden Singles in den amerikanischen Komödien so gerne taten, aber wenigstens flog die Wählkiste nicht vom Tisch, wenn ein Besuch sich in der Schnur verfing.

Ursprünglich komfortable 20 Meter lang, war dieses Kabel bald verwunden wie eine chromosomale Helix. Es musste alle paar Wochen entdreht werden. Einmal habe ich mich zu diesem Behufe gezählte 234mal gegen den Uhrzeigersinn um die eigene Achse gedreht.

Auch einen Anrufbeantworter hatte ich. Einen illegalen, selbstverständlich. An legale Anrufbeantworter war nicht zu denken, sie kosteten so viel wie ein Mittelklassewagen und wurden ausschließlich in den Postämtern verkauft. Nach vielmonatiger Frist, hochkomplexen bürokratischen Prozederes und Wartezeiten wie in der DDR.

Da war die Strafe auf den Betrieb eines illegalen schon günstiger. Ein paar tausend Schilling, wie mein Freund Kurt berichtete, den man beim unerlaubten Anrufbeantworterbesitzen geschnappt hatte. 7000 Schilling? Bitter, aber ein Klacks. Erreichbarkeit war der geheime Luxus der Achtzigerjahre.

Meine erste eigene Telefonnummer kenne ich bis heute. 35 47 864. Ich werde sie nie vergessen. Meine Telefonnummer hatte sieben Ziffern. Ein Stigma. Sieben Ziffern hieß Vierteltelefon. Das Problem mit dem Vierteltelefon war dieses: Es war drei Viertel der Zeit besetzt.

Ob nun die Leitung frei war (und das war sie nur, wenn gerade kein anderer der Vierteltelefonkollegen telefonierte), konnte man an einer kleinen, an einen Ventilator erinnernden Rosette am Telefon erkennen. Mit etwas Geschick brauchte man den Blick auf die Freischeibe gar nicht.

Nach einiger Zeit konnte ich das Telefonkästchen an der Wand knacken hören, wenn sich jemand anderer einwählte und damit die Leitung blockierte. Dann ging nichts mehr, dann konnte man weder rein noch raus. Außer man kannte den Trick. Der Trick war aus Metall. Dünn und spitz. Der Trick war eine Nähnadel. Die Nähnadel musste man in den kleinen, dünnen, weißen Draht stecken, der vom Gang draußen zum Kästchen an meiner Wand führte. Ich war Meisterin in der Technik, ein österreichisches Vierteltelefon zum ganzen zu machen. Bis der andere Vierteltelefonist vor meiner Türe stand. Ein Mädchenhändler. Mit Kontakten zur Unterwelt und zur Post- und Telegrafenverwaltung. Faustwatschen, Prügel, Versendung im Rahmen seines Handels oder lebenslanges Telefonverbot. Ich solle es mir aussuchen.

Ich schenkte ihm meine Nadel und das Versprechen, ihn nie, nie wieder aus der Leitung zu werfen. Und ich kaufte mir einen anthrazitfarbenen Mobiltelefonziegel.

Meine Erinnerungen an die gute, alte Festnetztelefonie sind fast so schön wie meine Erinnerungen an kommunistische Grenzkontrollen.

„Du irrst dich und du bist ungerecht", sagt meine Freundin Nike. Meine Freundin Nike ist bekennende Festnetzfundamentalistin, und sie muss in einem anderen Österreich aufgewachsen sein. In einer Welt der ganzen Telefone. In einer Welt mit Wahltasten, nicht spiralisierenden Kabeln, legalen Anrufbeantwortern, in einem rosaroten Festnetzparadies voll eilfertiger und grundgütiger Telefoniebeamter.

Vielleicht hat Nike auch nur Lust am Reinen. Sie will nicht duschen beim Telefonieren, nicht Zwiebel schneiden, nicht Fakten googeln, nicht Bus fahren, Klopapier shoppen, Yoga betreiben oder Blutdruck messen. Nike will beim Telefonieren ausschließlich telefonieren. Und nichts, so behauptet sie mit stoischer Ruhe, eigne sich dafür besser als ein gutes, altes, fest ans Zuhause angeschraubtes Festnetztelefon.

Telefonieren ist eine österreichische Kulturtechnik. Etwas weniger entspannend als das Ahlen im Fichtennadelbad und nur in Härtefällen so anstrengend wie Spitzentanz auf der Staatsopernbühne. Anders als das Fahren schneller Autos und das Programmieren von DVD-Rekordern liegt es uns in den Genen. Telefonieren können wir. Das ist ganz unseres. Die Fähigkeit, ein Gespräch ohne sichtbares Gegenüber zu führen, ist zutiefst österreichisch. Von Anbeginn an. Seit wir von der Zirbe gestiegen sind und begannen, mit dem Kiesel in der Hand in den Schilfuntergang zu schlendern. Am Abend haben wir uns dann um die Feuer gelegt, gegrillte Gämsen gekaut und gequatscht. Stundenlang. Dabei, so vermuten die Forscher, muss sich bei den frühen Österreichern die Fähigkeit entwickelt haben, die Gemütslage des Gesprächspartners bis in die feinsten Verästelungen momentaner Stimmungsschwankungen wahrnehmen zu können. Und zwar selbst in stockdunkler Nacht. Seit damals haben wir ein Faible für das Spätabendprogramm, für die Kleine Nachtmusik und fürs Telefonieren.

Meine erste Begegnung mit dem Telefon fand im Kindergarten statt. Der Apparat war rot und aus Plastik und er hatte alles, was man so brauchte. Hörer, Wählscheibe, Spiralkabel und einen kleinen weißen Knopf. Telefonieren ging so: Du hobst den Hörer ab, drücktest auf den kleinen weißen Knopf und ließest es dreimal läuten. Läuten bedeutete salbungsvoll und ernst: „Ring, riiiing, riiiihiiing" zu rufen. Meine Telefonpartnerin saß schon bereit. Mit gespieltem Erstaunen hob sie den Hörer ihrer kleinen Kommunikationsmaschine ab und meldete:

„Hallo, hallo, hier Novakregina, wer ist am Apparat?"

„Hallo, ja, hier Duslandreamaria, gut, dass Sie abheben, mir ist das Waschmittel ausgegangen, ob Sie wohl noch welches haben?"

„Selbstverständlich, kommen Sie doch in den Kaufmannsladen, wir haben gerade neues Omo bekommen."

„Danke."

„Danke."

Klick. Klick. Kindergarten Pötzleinsdorf. So ging telefonieren. Tausendmal geübt, tausendfach geprobt.

Mein Kindergartentelefon war gut, aber aus Plastik. Daran, auch ans wirkliche Telefon zu gehen, zu Hause, in der trügerischen Sicherheit der elterlichen Wohnung, war nicht zu denken.

Gabel, Schere, Messer, Licht, sind für kleine Kinder nicht. „Und das Telefon rühren wir auch nicht on", trichterte mein Vater uns Kindern ein. „Sonst gibt's Spinat zum Frühstück." Es war ihm ernst, denn Telefonieren war eine teure Angelegenheit. Telefonieren war Elternsache. Telefonierende Kinder gab es im wirklichen Leben nicht. Wir durften an Plastiktelefonen im Kindergarten herumspielen.

Wirkliche Telefone hatten außer der Horrorvorstellung, den Vater mit einem unbeabsichtigten Anruf nach Neuseeland in den Schuldenkotter zu stürzen, auch noch ein anderes Manko: Sie waren schlicht zu schwer. Für eine Kinderhand wog ein Bakelithörer so schwer wie heute für Bobos die Prosciuttokeule. Auf den Boden gefallen, pflegten die stromlinienförmigen Hörer zu zerbrechen wie Weihnachtsgebäck. Hochflorige Teppiche sollte Österreich erst in den Siebzigerjahren kennen lernen.

Als wir schon etwas älter waren, uns durch den dicken Brei amerikanischer Vorabendserien geschaut und mit dem Leben telefonierender Ami-Teenies vertraut gemacht hatten, waren zwar die Hörer noch immer aus Bakelit, aber unsere Arme und Hände vom Füllfederhalten stark wie Holzfällerpranken. Jetzt konnten wir die haptische Hürde des Telefonierens überspringen. Nicht aber das Telefonschloss.

So ein Telefonschloss war traditionell am Wählscheibenloch der Ziffer 4 montiert. Man konnte also die Feuerwehr (122), die Grünröcke (133), die fahrbaren Blitzwürfel (144) und die Vorwahl von Amerika (001) anrufen. Mehr war nicht drinnen.

Obwohl. Immer wieder riefen Babys bei uns an. Kleinkinder, Säuglinge. Nicht oft, aber immer öfter. Sie konnten zwar nicht sprechen, aber sie konnten uns anrufen. Aber wie machten sie das? Und wieso riefen Babys ausgerechnet bei uns zu Hause an?

Meine Brüder und ich dachten tagelang nach und dann nochmal tagelang und dann klingelte es. War unsere Nummer nicht 332 113? Zusammengesetzt aus Einsen, Zweien und Dreien, eine Nummer, die man auch von einem abgesperrten Telefon anrufen konnte? Mehr noch. Unsere Telefonnummer war eine der wenigen Nummer, die man NUR von einem abgesperrten Telefon anrufen konnte.

Und weil das so war, taten das auch Tausende herumkrabbelnde Wiener Babys, die an Tausenden abgesperrter und in Babykrabbelhöhe herumstehenden Wiener Telefonen an der Wählscheibe drehten. Unter Abertausenden ungelenker Drehversuche mit Wählscheiben, auf denen nur die Ziffern 1, 2, 3 und 4 Freigang hatten, war solchermaßen durchschnittlich zweimal am Tag eines dieser Babys bei uns an der Strippe.

„Gaga" sagten sie und „Gugu" und „Föf". Diese frühen Talente sind jetzt Regalbetreuer, Biologielehrerinnen, U-Bahn-Fahrer und Stadträtinnen. Möglich aber auch, dass sich aus diesen Babys das Heer der Telefonistinnen und Telefonisten rekrutiert, das anonym in Kojen sitzend, mit uns über Handytarife, Softwarehusten und die Kirchensteuer spricht. Vielen von diesen frühkindlichen Telefonierern haben wir also damals das Kommunizieren beigebracht.

Öffentliches Telefonieren, das wollen wir hier nicht verschweigen, hatte für österreichische Kinder damals den Beigeschmack schwerer geruchlicher Demütigung. Österreichische Telefonzellen rochen ausnahmslos nach Herrentoilette. In strengen Wintern ging das noch. Aber wer will in strengen Wintern in Herrentoiletten telefonieren?

Eine Telefonzelle betrat man nie ohne den Telefonschilling. Den Telefonschilling hatte man immer dabei. Er war die Lebensversicherung. Das mitgenommene Licht im einsturzbereiten Tunnel.

Den Telefonschilling warf man in einen bleiernen Schlitz und wählte. Hob jemand ab, drückte man einen weißen Knopf. Ein Zeiger setzte sich in Bewegung. Der Zeiger ratterte in einem Fenster von links nach rechts wie die Tachonadel unseres gemächlich beschleunigenden Familien-Volvos.

Gespräche hatten so immer etwas Hastiges, von der Tachonadel Getriebenes. Wer telefonkommunikatorisch auf sich hielt, hatte eine Nadel oder einen dünnen Stahlnagel bei sich. Kaum ein öffentliches österreichisches Telefon, das nicht mit einem illegalen Loch im linken Eck des gläsernen Anzeigefensters versehen war. Zu Beginn des Gesprächs steckte man den Nagel durchs Löchlein und hielt damit den Zeiger auf. Telefonieren ging nun stundenlang. Theoretisch.

Praktisch stand schon nach zwei Minuten eine Warteschlange vor dem Häuschen. Obwohl dieses Bild nicht korrekt ist. Den Österreichern fehlt nämlich ein Gen, das andere Nationen zur Schlangenbildung befähigt. Wo andernorts eine Schlange ansteht, drängt sich in Österreich eine Traube. Wie die Weintraube ist sie dort am breitesten, wo der Stengel ist, der präsumtive Einlass. Distal werden die Beeren der Wartetraube schütterer.

Böses Schauen, Klopfen, Murren aus der Wartetraube genügten und schon war der Nächste dran. Telefonie und Höflichkeit wachsen in Österreich auf verschiedenen Rieden.

All meine frühen romantischen Termine, all die spannenden Rendezvous, Kaffeehausbesuche, Sturmfreibudenparties und Schulstageleien habe ich in diesen nach Bohnerwachs und Sandlerpisse stinkenden Telefonhütten organisiert. Mit klammen Fingern Telefonnummern auf Wände gekritzelt und mir gedacht, es müsste jemand, irgendjemand Telefone erfinden, wie man sie auf der Enterprise verwendet. Diese kleinen Dinger mit den kleinen Antennen, die man in die Tasche steckt und wo man mit ein paar Tastendrücken jeden, aber auch jeden jederzeit und überall anrufen kann. Auf seinem und ihrem kleinen Taschentelefon. So was müsste man erfinden, dachte ich mir. 1971 in der Telefonzelle neben dem Votivkino. Als es gerade klopfte und jemand schrie:

„Zao, du bist ned alaa."

Die österreichische Oberfläche

Das Dilemma zwischen Innen und Außen

*Österreich ist ein ordentliches Land. Das Land ist so ordentlich, so sauber, so auf-
geräumt, dass amerikanische Touristen vermeinen, ein groß angelegtes Disneyland
zu besuchen. Selbst hochrangige Politiker aus dem Bush-Land fragen bei Erst-
besuchen im Sound-of-Music-Land nach den Parkwächtern. Nur schwer lassen sie
sich davon überzeugen, dass die Landschaft, die sie zwischen Flughafen und Hotel
zu Gesicht bekommen, von ganz normalen österreichischen Bauern gestaltet wird
und nicht von ausgefuchsten Parkdesignern.*

Zugegeben, Österreichs Oberfläche befindet sich in einem äußerst
künstlichen Zustand. Äcker, Wiesen und Almen sind weit entfernt
vom Urzustand der mitteleuropäischen Oberfläche. Trotz Besiedlung
ist der Wald in Österreich zumindest auf einem Viertel der Fläche
annähernd naturnah und von allen Waldtypen, die ohne österreichischen Einfluss vorkämen, gibt es nach wie vor gute Beispiele. Echte
Urwälder sind allerdings so selten wie eine Perle in der Meinl-am-
Graben-Auster. Ein Viertel der österreichischen Wälder sind Forste,
bei denen die vorherrschende Baumart nicht der ursprünglichen entspricht. Sie gehören den Nachkommen der alten Adelsgeschlechter
und den Rechtsnachfolgern der Habsburger, den Bundesforsten. Im
typischen österreichischen Bergwald steht der Hering des Waldes, die
Fichte, abgeschlagen folgen Zirbe und Lärche. Hier werden die
Paneelhölzer für die österreichische Bauernstube geschlagen und die
Täfelungen für das Wellnessrestaurant.

Spazieren gegangen und nordic gewalked wird in Buchen- und
Rotföhrenwäldern, in Mischwäldern aus Tannen und Buchen. Zwischen den spitzen Bergen sorgt die Freundin der Wanderer, die hoch-
alpine Latsche, für würzige Luft. Insgesamt lassen sich 111 verschie-
dene natürliche Waldtypen in Österreich unterscheiden. Dafür, dass
sich diese Zahl nicht vergrößert, sorgen die Österreicher mit einem
komplexen Schneisensystem. Winters wird dieses mit Hilfe von Schneekanonen beschneit und an Skifahrer vermietet. Der Mietzins wird in
kleinen Einheiten an den Aufstiegshilfen eingehoben und ist das einzige lukrative Geschäft des Landes. Ein erschreckend kleiner Teil des

Landes wird landwirtschaftlich genutzt. Im Klartext heißt das, dieses und jenes wird angepflanzt, um die Agrarsubventionen der Europäischen Union zu lukrieren. Das Land ist so gesehen tatsächlich ein großer Park.

Der waldreichste Bezirk Österreichs liegt übrigens nicht in der Grünen Mark, sondern in Niederösterreich. Der Bezirk Lilienfeld ist zu achtzig Prozent von Wald bedeckt. Die ganze Breitseite der forestralen Pracht spüren allerdings nur Jäger und Förster, Mountainbiker und Schwammerlsucher sowie Waldbauernbuben und Exhibitionisten. Die gemeinen Österreicher bewegen sich auf ihren Transiten von Forst zu Furche, von Heim zu Hobel, von der Schaukel zur Schule hauptsächlich und hochgeschwinde auf Asphalt und Reifengummi. Die Oberfläche von Österreichs Straßen besteht nahezu ausschließlich aus dem zähflüssigen Gemisch aus Steinsplit und Bitumen. Auch die Reifen auf Österreichs Felgen sind aus Derivaten ausländischen Erdöls hergestellt. Wolle er nicht barfuß durch die Ackerfurche marschieren oder auf Ledersohlen durch den Tauernwald, kann sich selbst der allergrößte Patriot nur auf hochkomplexen Kohlenwasserstoffen aus dem bösen Ausland fortbewegen. In der Stadt hätte man es als heimattreuer Oberflächenfetischist fast noch leichter, denn die Gehsteigkanten sind aus Granit aus Mühl- und Waldviertel gestemmt. Zugegeben, dem eigenen Häuserblock entkommt man so nicht.

Zwischen Innen und Außen, zwischen Inhalt und Aufnahme ist die Oberfläche. Österreich ist solch ein Phänomen, denn Österreich findet ausschließlich am Übergang zwischen Innen und Außen statt. Das Land ist vielfältige Oberfläche. Wald und Wiese, Acker und Asphalt, Haus und Hof, Berg und Brücke, Piste und Parkplatz. Auf diesen Oberflächen bewegen sich die Österreicher in ameisenhafter Geselligkeit und basteln an der Illusion. Denn Österreich ist ein Trugbild. Eine Einbildung, ein Oberflächenphänomen. Der Punschkrapfen unter den Nationen. Das Fettauge in der europäischen Rindssuppe.

Österreichs wahre Farben

Österreichs Oberfläche hat viele Farben. Das einschläfernde Grau des Straßenasphalts, die saftigen Schattierungen des Chlorophyllgrüns von Bäumen, Gräsern, Gemüsen und des Rasens der Fußballplätze, das feurige Ziegelrot von Einfamilienhausdächern und Tennisplätzen, die fahlen Grautöne des nackten Felses, das trübe Graugrün von Seen, Flüssen und Schwimmbädern und winters das prachtvolle Weiß der Kunstschneepisten. Und das tumbe Gleißen des Goldenen Dachls. Welche aber ist die eigentliche Farbe des Landes? Rotweißrot? Wir setzen uns an meinen aluminiumfarbenen Apple, klappen den kalifornisch-koreanischen Deckel auf und jagen das Maschinchen aus dem Schlaf. Dann klicken wir uns durch ein paar Fenster, um UI zu wecken, das ultraschnelle Internet der Mobiltelefonie-Firma. In meinem Fall hängt UI, das aussieht wie eine kinderhandgroße Hotelseife, an einer Kaskade so genannter „USB-Stecker".

Die Angst, irgendetwas in diesem elektronischen Ambiente könnte nicht funktionieren, wenn ich auch nur ein Steckerchen aus der Signal-Kette entfernte, ist zu groß. Das Ding funktioniert und es sieht genauso aus, Stecker an Stecker, Kabel an Kabel und dann die kinderhandtellergroße Hotelseife, auf der mir ein türkisgrünes Lämpchen soviel sagen möchte wie: Ich bin bereit.

Nun denn, ich werfe das Internet an und klicke mich durch eine Reihe von Fenstern. Diese Fenster sind eigentlich keine Fenster, sondern Metallrahmen. Die Nomenklatoren der Interface-Guru-Firmen sind da sprachlich nicht ganz genau vorgegangen. In einem dieser Metallrahmen tut sich mein Browser, deutsch Brauser, um, bei mir hört er auf den bescheuerten Namen „Safari". Im Rahmen von Safari werfe ich die Suchmaschine Google an. Sie erscheint in meinem Rahmen, befindet sich aber auf einem anderen Kontinent, im fernen Kalifornien. Über die Hotelseife von UI verbunden bin ich aber so gut wie dort und begebe mich in die Landkartenabteilung „Google Earth".

Google Earth ist das zentrale Landkartenarchiv dieses Planeten. Es kennt keine Straße nicht und kennte es mal eine Straße nicht, würde man diese Straße wohl aus dem Gedächtnis des Planeten streichen. Die Landkartenabteilung von Google Earth hat auch eine Fotoabteilung. Deren Archiv speist seine Vorräte an Erdbildern aus Aufnahmen, die mit Satelliten gemacht wurden, das sind große fliegende Fotoapparate, die unablässig ihren Blick auf die Erde richten.

Prachtvolle Tage mit wolkenlosem Himmel, in unserem Fall wolkenlosem Boden sind doch eigentlich selten. Oder irre ich da? Das eine oder andere Nebelfetzchen steht doch immer zwischen Erde und Firmament. Umgekehrt müsste es eigentlich ähnlich sein.

Wie auch immer, Google besitzt eine lückenlose Bilderserie des gesamten, wolkenlosen Planeten. So auch Abbildungen dessen, was wir gemeinhin Österreich nennen. Also jener Partie des Planeten, die sich innerhalb der österreichischen Staatsgrenzen befindet. Außerösterreichisches Österreich, zum Beispiel die Grundstücke der österreichischen Botschaften und Konsulate, wollen wir mal unter den Betrachtungstisch fallen lassen.

Aus dem All sind an Österreich nur der Bodensee und der Neusiedlersee erkennbar, der eine vom schwarzblauen Ultramarin eines wolken- und sternenlosen Nachtfirmaments, der andere von der Farbe die die Literatur als Postkartenhimmel kennt. Außer den beiden Seen, zwischen denen sich das Land aufspannt, erkennt das ungeschulte Auge nur das schmutzig-grüne Band der Donauufer und die Täler von Mürz-Mur, Enns und Inn. Alles andere ist ein zerknittertes Muster aus Hellgrau, Lehmfarben und allerlei Grüntönen. Aus dem All lassen sich keinerlei Staatsgrenzen feststellen, da hat es Österreich dem allfälligen Betrachter nicht so einfach gemacht, wie etwa das Vereinigte Königreich. Oder Irland. Obschon man da auch vorsichtig sein möchte, denn der Grenzverlauf zwischen der Republik Irland und dem nordirischen Aspekt des Vereinigten Königreichs lässt sich aus der Satellitenumlaufbahn auch nicht mir nix, dir nix feststellen. Zurück zur Unsichtbarkeit des Österreichischen. Wo beginnt das Land und wo endet es? Wieder hat Google Earth die passende Kartenidee. Auf den Knopf „Map" gedrückt kommt unser vertrautes Österreich zum Vorschein, mit Grenzen und Autobahnen, ganz so, wie man es von der papierenen Straßenkarte kennt.

An dieser Stelle bringe ich meine eigenen Talente ein. Mit einem Programm, das sich „Snapz Pro X" nennt. „Snapz Pro X" ist ein Schnappschussprogramm, damit lassen sich so genannte „Screenshots", Bildschirmschüsse, erstellen. „Snapz Pro X" könnte auch „Screenshot-Application" heißen oder „Remember the Screen", aber es heißt „Snapz Pro X", weil in dieser Buchstabenkombination mindestens vier verkaufsfördernde Logismen vorkommen.

Ein großes „S" gleich zu Beginn, wie es auch den Fremdenverkehrsorten Salzburg, Saalfelden und Sankt Anton gut zu Gesichte steht. „Snapz Pro X" lautet darüber hinaus auf das extrem hippe, von Marketingfuzzis heiß geliebte „z" aus. Gerade hier muss sich Österreich nicht verstecken, enden doch die Städte Bregenz, Bludenz, Schwaz, Lienz, Linz, Graz, Eisenerz, Weiz und Retz auf dem letzten, so wohlfeil zackigen Buchstaben des Alphabets. Dass „z" bare Münze ist, weiß die Schweiz schon lange.

Es wird nur eine Frage der Zeit sein, bis in der österreichischen Fremdenverkehrswerbung jene Dämme bersten, die das Land bisher davor bewahrt haben, sich „Österreiz" zu nennen.

Nun denn. Die Silbe „Pro" erklärt sich von selbst, es soll normale Menschen wie dich und mich stets daran erinnern, dass Spaß das eine ist, richtig Knete aber nur von „Pro's", von Professionellen geschaufelt wird. „Pro", also professionell zu sein ist selbstredend auch in Freizeitdingen ein Muss, dem sich Österreiz noch verschließt.

Über die Silbe „Pro" lässt sich wenig Erfolgreiches aus Österreiz berichten. „Pro" erinnert zu sehr an Proletariat. Das mag der Bauer
nicht. Der Beamte nicht. Abgesehen davon ist der österreichische Arbeiter, sehr zum Leidwesen der Sozialdemokratie, mittlerweile Geschichte. Er existiert ganz einfach nicht mehr. In diesem Bereich sind
Serben, Kroaten, Montenegriner, Bosnier, Mazedonier, Rumänen,
Slowaken und der eine oder andere Pole tätig.

Das „X" in „Snapz Pro X" will schließlich andeuten, dass das
Programm auf einem Apple, wie dem, auf dem ich gerade tippe,
läuft. Mit Österreich hat das nichts mehr zu tun. Ein Kreuz, das übers
Eck steht, daran findet der Österreicher keinen Gefallen. Es sei denn,
man macht Haken dran.

„Snapz Pro X", wir wollen es dabei bewenden lassen, kann also
von Google-Erd-Bildern, die sich in meinem Brauser zeigen, Schnapp-
schüsse machen. Solch einen Schnappschuss muss ich zweimal machen, einmal von der Bilderversion Österreichs, von jenem fransigen
Flickwerk aus grünen, grauen, schmutzig weißen und lehmfarbenen
Oberflächen. Den zweiten Schnappschuss mache ich von Googles
Straßenkartenösterreich.

An dieser Stelle kommt ein Programm ins Spiel, das ich tatsächlich
professionell benutze, denn mit ihm erzeuge ich, was ich den
Redaktionen des Landes als Dusilation verkaufe. Ich zeichne nämlich
seit vielen Jahren nicht mehr auf Papier, sondern ausschließlich im
Computer. Und zwar mithilfe elektromagnetischer Fernwirkung mit
einem Plastikstift und einer Kunststoffplatte. Plastik auf Plastik. Und
dann ein Kabel. Das Programm, das mein Zeichnen verarbeitet und
auf dem Schirm sichtbar macht, heißt Photoshop. Das wollen wir
mal starten, wie die professionelle Computerfachfrau salopp sagt.

Photoshop wurde einst erfunden, um eingescannte Bilder von
Models elektronisch von Muttermalen und störenden Bikinizonen-
härchen zu befreien. Heute wird es uns dazu dienen, die Farbe Österreichs festzustellen.

Dazu müssen wir Österreich auf seine Grenzen zurückschnei-
den. Wie bei jedem Landkartenbild Österreichs sind auf einer Ge-
samtdarstellung immer große Teile Bayerns und Württembergs zu
sehen, dazu das kleine, Briefmarken und Postfächer züchtende Liechtenstein sowie Graubünden und Südtirol. Westungarn mit seinen

Zahnkliniken und die nördlichen Partien von Slowenien fallen nicht so sehr ins kartografische Gewicht.

Für die Feststellung der Farbe Österreichs müssen diese Teile unseres Google-Erd-Bildes ausradiert werden. Wo es überall nichtösterreichert, sehen wir auf unserer zweiten Karte, da sind neben Bundesstraßen und Autobahnen auch die Staatsgrenzen eingezeichnet.

Mit den technischen Zwischenschritten des elektronischen Ausradierens der nichtösterreichischen Oberflächenanteile wollen wir uns nicht aufhalten, zu schön ist das Bild des reinen Österreich, der Anblick seiner Oberfläche. Wie sieht es aus?

Der Westen gleicht Schimmel auf einer alten Brotkruste, der rundliche Rest erinnert an einen grünen Vogelschwarm, der gerade einen Froschtümpel überquert.

Irgendwo rechts schwimmt ein hellblauer Kinder-Flipflop. So sah ich das gestern.

Heute sieht dasselbe Luftbild ganz anders aus. Irgendwie künstlerischer. Als hätte André Heller aus den Fliederbüschen des Heldenplatzes einen grünen Kobold coupiert, der eine steinerne Zunge aus der Werkstatt von Alfred Hrdlicka entrollt.

Wir sehen, noch haben diese Bilder zu viele Details, noch erkennen wir die Vielfalt und nicht das Typische. Noch sehen wir zu scharf. Noch erzeugt das Gesehene zu viele Bilder.

Gut, dass Photoshop ein Werkzeug bereithält, das uns hier weiterhelfen wird. Als drehten wir am Schärfenring der Kamera oder setzten unsere Brille ab. Mit mathematischen Filtern lässt sich das Bild entschärfen. Pixelberechnung im Dienste der Erkenntnis. Wir wollen den Blick weiten, die Farbe von der Form lösen.

Wo die Sprache längst ins Poetische entgleitet, bleibt Photoshop trocken und kühl. „Blur" heißt das Instrument der Entkörperung. Wenn wir Blur ein paar Dutzend Male über das Erdbild Österreichs laufen lassen, entfernt es uns langsam von den Details, schickt Österreich ins Wunderland der Abstraktion. Noch können wir die koboldhafte Form erkennen, aber die Farben sind schon ineinander gelaufen, wie eine grüne Twinni-Hälfte, vergessen auf der Steinbank eines hochsommerlich heißen Autobahnparkplatzes.

Nach 72 Repetitionen des Blur-Filters scheint die Farbe Österreichs gegen jede neue Entschärfung immun zu werden, so etwas wie die wahre Farbe Österreichs wird sichtbar. Eigentlich sind es zwei Farben, sie wirken vertraut und schrecklich zugleich.

Österreichs Farben sind die jenes Nachkriegstextils, das wie kein zweites die alpinen mit den urbanen Aspekten des Landes konjugiert. Kein Wunder, dass sich Politiker konservativen Anstrichs gerne in dieses Gewand hüllen. Österreichs wahre Farbe ist das Grau-Grün-Hirschknopffarbene des Steireranzugs.

Rotweißrot

Oder: Wie ein Französisch sprechender Engländer einen griechischstämmigen Österreicher in einem israelischen Hafen zur Weißglut bringt und wie dabei die österreichische Fahne erfunden wird. Und warum Österreich wegen einer Mödlingerin kein Königreich ist.

Der Kapitelsaal des Stiftes Heiligenkreuz ist eine der wichtigsten Gruften Österreichs. Hier befinden sich zehn mittelalterliche Gräber von Babenbergern und deren Frauen. Was die Kapuzinergruft für die Habsburger, ist dieser Saal für ihre Vorgänger, die ersten Herzöge von Österreich. Für die farbliche Identitätsstiftung Österreichs liegt hier der rotweißrote Gral. Na, sagen wir mal, ein Henkel des Grals.

In der Mitte des Kapitelsaales liegt das Hochgrab von Herzog Friedrich II dem Streitbaren, Herzog von Österreich und der Steiermark, eines großen Förderers des Klosters. Eine Totenlampe brennt Tag und Nacht, ihr gilt seit 761 Jahren die beleuchtungstechnische Aufmerksamkeit der Zisterziensermönche.

Der hochbegrabene Friedrich war kein Freund von Liebenswürdigkeiten. Der Fünfachtelgrieche ist der einzige Sohn des österreichischen Herzogs Leopold VI und der byzantinischen Prinzessin Theodora Laskaris, aus dem Hause Angelos. Der Wiener ist genetischer Ausländer. Er hat nicht nur über seine Mutterseite die unösterreichische Bürde byzantinisch-balkanesischen Temperaments geerbt, sondern auch über Theodora Komnena, seine Urgroßmutter väterlicherseits, Enkelin des byzantinischen Kaisers Manuel I. Und er ist auch noch mit einer byzantinischen Prinzessin verheiratet.

Die Wiener hassen ihn wegen seiner Unterdrückungspolitik. Mit seinen Nachbarn, den Königen von Böhmen und Ungarn liegt er im Dauerstreit, mit seinem Vater überwirft er sich, 1236 fällt Friedrich gar unter Reichsacht und wird aus Wien vertrieben.

Der streitsüchtige Grantscherm hat nur ein Ass im Ärmel, er ist der letzte Apfel auf einem dürren Ast. Weil er kinderlos ist und seine Dynastie zu erlöschen droht, wollen ihn die schwäbischen Staufer beerben. Der Plan ist simpel. Für die Erhebung Wiens zum Bistum und die Erhöhung der Herzogtümer Österreich und Steiermark zum Königreich will der Staufer-Kaiser Friedrich die Hand von Gertrud, der Nichte des Babenbergers.

Ein staufisches Königreich im Osten des Reiches schwebt ihm vor, mächtig und unabhängig von den wankelmütigen und eigensüchtigen Reichsfürsten. Der falkenzüchtende und polyglotte Kaiser und seine Nachkommen wären dann wohl Könige eines Landes mit einem blumigen Namen wie „Östersteier" oder „Steisterreich" geworden. Dafür hätte der „Stupor mundi" – man nennt den Kaiser nichts weniger als „das Erstaunen der Welt" – das durchgeistigte Castel del Monte in Apulien verlassen und gegen die feuchte Wiener Burg am Hof eingetauscht?

Der dynastische Coup scheitert im letzten Moment. Ende Juni 1245 treffen sich Kaiser Friedrich II und sein Babenberger Namensvetter in Verona. Die Urkunde der Königreichswerdung Österreichs ist von den kaiserlichen Kanzlisten schon getextet worden, sie muss nur mehr besiegelt werden. Auf dem Wappenhelm des Babenbergers wurde der österreichische Pfauenstoß schon um die Königskrone vermehrt, wie die Herolde den Relaunch des Firmenhuts nennen.

Aber Gertrud, die spröde Österreicherin, weigert sich, den alternden Monarchen zum Mann zu nehmen. Sie war einige Jahre zuvor dem Sohn des böhmischen Königs Vladislav versprochen worden, aber Friedrich wollte sie diesem nicht ausliefern. In der offiziellen Version, verziert mit den Arabesken österreichischer Diplomatie, liest sich das so: Der Kaiser sei im Kirchenbann, redet sich die 19-

jährige Gertrud auf radikalkatholische Frömmigkeit aus, sie werde sich durch eine solche Ehe nicht versündigen. Basta. Das Herz des schlauen Österreichermädels sollte dem Kaiser, der kein Kind von Traurigkeit ist und aus vier Ehen und zahlreichen anderen Beziehungen 19 Sprösslinge anerkennt, verwehrt bleiben. Der Stupor Mundi spricht Italienisch, Französisch, Latein, Griechisch, Mittelhochdeutsch und Arabisch. Die Sprache eines Mödlinger Zickenherzens spricht er nicht.

1246, mit Friedrich des Streitbaren Tod auf einem magyarischen Schlachtfeld an der Leitha, erlöschen die Babenberger im Mannesstamm. Der Aufstieg der Herzogtümer Österreich und Steiermark zu einem Königreich hat nicht stattgefunden. Die Schweizer Nachfolgerdynastie wird später viele Urkunden fälschen müssen, um sich von stinknormalen Herzögen zu Erzherzögen hochzustapeln.

Neben anderen illustren Babenberger-Verwandten liegt in der Heiligenkreuzer Saalgruft auch der legendäre Schöpfer einer der ältesten noch in Gebrauch befindlichen Staatsfarben der Welt. Der Designer der österreichischen Fahne, der Erfinder von Rotweißrot.

Leopold V, genannt der Tugendreiche, Großvater des letzten Babenbergers Friedrich, halten die Heiligenkreuzer Zisterzienser in besonderen Ehren. Von einer Pilgerreise ins Heilige Land hat Leopold einst eine große Kreuzreliquie mitgebracht und den Heiligenkreuzer Mönchen zum namenstiftenden Geschenk gemacht. Bis zum heutigen Tag wird der heilige Span im Kloster aufbewahrt.

Leopolds Beinamen „der Tugendreiche" beziehen die Historiker späterer Zeiten auf seine Teilnahme am Dritten Kreuzzug. Zeitgenossen kennen für die Dynastie weder die heutige Bezeichnung „Babenberger" noch haben sie für deren Mitglieder so österreichische Beinamen wie „tugendreich", „katholisch" oder „streitbar" parat. Eine mythenaffine Geschichtsschreibung würde den Sohn Herzog Heinrich II Jasomirgotts und der byzantinischen Kaiserenkelin „den Löwenherzdieb" nennen. Oder „den Akkonfahrer". Kaum „den Tugendhaften". Ein treffender Name, den man in Leopolds Sarkophag meißeln wollte, stünden dem nicht die Zisterzienser entgegen, wäre wohl Friedrich V, „der Rotweißrote".

Die zentrale österreichische Wappen-Legende ist jene von der Entstehung des Bindenschilds und sie spielt fern der niederösterreichischen Heimat im heutigen Israel.

Akkon, auf einer Landzunge am Nordrand der Bucht von Haifa gelegen, ist eine verschlafene Hafenstadt im östlichen Mittelmeer. Die 45.000 Einwohner verbindet eine Städtepartnerschaft mit der österreichischen Hafenstadt Bregenz. Im Mittelalter, wo die rotweißrote Fahnenwerdung spielt, gilt Akkon (das antike Ptolemais) als einer der wichtigsten Häfen Palästinas. 1104 hatten christliche Kreuzfahrer unter Baudouin II de Bourcq, dem späteren König von Jerusalem, die Handelsstadt erobert und 83 Jahre gehalten. 1187 wird Akkon (und gleich auch noch Jerusalem) von einem mesopotamischen Kurden im besten Mannesalter zurückerobert.

Salah ad-Din Yusuf bin Ayyub, 1137 im heutigen Irak geboren, wird als Sultan Saladin zum größten aller Helden der muslimischen Welt. Wegen der Eroberung von al-Quds, dem Jerusalem der Christen und dem Jeruschalajim der Juden wird der erfolgreiche Gegenspieler der Kreuzritter bis heute verklärt und romantisiert. Lessing wird ihn später im Nathan verewigen.

Die Nachricht vom Fall Jerusalems und dem Verlust Palästinas löst in Europa große Bestürzung aus. Schnell wird die Forderung nach christlicher Gegenwehr laut. Kaiser Friedrich Barbarossa appelliert an die Christen, die Heiligen Stätten zu befreien. Das Abendland ist von Begeisterung erfüllt. Auch Gregor VIII, gerade eben im greisen Alter von 87 zum Papst gewählt, ruft zum Dritten Kreuzzug auf, bevor aus Schreck über die unfasslichen Ereignisse im fernen Orient sein kurzes Pontifikat aushaucht.

In Österreich holt Herzog Leopold V, der Tugendhafte, Schwert, Kettenhemd und Tunika aus der Rüstkammer und macht sich gemeinsam mit Rittern aus Österreich und der damals noch unabhängigen Steiermark auf den Weg an die syrische Küste.

Eine christliche Armee, bestehend aus Feudalherren und Kontingenten europäischer Kreuzfahrer, belagert Akkon. Sultan Saladin zieht mit seinen Vasallen ebenfalls vor die Stadt, scheitert aber mit seinem Angriff auf das christliche Feldlager. Saladins Armee schließen sich Muslime aus Ägypten, Turkestan, Syrien und Mesopotamien an. Saladins Heer, das einen Belagerungsring um die Europäer zieht, ist bald so groß, dass für die Kreuzfahrer weder auf dem Landweg noch übers Meer Nachschub hereinkommt. Im christlichen Feldlager übernehmen Seuchen die Macht.

Im Frühjahr 1191 trifft Leopold V von Österreich mit seiner Entourage ein und wird Teamchef der christlichen Belagerungsarmee.

Eine historische Ironie verbindet Leopold V den Tugendhaften aus dem verschneiten Österreich mit seinem muslimischen Gegner. Bedeutet doch Salh ad-Dîn (Frömmigkeit durch Religion) im Grunde das Gleiche wie Leopolds Beiname.

Eine zweite Ironie der Geschichte verbindet Saladin mit einem anderen, viel späteren Orientalen. Der Kreuzzuggegner von George W. Bush und Tony Blair stammt aus demselben Nest am Tigris wie Lessings Sultan Saladin. Saddam Hussein und Sultan Saladin wurden beide in Mesopotamien geboren. In der Stadt Tikrit, etwa 175 km nördlich von Bagdad.

Zurück nach Akkon, in den Sommer des Jahres 1191. Als die Könige Philipp II August von Frankreich und Richard Löwenherz von England im Morgenland eintreffen, schwinden Saladins Chancen auf einen Sieg und jene Österreichs auf eine moderne Fahne steigen.

Nach einigem Hin und Her kommt es am 11. Juli zu einem letzten Gefecht. Am 12. Juli wird die Übergabe der Stadt angeboten und angenommen. Saladin, der an den Verhandlungen nicht beteiligt ist, akzeptiert die Vorgehensweise seiner Untergebenen. Nach einem ausgiebigen Gemetzel geht die muslimische Garnison in die Gefangenschaft, die Christen ziehen in die Stadt ein.

Ermattet von der Schlacht schält sich Leopold aus seinem Kampfgewand. Das ursprünglich blütenweiße Schlachtkleid ist von Blut getränkt. Als der Babenberger den Schwertgurt abnimmt, wird ein breiter weißer Streifen sichtbar. Dieser Waffenrock, seit dem 11. Juli 1191 rotweißrot gefärbt, wird zur österreichischen Wappenfarbe erklärt.

Ein neues Banner haben die Österreicher auch dringend nötig. Das bisherige, aufgepflanzt auf den Zinnen der gerade eben eroberten Festung Akkon, hat der englische König Richard Löwenherz in den Dreck werfen lassen. Um seine eigene Fahne zu hissen, das siegreiche Löwenbanner Englands. Leopold hatte als Anführer des deutschen Kontingents den gleichen Rang wie die Könige Philipp II August und Richard Cœur de Lion gefordert, war aber wohl angesichts seiner bescheidenen militärischen Erfolge und mangels Königswürde rüde zurückgewiesen worden.

Nüchtern betrachtet, dürften sich Leopold und die beiden Könige bei der Aufteilung der Beute in die Haare gekommen sein. Der Zorn Leopolds auf Richard Löwenherz hat vermutlich noch einen weiteren Grund. Auf dem Weg nach Akkon hatte Löwenherz Zypern eingenommen und dabei dessen ersten und einzigen Kaiser, Isaak Komnenos, Leopolds Großonkel, abgesetzt. Das war eindeutig zu viel an byzantinischen Kränkungen. Zwischen dem Wiener und dem Plantagenet sollte sich eine lebenslange und folgenreiche Antipathie etablieren.

Leopold V kehrt beleidigt in seine Heimat an der Donau zurück. Im Gepäck die erste österreichische Fahne, die vor Akkon mit Blut und Staub panierte Tunika. Die Textilie soll über 400 Jahre in der Kirche Maria auf der Had in Maria Enzersdorf aufbewahrt worden und 1529 vor den herannahenden Türken nach Perchtoldsdorf (Wienerisch: Pedasduaf) in Sicherheit gebracht worden sein. Die Zweite Türkenbelagerung 1683 hat das österreichische Paradekleid dann nicht mehr überlebt.

Seither gilt Österreichs Urfahne als verschwunden. Seine bikolore Farbkombination, das Rotweißrot war längst als Bindenschild zum österreichischen Wappen geworden.

Leopold ist nicht der Einzige, mit dem sich Richard Löwenherz zerstreitet. Auch mit dem Franzosenkönig Philipp II August hat er sich zerkracht. Dabei hatten die beiden Regenten noch vor kurzem vom selben Tellerchen gegessen und im selben Bettchen geschlafen. Eine starke Liebe sei zwischen ihnen gewesen. So umschreiben Chronisten, was man heute gerne eine schwule Beziehung nennen würde.

Nach einem Krach mit seinem Boyfriend Richie kehrt Philipp vorzeitig nach Frankreich zurück. Begünstigt durch Intrigen des englischen Adels, luchst er Richards Bruder Johann später Ohneland einen Teil der englischen Besitzungen in Frankreich, fast die Hälfte des Landes, ab. Im Gegenzug wird Johann Ohneland die Verwaltungshoheit über die ihm verbliebenen Gebiete zugesichert.

Am 30. Oktober 1192 bricht auch Richard Löwenherz den

Kreuzzug ab und macht sich auf den Rückweg nach England. Der Zeitpunkt seiner Abfahrt ist gewagt. Eine Fahrt über das Mittelmeer knapp vor Einsetzen der ersten Winterstürme ist nicht ungefährlich. Südlich von Sizilien erfährt Richard, dass Philipp II August die französischen Häfen hat sperren lassen. Um seinem ehemaligen Bettgenossen auszuweichen, nimmt Richard Löwenherz den Weg über die Adria nach Norden. Dort greifen Piraten das Schiff an. Der Legende nach kennen sich jedoch Richards Schiffskoch und der Piratenkapitän, wodurch der Angriff in einer Verbrüderung mündet. Richard steigt auf das Piratenschiff um und nimmt einen Vertrauten mit. Das Piratenschiff setzt die beiden Reisenden als Kaufleute verkleidet am 15. November 1192 in Istrien bei Aquileia an Land. Die geographische Beschreibung trifft auf die Hafenstadt Tergeste, das heutige Triest zu. Lokale Legenden behaupten, dass Richard auch in Dubrovnik vorbeigekommen sei.

Das nächste Mal taucht Richard Löwenherz in Kärnten auf. In Friesach, an der Fernstraße zwischen Venedig und Wien gelegen, erkennt man Richard zum ersten Mal. Aber der unter strengstem Incognito reisende König hat das schnellere Pferd und kann entkommen. Leopold V, seit Akkon tödlich gekränkt, erfährt von Richards Anwesenheit an der Grenze zu seinem Territorium und befiehlt, den König gefangen zu setzen.

Am 6. Dezember 1192 kommt Richard durch Bruck an der Mur. Die Entscheidung, entweder über die verschneiten Alpenpässe oder über den Semmering nach Wien zu gehen, fällt er zugunsten Wiens. Wahrscheinlich wollte er von dort Richtung Prag zu den befreundeten Pemysliden aufbrechen.

Am 21. Dezember 1192 trifft Richard im Wiener Vorort Erdberg ein und schickt einen Vertrauten in die Stadt, um Lebensmittel zu kaufen. Dabei fällt auf, dass der Mann mit größeren Mengen byzantinischen Geldes zahlt. Das passt nicht zu seiner vorgeblich einfachen Herkunft. Leopolds Leute folgen dem Mann nach Erdberg in eine Gaststätte namens Rüdenhof. Das Haus, ein großer, langgestreckter Vierkanter, beherbergte über lange Zeit die Hofjäger, Rüdenmeister und Hundeknechte des Landesherrn, die für die Pflege der Jagdhunde zu sorgen hatten. Und selbstverständlich jede Menge Hunde. Der Rüdenhof lag im Gebiet des heute durch Göllner-, Haidinger-, Hagenmüller- und Rüdengasse abgegrenzten Häuserblocks und wurde erst 1872 abgebrochen. Im Volksmund hießen die ebenerdigen, weitläufigen Gebäude mit Fronten zur Erdbergstraße und zur Dietrichgasse später „Wäscherburg", weil hier Wäscherfamilien wohnten.

Im Rüdenhof fasst man Richard Löwenherz in der Nacht des 22. Dezember. Eine andere Legende will wissen, der König sei nicht am aristokratischen Einkaufsgeld, sondern beim Wenden eines Brathühnchens an seinem Ring erkannt worden.

Jedenfalls wird Richard Löwenherz Leopold V vorgeführt, zu Hadmar von Kuenring nach Dürnstein in die Wachau gebracht und dort erstmal einige Monate gefangen gehalten. Leopold V informiert noch am 27. Dezember 1192 Kaiser Heinrich VI von der Gefangennahme des englischen Königs.

Heinrich VI will das politische Kapital nutzen, das sich aus dem Besitz der prominenten Geisel ergibt. Der Halbgrieche ist politisch zu leichtgewichtig für den Plantagenet. Richard kommt vom Regen der österreichischen in die Traufe der deutschen Gefangenschaft. Ist doch Heinrich VI ein erklärter Gegner von Richard I Löwenherz. Der Sohn Barbarossas unterstellt Löwenherz, an der Erdolchung des zum König von Jerusalem erhobenen italienischen Kreuzfahrers Konrad von Monferrat mitschuldig zu sein. Die Suche nach dem reichen Engländer und die damit verbundene Lösegeldforderung kam daher ursprünglich gar nicht von Leopold, sondern ging von Heinrich aus.

Vor der Übergabe des teuren Königs verhandelt der österreichische Herzog also in bester österreichischer Manier mit dem Kaiser über die Lösegeldforderungen an Richard Löwenherz: Erstens will man die Zahlung von 100.000 kölnischen Mark Silber, nach heutiger Währung etwa 2 Milliarden Euro, die Hälfte davon für Leopold V. Darüber hinaus Waffenhilfe für Heinrich VI für einen Feldzug nach Sizilien. Dann die Freilassung von Leopolds Großonkel Isaak Komnenos und dessen Tochter auf Zypern und schließlich die Vermählung von Richards Nichte Eleanor mit dem Sohn von Leopold V. Und Richard Löwenherz soll sich beim Papst für die Rücknahme von Leopolds Exkommunikation einsetzen.

Nach Auslieferung an den Kaiser überstellt ihn dieser auf die Burg Trifels in der Pfalz. Richard lehnt alle Punkte der Forderungen ab und spielt auf Zeit. Papst Coelestin III droht den Beteiligten mit der Exkommunikation. Er sieht das Festhalten eines unter dem besonderem kirchlichen Schutz stehenden Kreuzfahrers nicht gerne. Dass Leopold V selbst erfolgreicher Kreuzfahrer ist, hatte seine Exkommunikation nicht verhindert.

Seiner eigenen Exkommunikation versucht Heinrich VI mit einem Tribunal zu entkommen. Den Schauprozess nutzt der Rhetoriker Richard allerdings, um sich geschickt zu rechtfertigen.

Während Johann Ohneland die Bezahlung des Lösegeldes verweigert, beginnt Richards Mutter Eleonore von Aquitanien, im großen Stil das Lösegeld für ihren Sohn zusammenzukratzen. Alle beweglichen und unbeweglichen Güter, die Richard nicht für seinen Kreuzzug verkauft hat, verramscht jetzt seine Mutter. Es sind bis heute keine wertvollen Gegenstände aus dieser Zeit in England bekannt. Wirtschaftlich sind die Kapitalabflüsse für England verheerend und ziehen Unruhen nach sich, die später den Mythos von Robin Hood und seinen Gefährten im Sherwood Forest gebären sollten. Der Transfer des Lösegelds ist gleichzeitig eine der ersten großen Finanztransaktionen der Wirtschaftsgeschichte. Das englische Silber zahlen die Wiener Juden aus, denen die Summe von den Londoner Juden gutgeschrieben wird. Die Summe soll etwa dem doppelten Jahreseinkommen der englischen Krone entsprochen haben.

Mit dem englischen Silber gründet Leopold V die Münze Österreich, die das Edelmetall kontinuierlich bis 1957 in Münzen prägen lässt. Die letzten österreichischen Silbermünzen, alte 5- und 10-Schillingstücke, verlieren erst 1975 ihre Gültigkeit.

Mit dem Geld aus den Münztürmen finanziert Leopold V. die neuen Stadtmauern Wiens, die in diesen Dimensionen noch bis in die Gründerzeit im 19. Jahrhundert bestehen werden. Leopold lässt Wiener Neustadt gründen und verstärkt die Stadtmauern von Enns und Hainburg.

Zur Heirat zwischen Leopolds Sohn und der Nichte von Richard Löwenherz kommt es nicht. Das Hochzeitsgefolge erfährt in Passau vom Tod Leopold V und kehrt wieder um. Die Exkommunikation Leopolds V wird an seinem Totenbett aufgehoben der Babenberger war bei einem Turnier in der Steiermark vom Pferd gefallen und hatte sich tödlich verletzt.

Die Gefangenschaft von Richard Plantagenet, genannt Löwenherz, endet am 2. Februar 1194. Er bereist noch einige Städte in Deutschland und kehrt erst Wochen später unter großem Jubel seines Volkes nach England zurück.

Entgegen der Legende sollen die Farben Rot-Weiß-Rot auf den letzten Babenberger, Friedrich den Streitbaren (1219 – 1246), zurückgehen, der als Zeichen einer stärkeren Unabhängigkeit des Herzogtums vom Reich um 1230 einen neuen Wappenschild angenommen haben soll. Als ältestes Beweisstück dafür gilt ein wächsernes Amtssiegel vom 30. November 1230 im Stiftsarchiv des Klosters Lilienfeld. Die frühste Erwähnung der Farben Rot-Weiß-Rot findet sich beim Wiener Chronisten Jans der Enikel in seinem um 1280 entstandenen Fürstenbuch.

Die Herkunft des Bindenschilds ist nicht eindeutig geklärt, die Legende von der Entstehung während der Belagerung von Akkon wird erstmals am Ende des 14. Jahrhunderts in Leopold Stainreuters *Österreichische Chronik von den 95 Herrschaften* überliefert.

Schilde mit horizontalem Streifen sind erstmals um 1196, im *Liber ad honorem Augusti*, der Chronik Petrus de Ebulo, dargestellt. Dort sind die Ritter, die Richard Löwenherz gefangen nehmen, mit Bindenschilden ausgestattet. Ob man Petrus de Ebulo glauben darf? Er ist nie in Wien gewesen und kennt die Szene nur vom Hörensagen. Die für die damalige Zeit hochmodernen Wappenschilde gibt es im Wien des Jahres 1192 noch gar nicht.

Als Wappen des österreichischen Herzogs kommt der Bindenschild erstmals an einer Urkunde für Lilienfeld vom 30. November 1230 auf dem Siegel von Herzog Friedrich II dem Grantigen vor. Seither wurde er von den österreichischen Herzögen anstelle des einköpfigen Adlers als Wappen verwendet.

Eine neuere Theorie geht davon aus, dass Friedrich II den österreichischen Bindenschild von den Grafen von Poigen-Hohenburg-Wildberg aus dem Raum nördlich von Horn (dem sogenannten „Poigreich" um Schloss Wildberg) übernommen haben soll.

Andere Autoren insinuieren, dass der Bindenschild ein altes Familienzeichen der Babenberger war, das neben dem Adler und den zwei Löwen der „Herzöge von Mödling" (eine Seitenlinie der

Babenberger) schon vor Heinrich II Jasomirgott aufscheint. Einen Hinweis darauf soll eine Federzeichnung geben, die die Schlacht am Fluss Regen (1105) darstellt, bei der Leopold III der Heilige eine wichtige Rolle spielte und bei der eine bindenähnliche Schildteilung dargestellt wird.

Neben der mittelalterlichen Akkonsage beginnen im 20. Jahrhundert auch explizite Bilder der österreichischen Farben zu zirkulieren, etwa das von „Milch und Blut" oder „Sperma" und „Menstruationsblut". Nicht weniger aufdringlich, wenngleich weniger körpersaftorientiert argumentieren deutschnational und pangermanisch gesinnte Autoren. Sie orten in den Farben Rot-Weiß-Rot ein altgermanisches Sprachbild „Ruoth-Wit-Ruoth", das soviel wie „Recht-Gesetz-Recht" bedeute. Schmonzes.

Insgesamt ist die Vielfalt der historischen Deutungsmöglichkeiten eine komfortable Situation für die staatliche Heroldszunft. Je nach vorherrschender Geschichtsauffassung lässt sich die eine oder andere Entstehungsvariante aus der Lade ziehen. Nicht auszudenken wäre allerdings, was passierte, wenn die muslimische Welt sich mit der Legende vertraut machte, dernach das Rot der österreichischen Fahne das Blut mohammedanischer Märtyrer darstellt.

Dass wir im Weiß zwischen den beiden palästinensischen Hämoglobinstreifen mittelalterliches Leinen aus der Wiener Tuchlauben sehen dürften, ist dann schon weit weniger aufregend.

Ein einziges Mal wird Österreichs Fahne ausschließlich auf seine blutigen Aspekte reduziert. Als am 12. November 1918 vor dem Wiener Parlament die Republik ausgerufen wird, steigen statt der Bindenschildflagge nur rote, aneinander geknotete Stoffbahnen die Fahnenmaste empor. Angehörige der von Egon Erwin Kisch und Leo Rothziegel gegründeten revolutionären „Roten Garde" haben den weißen Mittelstreifen der vorbereiteten Flaggen herausgerissen und die roten Stoffbahnen miteinander verknotet.

Der Verwüstung Perchtoldsdorfs durch die Türken und dem damit verbundenen Verschwinden des nationalen Fahnenkleids dürfte Schnitzelland verdanken, dass die Farben Österreichs als knalliges

Rot und blendendes Weiß in Erinnerung geblieben sind. Die Farbkombination Rot-Weiß-Rot ist angesichts der oben beschriebenen
Szenarien nichts weniger als Geschichtsklitterung: Dass ein ver-
schwitztes, und von jahrelangem Reisen durch Balkan und Levante
verdrecktes Kriegshemd eher einen Stich ins Schmutzigbraune
gehabt haben wird, darf angenommen werden. Frisches Blut aus
sarazenischen, ägyptischen, syrischen und mesopotamischen
Arterien und der eine oder andere Spritzer aus französischen, italienischen und deutschen Extremitäten mag erstmal einen lebendigen
Rotton erzeugt haben. Wer die Farbimpression getrockneten Blutes
auf Leinengarderobe in Erinnerung hat, dem wird ein fahles, ins
Waldbodenbräunliche spielende Kastanienrot nicht fremd vorkommen.

Die österreichische Fahne müsste man statt Rot-Weiß-Rot historisch korrekt wohl eher Rindenschnitzelbraun-Türmattengrau-Rin-
denschnitzelbraun blasonieren.

La palette autrichienne

Von Arbeitersackrot bis Zilkkrawattenfarben

Österreich ist bunt wie ein streunender Hund. Jenseits der Monochromie steirisch-grüner Fichtenwälder und dem Einheitsgrau der Straßenschluchten Favoritens existiert die Farbe. Osterland hat dabei zu ganz eigenen Interpretationen bekannter Töne gefunden und Land und Leute unorthodox eingefärbt. Sprachlich finden die Österreicherin, der Österreicher schon auch zu eigenen Ausdrücken. Zum lilanen, melangefarbenen und dem türkisenen. Bon.

Meine Aufzählung der heimischen Farben ist höchst ungerecht und lückenhaft, wenngleich meine Erinnerung ein ganz brauchbares Sieb ist. Österreichische Farbhaftigkeiten, die in der Erörterung fehlen sollten, möchte ich schon aus Bequemlichkeit eine allzu große Wichtigkeit absprechen. Eines will aber gesagt sein: Die österreichische Farbe kommt stets von weit her. Selbst wenn sie immer schon da war.

Vom Rot der Landesfahnen und Hoftapeten, und warum der 1. Mai stiersackmützenrot ist

Das Hämoglobin des Sarazenenblutes, das vor Akkon das Kreuzritterhemd des Babenbergerherzog Leopold V, genannt der Tugendhafte, rot eingefärbt haben soll, gehört zu den präsenten Farbtönen der Republik. Seine Konjunktur war in der habsburgischen Monarchie, die sich gelbschwarz präsentierte, noch nicht abzusehen, wiewohl schon damals die Straßenbahnwägen Wiens rot und weiß lackiert herumgondelten. Deren Farbe kommt nämlich vom Wiener Wappen, das wie das Banner der republikanischen Schweiz ein weißes Kreuz auf rotem Grund darstellt.

Architekten wie Dichter schwärmen vom Rot des Dächermeers der Grazer Innenstadt. Von allen dreien gibt es in Graz keinen Mangel, weder an Baukünstlern, noch an Wortewebern und schon gar keinen gibt es an tönernen Dachhauben. Deren Ziegelrot schuldet Graz seit der Renaissance dem Biberschwanzriegel. So heißt die tönerne Schindel der Murmetropole. Über dem satten Schön der tennisplatzfarbenen Dachgebirge vergessen wird die Tatsache, dass Ziegelrot eine sprachliche Mogelpackung ist, zumindest in unseren Breiten. Denn den mitteleuropäischen Ziegel muss man nach menschlichem Farbermessen doch wohl eher als orangefarben bezeichnen. Gerechterweise wollen wir nicht unerwähnt lassen, dass die Orange, citrus sinensis, bei der Genese des Wortes Ziegelrot noch nicht zur Verfügung stand und Ziegelrot das bezeichnete, was wir heute Orange und andere Apfelsinenfarben nennen.

„Prestante rubore", von hervorragender Röte sei, so beschreibt es ein Zürcher Wappengedicht um 1260, die Farbe des Tiroler Grafenadlers. Weil heraldische Adler als fliegende Wesen streng genommen nur metaphysisch an einen Schildhintergrund geheftet sind, müssten die Tiroler Wappenfarben nicht rot-weiß sondern rot-alpenluftfarben genannt werden. Der Tiroler Wappenaar sei vom „Feindesblut" rot tingiert, etwas weniger martialisch auch vom „Sonnenscheine" und vom „roten Feuerweine", wie der Tiroler Lyriker Johann Senn dichtet. Und „vom Blut der gebrochenen Snowboarder-Schienbeine", möchte ich anmerken.

Das Rot des Roten Wien hingegen wurde am 4. Mai 1919 mit den ersten demokratischen Wahlen in Wien und der dabei errungenen absoluten Mehrheit der damaligen Sozialdemokratischen Arbeiterpartei Österreichs manifest. Es sollte 1934 in den Wirren des Bürgerkrieges gegen das klerikalfaschistische Regime des Ständestaats untergehen und für elf Jahre in größtem Diskredit stehen. Unvernarbte Gräben aus der Zeit vor dem Anschluss verlaufen heute noch zwischen SPÖ und ÖVP, den Roten und den Schwarzen.

Das Rot der Sozialdemokratischen Partei Österreichs kommt von weit her. Unter Flaggen dieser Farbe hatten schon die europäischen Arbeiterbewegungen des 19. Jahrhunderts demonstriert. Die hatten ihr leuchtendes Rot bei den Jakobinern abgeholt, der radikalsten der linken Fraktionen der Französischen Revolution.

Weil die Jakobiner stets rote Mützen trugen, vererbte sich die Farbe Rot bei sozialdemokratischen, kommunistischen und trotzkistischen Parteien als Symbol revolutionären und sozialen Gedankenguts. Für die Kommunisten Russlands war die Farbe schon deswegen hip, wie der Bobo sagen würde, weil „rot" und „schön" im Russischen mit demselben Wort „krassnij" bezeichnet werden. Das Rot der Jakobinermützen und damit die Farbe der gemeinhin unter „Die Linke" katalogisierten politischen Bewegungen hat eine abenteuerliche Geschichte.

Als Phrygische oder Skythische Mütze gilt jene eigentümliche Kopfbedeckung, die, wie der Name schon sagt, einst von den antiken Phrygern getragen wurde. Ursprünglich war die Phrygische Mütze ein gegerbter Stier-Hodensack samt der umliegenden Fellpartie. Das mythische Konzept der Griechen sah vor, dass mit dem Tragen eines tierischen Accessoires die Fähigkeiten des Tieres auf seinen Träger übergingen. Spätere Varianten der Phrygischen Mütze aus Stoff, Tuch, Wolle oder genitalfernem Leder hatten wie das Original einen runden Zipfel, der nach vorn in die Stirn fiel. Im Rahmen eines großen Missverständnisses hat Walt Disney später seine Schneewittchenzwerge mit Phrygischen Mützen eingekleidet.

Die originale Stierhodenkappe, ursprünglich von Phrygern und anderen anatolischen Völkern getragen, wurde bald charakteristisch für die antiken Iraner und Thraker. Der persische Heros Mithra, der spätere Mithras, wird stets mit einer Phrygischen Mütze abgebildet. Die antiken Griechen hielten die Phrygische Mütze genau wie Hosen für typisch barbarische Kleidung. Persern und anderen Barbaren wurden auf Wandmalereien, Mosaiken und Vasen stets die Phrygische Mütze aufgesetzt. Auch die Heiligen Drei Könige der Bibel tragen auf frühen Abbildungen die Phrygische Mütze, ein Hinweis darauf, dass man die Herkunft der Magoi aus Persien kannte. Der Hodensackhut gilt seit dem Frühmittelalter auch als Mütze der Sachsen und Angelsachsen und hat sich aus Anatolien kommend in so entfernte Trachten fortgepflanzt, wie die Kopfbedeckung der neapolitanischen Seeleute, oder den gewiss nicht als Arbeiterführermütze verstandenen Corno Ducale der venezianischen Dogen.

Das omahafte rote Käppi, das Karl Ratzinger, der Pradabeschuhte Pontifex Benedikt XVI, winters gerne trägt, jener, an die Zipfelmütze des Weihnachtsmannes erinnernde Pelzhut, ist der Phrygischen Mütze durchaus verwandt. Anders als das weiße Bischofshütchen, das wir von Papst Johannes Paul II gut in Erinnerung haben. Der Zuchetto, offiziell Pileolus, ist seit dem 16. Jahrhundert in päpstlichem Gebrauch und mit der jüdischen Kippa verwandt. Ein praktisches Ding, das natürliche Glatzen und klerikale Tonsuren vor Sicht, Sonne und kalten Kirchenschiffen schützt. Die weiße Farbe hat indes weniger mit papaler Heiligkeit zu tun als mit Papst Pius V, einem Dominikaner, der die weiße Farbe seines Ordens im Vatikan etabliert hatte.

Vor dem Pileolus war der knallrote Camauro die Spitze der päpstlichen Garderobe gewesen. Das Häubchen hat seinen Namen vom griechischen kamelauchion, schließlich war das Käppi aus rot gefärbtem Kamelhodenleder gekürschnert. Die mittelalterlichen Petrusse verbrämten den Rand der unförmigen Ohrenhaube bald mit Hermelin. Dieses Hütchen hat der bayerische Oberhirte Benedikt XVI fix in seine Wintergarderobe aufgenommen. Die Auferstehung der tantenhaften roten Wüstentestikelmütze fand bei einer Generalaudienz am 21. Dezember 2005 statt.

Während der Französischen Revolution wurde die Phrygische Mütze von den Jakobinern als politisches Bekenntnis verstanden, weil ebensolche Kopfbedeckungen, wie es hieß, von den freigelassenen Sklaven der Antike getragen worden waren. Dieser, nun „Freiheitsmütze" genannte Zipfelhut stand in Frankreich und bald auch im restlichen Europa als politisches Signal demokratischer und republikanischer Gesinnung in hohem Ansehen. Auch die französische Symbolfigur Marianne wird mit einer Phrygischen Mütze dargestellt. Republikanische Darstellungen des deutschen Michel zurzeit der Revolution von 1848/49 zeigen diesen häufig mit einer Schlafmütze, die immerhin der Phrygischen Mütze ähnelt.

Das Rot, mit dem Wien an jedem 1. Mai, dem Tag der Arbeit, vom Fahnenmeer der sozialdemokratischen und kommunistischen Aufmärsche eingefärbt wird, ist also nichts weniger als das Rot jener Stierhodenfelle, das sich persische Barbaren aufsetzten, um ihrem Tagewerk mehr animalische Virilität zu verleihen. Die Linke ist Sackmützenrot, um es mal derb zu sagen.

Ebenfalls eine Mütze und ebenfalls tonsurverhüllend ist das rote Käppi des dreimaligen Formel-Eins-Weltmeisters und vierfachen Nierenbesitzers Niki Lauda. Die Schutzkappe für die versehrten Teile seines Gesichts – Lauda war mit seinem Ferrari beim Großen Preis von Deutschland am 1. August 1976 in Flammen aufgegangen – ist immer schon Ferrarirot gewesen, schließlich war es das Teamkäppi des Rennstalls.

1978 wechselte Lauda nach Differenzen mit dem Paten der Gasgebekunst, dem Commendatore Enzo Ferrari zum Rennstall Brabham-Alfa Romeo, der vom Sponsor Parmalat, einem norditalienischen Frischmilchriesen, unterstützt wurde. Die rote Kappe mit deren Logo wurde Laudas weltweit bekanntes Markenzeichen. Die Sponsoren Laudas wechselten im Laufe der Jahrzehnte, die Farbe seines Käppis blieb.

Das laudafarbene Rot der italienischen Nationalheiligtümer Ferrari und Alfa-Romeo ist seit der automobilistischen Frühzeit die traditionelle Farbe italienischer Rennwagen, während britische Boliden stets grün, deutsche silberfarben und französische blau lackiert waren. Niki Laudas Käppi sollte damit hinreichend als genuin italienisches Schnellfahrsymbol decouvriert sein, das mit den Röten Österreichs weder verwandt noch verschwägert ist.

Mein sehr privater und überaus persönlicher Zugang zu Rot kommt neben einer ebenso etappenreichen wie grundsoliden linken Politisierung von wiederholten Nächtigungen bei einer meiner engsten Freundinnen, der Künstlerin Kristine Tornquist. Quitze, wie ich sie heimlich nenne, hatte ihre Betten stets knallrot bezogen. Seit der Begegnung mit diesem Übernachtungskolorit fühle ich mich nur in der Farbe der Revolution gut gebettet und besitze ausschließlich rote Laken, Tuchenten und Pölster. Das Weiß der Wände ist schon anstrengend genug.

Im Lichte dieser Idiosynkrasie habe ich Sympathie für das offizielle Rot der Republik. Es wird von der himbeerfarbenen Seidentapete hervorgerufen, mit dem das Maria-Theresien-Zimmer in der Wiener Hofburg tapeziert ist. Im Muster des feinen Hofdamasts wollen Fremdenführer die Ananas und ihre spitzen Blätter erkennen. Tatsächlich ist es die Regentin des Almgrunds, die freiheitsliebende Distel, die ich hier sehe. Der große dreifenstrige Raum wird nur vom

Licht des äußeren Burghofs erhellt und diente der Monarchin während ihrer Witwenzeit als Schlafgemach. Hier ist Marie Antoinettes Mutter im Jahre 1780 gestorben. Dreiundsechzigjährig. Während die Zeit rückwärts lief. Das Schlafzimmer der letzten Habsburgerin ist heute der offizielle Zeremoniensaal der Zweiten Republik. Hier empfängt UHBP (Unser Herr Bundespräsident) Staatsgäste zum Privatgespräch. In die hintere innere Ecke des Saales, zwischen Kachelofen und astronomischer Uhr, ist die berühmte Tapetentür eingeschnitten, durch die UHBP aus der Tiefe seines Bureaus kommend, Potentaten und der Öffentlichkeit begegnet.

Über die ursprüngliche Einrichtung sind wir durch ein Bild unterrichtet, das an der Stirnwand des Raumes hängt. Das Zimmer war einst mit dunkelrotem, silberbesticktem Samt bespannt, von dem noch Reste erhalten sind. Erhalten geblieben ist auch die erwähnte astronomische Uhr. Ihr verkehrtes Ziffernblatt soll es der Gattin des Kaisers ermöglicht haben, selbst vom Bett aus, über einen Spiegel, Datum, Uhrzeit und Mondphase abzulesen. Dieser Trakt der Hofburg war noch zu späten Kaiserzeiten als Museum eingerichtet und im Stil des Neorokoko verkleidet worden. Ganz im Sinne der Hoftradition wird auch in republikanischer Zeit nicht darauf vergessen, Wände, Möbel und Vorhänge vom gleichen Stoff bespielen zu lassen.

Vor dem blutroten Muster des Disteldamasts hat der Erdberger Straßenbahnersohn, UHBP Thomas Klestil selig, die Angelobungen der blauschwarzen Minister der Kabinette Wolfgang Schüssels angelobt. Das steinerne Grau der klestilschen Miene kontrastierte gut mit der Hoftapete und ist auf vielen detailreichen Fotos dokumentiert.

Rosa hat einen besonderen Platz auf der österreichischen Farbpalette. Der Ton entsteht, wenn das Rot der Österreicherfahne von Wind und Wetter, von Sonne und Saison ausgebleicht wurde. Rosa ist die kleine Schwester vom Rot und steht bei Österreichs Farbgebern in hohem Ansehen.

Rosa, die heimliche Landesfarbe

Von stechendem Rosa sind die Kostüme der Aida-Kellnerinen und der dreiflügelige Automobilführerschein des Landes, etwas gedeckter die Packungen der Neapolitanerschnitten-Marke Manner oder die glücksbringenden Marzipan-Schweinchen der Silvesterzeit. Rosa waren, wie erzählt wird, neben allen anderen Hofgebäuden der Monarchie, Schloss Schönbrunn und die Hofburg angestrichen. Joseph II. muss den zarten Farbton, mit dessen poppigem Echo sich heute nur mehr die Schwulenzentrale Rosa-Lila-Villa schmückt, als überaus angenehm empfunden haben. Vielleicht wollte er aber damit auch nur seiner Frau Mama, Maria Theresia, ans Augenlicht. Das saftige Schönbrunnergelb ist eine Leidenschaft späterer Habsburger.

Mit dem beigen Saiblingsrosa ihres Papiers ist die liberale Tageszeitung *Standard* untrennbar verbunden. Ihr Leserpublikum empfindet die Zeitungsfarbe deswegen eher als rosa denn als beige, weil sie der zuckerlrosa Unverblümtheit der italienischen *Gazetta dello Sport* näher steht als der gänseleberpastetigen Schwermut der *Financial Times*. In spezifischen Varianten von Rosa erfreuen uns die österreichischen Parademateralien Untersberger Marmor, Extrawurst und Leberkäse. Dabei ist das, was gemeinhin für den Untersberger Marmor gehalten wird – Stein jener rostrosa Färbung, mit der Kaffeehaustische, Kaisergräber und Bahnhofkassenhallen eingekleidet sind –, weder Untersberger noch Marmor.

Der beliebteste Stein Österreichs kommt aus Adnet und ist im petro-
logischen Sinn kein Marmor, sondern simpler Kalkstein. Der echte
Untersberger Marmor wird seit der Römerzeit aus dem gleichnamigen Sagenberg gebrochen. Neben sandig getönten und senffarbenen
Varianten erinnert das Untersberger Rot eher an das zarte Fleisch
der Forelle. Und so heißt denn dieser Stein auch „Forellenmarmor".

Meine kleine persönliche Beziehung zum Adneter „Marmor" entspringt einer Kaffeehauskatastrophe in meinen Teeniejahren. Mir ist
irgendwann in den späten Siebzigerjahren beim Aufsetzen einer
Teetasse, unter kleinem Hallo des Obers Fritz ein eilbriefgroßes Stück
aus der Tischplatte des Hawelka gebrochen. Sollte mich meine Erinnerung da trügen, mag es auch ein Tisch in der Wunderbar in der
Schönlaterngasse gewesen sein oder einer der dunklen Abstandhalter
im Café Alt-Wien.

Von weit her hingegen kommt das saftige Rosé der Extrawurst. Der
sprichwörtliche Sonderwunsch wurde dünn geschnitten in die Mit-
tagssemmeln der österreichischen Schulkinder eingelegt. Jahrzehntelang.

Meine Erfahrungen mit der Extrawurst sind schon in die Jahre ge-
kommen und stammen aus der Wiener Wasagasse, wo sich meine
Schule befand. Beim Fleischhauer ums Eck von der Maria-Theresien-
Straße, habe ich nach sechs Stunden Frontalunterrichtetwerdens den
täglich in den Keller gerutschten Blutzucker mit einer dreiblättrigen
Extrawurstsemmel gehoben. Die medizinischen Ursachen müden
Hungers waren mir damals noch nicht erschlossen, Unterzucker hieß
deswegen auch nicht Unterzucker sondern „Fades Aug".

Die dreiblättrige Extrawurstsemmel beim teigigen Fleischhauer in
der Wasagasse kostete Äonen hindurch exakt drei Schillinge, was
nach heutigem Geld etwa 25 Cent entspräche. Drei Schillinge, zwischen Daumen und Zeigefinger eingespannt, waren das nonverbale
Symbol für die Extrawurstsemmel. Die Leberkässemmel um einen
Fünfer konnte da nicht mithalten. Außer man ging zum Pferde-
fleischhauer. Das passt dann wieder, weil auf dem Fünfer ja ein hüp-
fender Lipizzaner abgebildet war.   ·

Außerhalb Österreichs heißt die Extrawurst „Lyoner". Diese Wurst, deren Ursprünge nicht unerwarteterweise in der französischen Stadt Lyon liegen, ist außerhalb Österreichs in Ringform bekannt. Bei uns heißt diese Varietät Kranzl Extra. Von ihr wird die legendäre Beamtenforelle abgeschnitten, jenes fingerspannlange Schreibtischgericht, das Staatsdienern über den Tagesmittelpunkt hilft.

Andere Mythologen halten die kompaktere Knackwurst für den Saibling des Amts. Das Rot der Extrawursthaut haben die Lyoner Metzger entwickelt, während der Farbton des Wurstkörpers ähnlichen alchemischen Vorgängen entspringt wie der Leberkäse. Die kastenförmige Backwurst liegt an jeder österreichischen Fleischhauertheke im Inkubator. Ihre Ursprünge sind denkbar unösterreichisch. Der Leberkäse wird auch in Deutschland und in der Schweiz gegessen und verdankt seine Existenz dem pfälzischen Kurfürsten Karl Theodor, der seinen Mannheimer Lieblingsmetzger und dessen Brätkunst 1776 nach München mitgenommen hatte. Normaler Leberkäse enthält weder Leber noch Käse. Sympathisch ist jene Leberkäsetymologie, dernach sich der Name vom Laib, also der Brotform und vom westslawischen Quas (Schmaus, Gelage) herleitet.

Im Pantheon der österreichischen Fingerspeisen mag die Leberkässemmel in der ersten Reihe sitzen, den Zeusthron nimmt gewiss der Punschkrapfen ein. Das giftige Rosé seiner Zuckerglasur wird mit Himbeersaft oder Rotwein, im Falle industriell erzeugter Produkte mit Lebensmittelfarbe hervorgebracht. Das pflastersteinförmige Innere der Konditorgranate besteht aus Biskuitteig, der mit einer Masse aus Marmelade, Inländerrum und Schokolade gefüllt ist. Mit der fetten rosa Köstlichkeit wird gerne das Wesen des Österreichers beschrieben: „Außen rot, innen braun und immer etwas angsoffen." Was insoferne etwas ungerecht ist, als der Punschkrapfen an Wochenenden nicht mit seinem Untersatz von Disco zu Disco rast, um den Blutzoll unter Österreichs Landjugend zu erhöhen.

An diesem ist der Schilcher gewiss unbeteiligt. Der staubtrockene Roséwein wird aus der Traubensorte „Blauer Wildbacher" gewonnen und darf nur in der Steiermark diese Bezeichnung führen. Der Schilcher wurde wahrscheinlich schon 400 v. Chr. von den Kelten der

La-Tène-Zeit im Gebiet der heutigen Steiermark sowie der ehemaligen Untersteiermark aus einer heimischen Wildrebe gezogen. Der Name leitet sich von der hellrosa schill(ch)ernden Farbe des Weines ab. Die Schilcherfarbe darf getrost als Urgroßmutter von Österreichs Rosafarben bezeichnet werden. Rosa soll schließlich der Tankinhalt mancher Bauerntraktoren sein. Obwohl verboten, ist es nicht verpönt: Die Verwendung von Heizöl Leicht anstelle teuren Diesels. Der Nachweis von Heizöl in Furchenfahrzeugen ist theoretisch einfach. Der Treibstoff ist rosa eingefärbt. Weil sich der Farbstoff relativ leicht herauspanschen lässt, ist der verbotene Traktorsprit zusätzlich mit einer farblosen und selbst in Spuren nachweisbaren Substanz namens „Solvent Yellow 124" versetzt. Aber Jössas, wer weiß denn das schon. Hamma in falschen Kanister erwischt, Herr Inspektor.

Silberpfeile sind innen orange, Orangeparteien blau, Kürbisse ölig

Orange ist die schrille Cousine des Rot und die traditionelle Uniformfarbe der Wiener Mistkübler. Aus diesem Schattendasein mochte den Farbton die rechtspopulistisch-nationalkonservative Parteineugründung BZÖ führen, die Jörg Haider als Alternative zu seiner freiheitlicher Partei erfunden hatte als dort das finanzielle Damoklesschwert zu zappeln begann. Am 4. April 2005 stellte man sich orange krawattiert und von Körben voller Orangen flankiert der innerösterreichischen Weltöffentlichkeit. Dabei wurde zum ersten Mal ein Farbname kolportiert, der bisher nur den Konsumenten von LSD-Abenteuern bekannt gewesen war: Blaurange.

Ganz sicher wollten die Farbberater des Bündnis Zukunft Österreich weder daran noch an jenes Orange anknüpfen, das Bruno Kreiskys Sozialdemokratische Partei in den Siebzigerjahren zur Abgrenzung gegenüber den „dunkelroten" Kommunisten verwendet hatte. Obwohl man sich da bei Jörg Haider nie ganz sicher sein kann.

Der Name der Farbe mit der Wellenlänge von etwa 620 bis 585 Nanometern kommt über das altprovençalische „auranja" vom arabischen „närendsch", das seinerseits vom Sanskritwort „näranga" für Zitrusfrucht kommt. Orange (kelt. Arausia) war auch der Name einer burgundischen Stadt im Rhônetal, die über Kaskaden komplizierter Erbansprüche zuletzt beim niederländischen Königshaus Nassau-Oranien landete und dort nicht nur im Fußball zur „offiziellen" Nationalfarbe wurde. Orange ist aber auch eine der Farben der irischen Flagge. Es erinnert an den radikalcalvinistischen angloschottischen König Wilhelm III. von Oranien, der von den Protestanten Nordirlands als Katholenfresser verehrt wird.

Diese Konnotationen wird die Kleinpartei BZÖ wohl nicht als politische Referenz herangezogen haben. Viel wahrscheinlicher ist es, dass ihr die Farbe einfach passiert ist. Die Konjunktur des Orangen hatte der, als westlich orientiert geltende, ukrainische Oppositionspolitiker Viktor Juschtschenko ausgelöst. Der durch einen Giftanschlag bis zur Unkenntlichkeit entstellte Volkstribun hatte das Gelb-Rot der Zitrusfrucht als knalligen Ton für seine „Orange Revolution" des Winters 2004/2005 verwendet.

Möglicherweise haben die ex-freiheitlichen Orange-Erfinder bei der Wappenfarbe des BZÖ aber auch an Stanley Kubricks Uhrwerk Orange gedacht, das von einer utopischen Bande gestylter Strolche handelt, die sich bis zum bitteren Ende ganz dem Bösen widmen.

Ein fast noch genuineres Produkt von oranger Farbe ist die beliebte Rudolfine. Die winzige, kernlose Zitrusfrucht gehört zur Familie der Clementinen, einer natürlichen Hybride aus Orange und Mandarine. Es zirkuliert ein Gerücht, demnach ein gewisser Herr Rudolf jene Clementinen, die als zu klein für den Verkauf erachtet und kompostiert wurden, günstig erworben und als eigene Marke etabliert hat.

Eine andere legendäre Markenorange dürfen wir im Signet der einstigen Wiener Stadtbank „Zentralsparkasse" erblicken. Die große orange Z-Kugel drehte sich einst vor jeder Filiale. Die zentrale Sparkassenkugel wurde 1969 vom damals 35-jährigen, einem größeren Publikum noch unbekannten Avantgarde-Architekten Hans Hollein erfunden und diente den Bankfilialen der Z als einprägsames, ständig rotierendes Firmensignum.

Aus dieser Zeit stammt ganz sicher auch das Faible der Wiener Verkehrsbetriebe für die Zitrusfarbe. Mit dem knalligsten Orange, das die Epoche hergab, statteten die Designer der Untergrundbahn die Innenraumpaneele der Silberpfeile aus, der heute schon etwas betagten U-Bahn-Waggons aus dem Hause Simmering-Graz-Pauker.

Woher die Vorliebe der Kuvertindustrie für die Farbe Orange kommt, bleibt rätselhaft. Jahrzehntelang gab es in Österreich große Kuverts ausschließlich in der Monopolfarbe Orange zu kaufen. Dahinter steckte vermutlich ein Geheim-Konzept. Die Signalwirkung dieser Briefumschläge, mit denen Broschüren und Preislisten verschickt wurden, ist unbestritten. Die Farbe hatte genrebestimmenden Charakter, denn auch Kassabücher und Hefte für den nichtschulischen Bereich konnte man ausschließlich in Orange kaufen.

Trotz seiner Abstammung von den Kürbisfrüchten der indigenen Ureinwohner Nordamerikas und der Verwandtschaft mit den Pumpkins der Halloween-Nächte ist der steirische Ölkürbis ein authentisch österreichisches Gemüse. Cucurbita pepo var. styriaca, auch als var. oleifera bezeichnet, unterscheidet sich von den zahlreichen anderen Kürbisformen des Globus durch ein einzigartiges Merkmal: Die steirische Varietät hat die verholzende Samenschale vor etwa hundert Jahren durch eine Mutation verloren, sodass den Samenkern nur noch ein dünnes Silberhäutchen schützt. Die weiche Konsistenz der Kerne ermöglicht eine effiziente Pressung derselben. Die Kürbisse wechseln im Herbst ihre Farbe von Grün nach Gelborange und liegen auf den Feldern der südlichen und östlichen Steiermark wie riesige Mandarinen. Bis zu 1000 Samen werden größtenteils von Hand aus dem Fruchtfleisch eines einzigen Kürbis gehackt. Aus den getrockneten und gemahlenen Kernen wird später das petroleumfarbene und überaus delikate Kernöl gepresst. Es eignet sich hervorragend zur permanenten Einfleckung von Lieblings-Blusen und Sonntagshemden.

Das Lilane. Reden wir Lavendel

Violett gehört zu den liturgischen Farben und ist für das katholifizierte Österreich von bescheidener Wichtigkeit. Die Farbe gilt als Leitmotiv für Übergang und Verwandlung und wird klerikalerseits vor Ostern und vor Weihnachten verwendet. Ich bilde mir ein, dass ich als Kind auch den Karfreitagsjesus lila verhängt gesehen habe, entweder in der Leopoldskirche im zweiten Bezirk oder in der Ausseer Pfarrkirche. Aber ich mag mich da täuschen. So ein schwer erziehbares Kind mit viel Tagesfantasie sieht manches, was der Mutter Kirche nicht geheuer ist.

Lila oder „is Lilane", wie der Wiener sagt, kommt jedenfalls aus dem Sanskrit. Er wurde während der Kreuzzüge über das persische und arabische Wort für Flieder nach Spanien und von dort aus nach Frankreich gebracht. Aus dem dort entstandenen französischen Lehnwort „lilas" (Flieder) entwickelte sich schließlich durch phonetische Transkription das deutsche Wort.

Der Flieder selbst hat seinen Siegeszug in die Bürgergärten Europas über Österreich genommen. Der Gemeine Flieder (Syringa vulgaris) wurde 1560 vom österreichischen Gesandten Ogier Ghislain de Busbecq, einem französischen Humanisten in kaiserlichen Diensten, aus Istanbul nach Wien gebracht. Der intensiv duftende Frühlingsbusch wurde hier Türkischer Holler getauft.

Viola, das Veilchen oder Veigerl wiederum gehört zu den ersten Blüten des heimischen Vorfrühlings. Seine Blüten werden heute noch von der ehemaligen Hofzuckerbäckerei Demel kandiert. Das exquisite Konfekt gehörte zu den wenigen „Speisen", die die anorektische Kaisergattin Sisi während monatelanger Hungerperioden zu sich nahm. Als „Veigerl" wird in Wien auch der Bluterguss am Auge bezeichnet. Das violette Souvenir der Wirtshausrauferei wird neuerdings auch in den gürtelnahen türkischen Lokalen der Bundeshauptstadt angeboten. „Was schaust du, isch mach dich Avusturyawien auf de Auge."

Unter „Veilchen" oder „Violetten" versteht der gelernte österreichische Fußballnarr auch außerhalb von Ethnolokalen die Spieler und Anhänger des Fußballklub Austria, eines der erfolgreichsten Vereine des Landes. Der FAK, wie er auch heißt, wurde 1911 mit den Farben Violett-Weiß von abtrünnigen Spielern des Vienna Cricket and Football Club gegründet und ist seit diesem Tage erstklassig. Die Violetten stammen ursprünglich aus dem Hietzinger Stadtteil Ober Sankt Veit, sind aber mittlerweile im Horr-Stadion am Favoritner Laaer Berg zu Hause. Bei Derby-Siegen der Violetten gegen den Erzrivalen Rapid lässt Jan Kolarik den gesamten Garten seines Schweizerhauses mit Hunderten Fliederbuketts beflaggen. Als berühmte Veilchen gelten Matthias Sindelar, genannt „der Papierene", der Weltfußballer Ernst Ocwirk, die mittelgescheitelte Kärntner Torwartlegende Friedl Koncilia, der spätere Kölnlegionär, Tänzer und Sänger Toni „Doppelpack" Polster und der König von Favoriten und Vizekönig von Córdoba, Herbert Prohaska. In der Blüte seiner postvioletten Jahre steht der heutige Teamtrainer der Nationalmannschaft, Pepi Hickersberger.

Lila wie die Veilchen, aber Ausländerin, ist die Zwetschge. Ihren österreichischen Name hat die Pflaume nach Ansicht der Etymologen über Zwischenformen wie „Zwetschen" und „Twetschen" vermutlich von einem vulgärlateinischen davascena und spätlateinischen damascena (Pflaumen aus Damaskus), bekommen. Ursprünglich stammt der Kulturbaum (prunus domesticus) nämlich aus dem Vorderen Orient. Die Zwetschge (tschechisch: šveska) ist botanisch mit der Schlehe (indoeuropäisch: die Blaue) verwandt, weshalb die Damaszenerpflaume in vielen slawischen Sprachen „Schliwa" oder ähnlich heißt. Aus der slowenischen šlivka, kroatischen und serbischen šljìva, der polnischen sliwka, der slowakischen, russischen und bulgarischen sliva brennt man den auch bei uns bekannten Zwetschkenbrand Sliwowitz. Ein Lockermacher von Format.

Ebenfalls weit gereist ist der ätherische Lavendel, die charakteristische Pflanze der Hoch-Provence. Seinen Verkauf betrieben die Lavendelweiber. Sie gehörten im vorvergangenen Jahrhundert zum Straßenbild Wiens. Leise noch höre ich den Widerhall der letzten Vertreterin einer ausgestorbenen Kunst: „Kaafts an Lafendl, zehn Schüling a Bischl Lafendl! An Lafendl kaafts!"
Das aus den Achtzigerjahren bekannte Lavendelweib im Jonasreindl (die Wiener Straßenbahnpassage Schottentor) dürfte die letzte Textzeile schon abgewandelt haben und „an Lafendl hob i då, wea nimmd mar an å" gesungen haben. Die Lavendelweiber traten oft zu zweit auf und erhoben ihre orientalisch-südländischen Stimmen wechselweise. Es waren meist Romafrauen, die auch erfolgreich wahrsagten. Von diesem Nebengeschäft kommt der Ausdruck „Lavendelschmäh" und die wienerische Bitte, dünner aufzutragen, also „kan Lavendel z'redn".

Heute sind nur die Lavendelweiber ausgestorben, der Lavendelschmäh blüht in Feng-Shui-Shops, Duftkerzenläden und Kräutersalons. Auch in provençalischen Zimmerparfumgeschäften und bei Dritte-Welt-Greißlern können wir den ätherischherben Duft von Lavendel kaufen und damit die Duftwelt des alten Wien in unsere Wäschekästen katapultieren.

Schwarz wie die Nacht.
Und noch schwärzer, wie Sr. Benediktas Keller

„Die Donau", sagte mein Großvater Josef Dusel, Beamter bei den Grazer Wasserwerken, „entspringt im Schwarzwald, fließt durch das schwarze Österreich und mündet im Schwarzen Meer." Die Schwarzen. So wurden die Christlichsozialen der Ersten Republik von ihren politischen Kontrahenten wegen ihrer Nähe zur katholischen Kirche genannt. Wegen ihrer Nähe zum Vergangenen dürfen wir die Christlichsozialen, die Volkspartei, die Övaupeh, wie die Interessensgemeinschaft der Konservativen heute heißt, durchaus mit dem Schwarz des spanischen Hofzeremoniells in Verbindung bringen.

Die Farbe der mondlosen Nacht haben die Habsburger mit der dortigen Hausordnung aus Burgund nach Spanien gebracht. Von dort hat sie Ferdinand I 1522 als nunmehr spanisches Hofzeremoniell nach Österreich geholt.

In seltener Gleichzeitigkeit waren das burgundische und das christlichsoziale Schwarz, beim Begräbnis der letzten gekrönten Kaiserin Österreichs anwesend. Zita Maria delle Grazie di Bourbon-Parma, wie sie mit Mädchennamen hieß, wurde am 1.April 1989, exakt im zweihundertsten Jahr nach der Französischen Revolution, in einem pechschwarzen, von acht Rappen gezogenen Leichenwagen vom Stephansdom zur Kapuzinergruft geführt.

Im Einklang mit dem spanischen Hofzeremoniell war der Prunkleichenwagen imperial bespannt. Laut Hofzeremoniell, das sein protokollarisches Wirken gute siebzig Jahre davor ausgehaucht hatte, durfte auch hier nur der schwarze Leichenwagen der gekrönten Mitglieder des Kaiserhauses verwendet werden. Den Särgen von Erzherzögen und Erzherzoginnen war die Fahrt zur Kapuzinergruft in einem roten Wagen vorbehalten gewesen. Der Leichenwagen des Wiener Hofes wurde daher für die Begräbnisse von Erzherzögen und Erzherzoginnen rot, für die Begräbnisse des Kaisers oder der Kaiserin hingegen schwarz lackiert und bespannt. In einem Farbton, den an Schwärze kein Bösendorfer erreicht.

Die ständigen Lackierarbeiten belasteten Hofkassa und den Erhaltungszustand gleichermaßen, also entschloss man sich 1875, für die Begräbnisse gekrönter Familienmitglieder einen neuen, schwarzen Prunkleichenwagen in Auftrag zu geben und den rot lackierten Wagen rot zu belassen. Der Bau des neuen „Schwarzen Leichenwagen" dauerte 16 Monate. Dieser achtspännige Wagen kutschierte Kaiserin Elisabeth (1898), Kaiser Franz Joseph (1916) und zuletzt am 1. April.1989 Zita vor das Portal der Kapuziner. Auch Kronprinz Rudolf fuhr 1889, nach seinem mysteriösen Tod in Mayerling, im pechschwarzen Prunkleichenwagen vor die Gruft. Weil aber der schwarze Leichenwagen nur gekrönten Häuptern vorbehalten war, ließ Kaiser Franz Joseph für seinen Sohn einen besonderen Erlass ergehen. Um noch Reste spanischer Hofordnung beizubehalten, waren Rudolfs schwarzer Begräbniskarosse statt der Rappen Schimmel vorgespannt.

Als einen eleganten Widerschein dieser Zusammenhänge dürfen wir das Schwarz der Wiener Taxis sehen. Mittlerweile völlig verschwunden, war es noch in den Sechzigerjahren fast unmöglich, eine Taxifahrt durch Wien nicht in einem hart gefederten und vom Zigarettenrauch imprägnierten schwarzen Mercedes Diesel anzutreten.

Mein eigenes Schwarz, das Schwarz der Schwärze, kommt nicht aus Burgund, sondern von Gott. Und dort habe ich es auch gelassen.

Wenn ich es recht bedenke, war ich immer schon aufgeklärt. Meine Begabung für das Burgundische im Österreichischen war mangelhaft. Schon meine Ururgroßeltern sind glühende Linke gewesen. Zu einer Zeit, als das für aufgeklärte Bürgerliche mit viel Geld und Tagesfreizeit eine charmante Folie war. Dieses großbürgerliche

Linkssein, das auch Bruno Kreisky ausstrahlte, war in der Familie meiner Mutter Religion.

Kein Wunder, dass mein Vater, ein genetischer Slawe mit österreichischer Lackierung, den mütterlichen Familiensozialismus mit katholischer Erziehung zu ersticken versuchte.

Sein Kalkül, mich in die Erziehungskerker der Schulschwesternburg in der Leopoldsgasse zu werfen, hatte existenzielle Motive: Mein irregeleiteter Vater versprach sich von der Nähe zum Katholizismus die Progression seiner schleppenden Karriere als Kirchenarchitekt. Der Irrtum, in dem er sich befand, wurde erst Jahrzehnte später aufgeklärt: Als Ehemann einer Lutheranerin lebe er in ständiger Sünde, hieß es nonnenintern, von einem häretischen Fremdling ließe man sich kein Gotteshaus bauen. Da sei der Teufel davor.

Weil also kein und kein Betonkirchlein bei ihm bestellt wurde, baute mein Vater Gemeindebauten und Gewerkschaftssiedlungen. Die Wiener Sozialdemokratie im Rathaus hatte im Gegensatz zum bischöflichen Ordinariat ein offenes Ohr, wann immer der Herr Architekt vorstellig wurde, um einen Auftrag zu ergattern.

Schon von Kindesbeinen an waren also die Roten für mich die, die unsere Familie ernährten. Die Schwarzen aber, das waren die Nonnen, die mir Ohrfeigen runterhauten, wenn ich in der stummen Pause, der Pause, in der wir mit dem Finger vor dem verschlossenen Mund sitzen mussten, wenn ich in dieser stummen Pause eine Geschichte von mir gab.

Die Schwarzen waren die Nonnen, die mir mit dem Bambusstab über die Finger wichsten, wenn ich statt des Mollakkords einen Durdreiklang ins Klavier drückte.

Oder mich an den feinen Härchen an der Schläfe zogen, wenn ich zwei klosterschulische Treppenabsätze auf einmal zu nehmen gedachte. Für dieses Schwarz, dessen Personal direkt vom Heiland inspiriert war, ging ich verloren, als der Tag der Erstkommunion mit dunklem Habit auf mich zuschritt. Wer sein Sündenregister nicht reinige, hieß es, wer nicht minutiös und lückenlos den Katalog an sündig Begangenem beichte, dem werde es am Tag der Heiligen Erstkommunion böse ergehen: Noch am Weg zur Erosteinnahme des Leibs unseres Herrn Jesus werde sich der Höllenschlund auftun und mich, so funkelte Schwester Benedikta mit schaurigem Nonnenblick, in die Tiefe ziehen. Und für immer bei lebendigem Leibe verzehren. Schluck.

Solch Ungemach kam in den bösesten Micky-Maus-Geschichten nicht vor. Das war ein Szenario aus den Gespensterheften. Nur: Was beichten? Mir wollte beim besten Willen keine böse Tat einfallen. Nicht die klitzekleinste Sünde. Nicht mal meine kleineren Brüder hatte ich verdroschen. Ich war der Inbegriff des braven Kindes. Also erfand ich mir schnell ein paar böse, ein paar richtig böse Taten. Ich hätte Schnee gegessen, beichtete ich, Weihwasser in die Spritzpistole gefüllt, einen Schilling aus der Kerzenkassa gefischt. Und auf das Andenkenbild des heiligen Antonius hätte ich einen Hitlerbart gemalt. Mit schwarzem Filzstift aus meines Vaters Büro. Diese frei erfundenen Missetaten drückte ich mit den Arabesken der Übertreibung durch das Beichtsieb. War ich sieben oder acht? Keine Ahnung. Ich war klein und rein und voller Lüge. Und mit diesem unkatholischen Ballast schritt ich zur Verspeisung des Jesuleibes, in der bitteren Gewissheit, auf der siebten Marmorkachel der Leopoldskirche im zweiten Wiener Hieb in die Hölle zu fahren. In eine schwarze Hölle ohne Feuer. Ein dunkles Nichts, ein unentrinnbares, ewiges Ende.

Dass ich ohne Sünde war, so wie ich es sah, hätte mir die Nonnenbande nie geglaubt. Und Gott, ihr Arbeitgeber, so versicherten sie mir schon bei geringerer Gelegenheit, schon gar nicht. Gott, mit dem sie täglich Konferenz hielten. Und mit dessen Sohn sie verheiratet waren. Alle. 17 Schritte waren es bis zum Altar, wo ich den ungesäuerten Leib des Herrn in mich aufnehmen sollte. Ab der achten Fliese war mir klar: Es gibt keinen Gott. Der Höllenschlund hatte sich nicht aufgetan. Alles war Lüge, Chimäre, Teil einer eitlen Inszenierung.

An diesem Tage bin ich links geworden. Ganz persönlich links. Ich hielt zu Donald und war gegen Dagobert, ich war für die Indianer und gegen die Kavallerie, für Freitag und gegen Robinson.

Dem Schwarz der Schwärze, dem Husten Gottes, dem ewigen Ende war ich noch nicht entronnen.

Die Schulschwestern hatten für uns Kinder im Keller ihres Schulgebäudes, geografisch präzise dort, wo die Nestroygasse in die Leopoldsgasse mündet, ein Zimmerchen eingerichtet. Ein ganz besonders Zimmerchen. Einmal am Tag, zwischen halb vier und halb fünf, traten wir unseren Kinderdienst in diesem Zimmer an. Zu zehnt, so will ich mich erinnern, betraten wir einen kohlrabenschwarzen Raum. In dem Raum schwebte das haarlose Antlitz der Schwester Benedikta. Ihren Körper, die Umrisse ihrer pechschwarzen Tracht, konnte man nicht sehen, zu dunkel, zu schwarz war das Dunkel der Wände, vor denen sie stand.

Das bleiche Gesicht der Schwester Benedikta war beleuchtet von einer schirmlosen Birne, deren glühende Fäden sich direkt in unsere Netzhäute brannten und dort ein rotgelbes optisches Echo erzeugten. Zwanzig rotgelbe Glühfäden zitterten also durch den Raum, vor dem schwärzesten Schwarz des Universums, beleuchtet von der Nemesis unter den Lichtern und dem Vollmond des Benediktagesichtes.

Unter der einsamen Glühbirne war eine kleine hölzerne Rutsche aufgestellt. Eine Leiter mit fünf Sprossen führte zu einer jausenbrettgroßen Sitzfläche. Dort ließen wir uns nieder, in einem stummen Rhythmus, eine nach der anderen, und auf das wortlose Zeichen des Benediktamondes rutschten wir die physische Höhe eines Kinderhorizonts hinab auf den schwarzen Asphalt, mit dem der Keller ausgegossen war.

Nach dem Rutschen gingen wir einzeln und ohne Hast gegen den Uhrzeigersinn nach hinten, zur Leiter. Dort stellten wir uns in der Schlange der Wartenden an. Wortlos und brav. Eine Stunde lang. Die Schwestern nannten es „Das Spielen". Kein Schwarz hat je wieder dieses Dunkel erreicht. Dieses Nichts, in dem das Benediktamondgesicht, die hölzerne Rutsche und die Aschfähle der rutschenden Kindergesichter schwebten. So sah die Hölle aus. Eindeutig.

Vor dem Hintergrund dieser Erlebnisse ist es seltsam, dass ich mich selbst seit Jahrzehnten schwarz kleide. Sogar meine Gitarren, sprechende Hölzer einer anarchischen Buntheit, sind schwarz wie die Nacht. Vielleicht ist das so, weil ich zu dick bin. Schwarz trägt ja nicht auf, heißt es. Insgeheim springt in mir wie ein Rumpelstilzchen jene Erkenntnis auf und ab, die mir sagen will: Das machst du nur, um ihnen nicht auch noch das Schwarz zu lassen. Mag sein.

Weiß wie die Angst

Es darf kein Brief weiß sein. Und kein Blatt. Wann die Weißfurcht begonnen hat, vermag ich nicht zu sagen. Momentan steht meine Angst vor weißen Zetteln in Vollblüte. Ich vermute, dass ich mir die Pein, die der Anblick weißer Papiere bereitet, vor fünfzehn Jahren eingefangen habe.

Arm wie eine Kirchenmaus, stapelten sich auf meinen Tischen die unbezahlten Rechnungen, die eingeschriebenen Briefe, die Nachrichten vom Exekutor. Auch wenn die Bitterkeit dieser Tage schon einem vergleichsweise gemütlichen Reichtum gewichen ist: Kuverts kann ich heute nur unter Aufbietung größter mentaler Kräfte öffnen. Leichter fiele es mir, mich unbeschuht eine Sprungschanze hinunterzuwerfen.

Das Weiß der Buchseiten, also das, was man zwischen den Buchstaben sehen kann, das halte ich gerade noch aus. Aber schon eine weiße Serviette, achtlos auf einem Wirtshaustisch abgelegt, kann mich in rasende Unruhe, in neurotischen Furor versetzen. Weißes Papier, lose oder im Stoß kann ich nur vor ebenso weißen Hintergründen ertragen. Ich übertreibe nicht. Ein Kalkwerk wäre das Richtige.

Hansi Hinterseer wünsche ich diese Probleme nicht. Der ehemalige Kitzbüheler Skirennläufer arbeitet heute erfolgreich als Schnulzensänger und Fernsehmoderator. Der langmähnige blonde Tiroler versteht sich durchaus als heterosexuell begabter Mann, hat aber einen Hang ins Feminin-Metrosexuelle. Legendär ist das Weiß seiner Fell-Moonboots, einer Modetorheit der Siebzigerjahre, die Hinterseer „von die Weiberleit" abgeschaut haben will und die seither mit dem alterslosen Beau identifiziert werden.

Von hinterseerisch jungfräulichem Weiß ist auch Gerry Friedles gehäkelte Jazzhaube. Als Tiroler verbindet der Pop-Sänger mit dem blendendem Weiß seines Glatzen-Hutes Reichtum und Erleuchtung.

Erleuchtet war gewiss auch Ludwig „Wickerl" Weinberger. Der Schildermaler verdingte sich in der Rente als Friedensapostel und spazierte tagaus, tagein durch die Touristengruppen der Wiener Fußgängerzone, in den ausgestreckten Armen eine Friedensfahne mit dem Spruch Waluliso (für Wasser-Luft-Licht-Sonne) und einen Apfel haltend. Sandalen und eine blütenweiße Tunika waren dem Olivenzweigbekränzten sommers wie winters die einzige Bekleidung. Waluliso verließ Wien aber auch gerne und wurde so international bekannt. Er fuhr zu Gipfeltreffen nach Genf und Reykjavík, kletterte nach dem Fall der Berliner Mauer auf das eingerissene Bollwerk, und schüttelte die Hände von Eduard Schewardnadse und PLO-Führer Jassir Arafat. Die schüttelten die Köpfe.

Weiß und weise ist der weltberühmte Filmregisseur und Drehbuchautor Michael Haneke. Der hagere Auteur wird zwischen Krems und der Croisette an seinem schlohweißen, mittelgescheitelten Haar und seinem ebenso weißen wie dichten Vollbart erkannt.

Wegen des Klimawandels werden die touristisch genutzten Hänge Österreichs winters nur mehr mit Regen, jedoch nicht mehr mit Schnee bedeckt. Abhilfe für diesen fremdenverkehrserschütternden Umstand wurde im Einsatz Tausender Schneekanonen gefunden. Mit diesen Apparaten kann Geld in Wasser und Wasser in Schnee verwandelt werden. Das hochverdichtete Kunstprodukt wird mit erheblichem technologischen und pekuniären Aufwand auf die aperen Skihänge geblasen. Das Wasser für den Kunstschnee lagert in künstlich angelegten Teichen und wird den mittlerweile austrocknenden

Flüssen und Bächen des Landes entnommen. Das Bild der blütenweißen, an den Rändern in die braungrüne und unbeschneite Natur ausfransenden Skiautobahnen prägt inzwischen das winterlich-alpine Österreich.

Staubzucker – Schlagobers – Kokain. Die Trias des österreichischen Hedonismus. Wie sang Hans Hölzel so treffend in seinem Weltschlager „Der Kommissar": „... sie war jung, das Herz so rein und weiß, und jede Nacht hat ihren Preis, sie sagt: ‚Sugar Sweet, Ya got me rappin' to the heat!' Ich verstehe, sie ist heiß ... wir treffen Jill and Joe, und dessen Bruder Hip, und auch den Rest der coolen Gang, sie rappen hin, sie rappen her, dazwischen kratzen's ab die Wänd ... den Schnee auf dem wir alle talwärts fahr'n, kennt heute jedes Kind."

Weiß wie die Auftrittshilfe Koks sind auch die springenden Pferde aus der Stallburg. Die weltberühmten Showrösser kommen dunkel zur Welt. Die meisten, längst nicht alle von ihnen, nehmen erst im Erwachsenenalter von vier bis zehn Jahren die Farbe frisch gefallener Hagelschloßen an. Ihr tägliches Brot und Stroh verdienen sie sich in der Spanischen Hofreitschule. Die 1572 gegründete Pferdelehranstalt ist die älteste Institution der Welt, in der die hohe Schule der klassischen Reitkunst betrieben wird.

1580 von Erzherzog Karl im rauen Karstgebiet des Herzogtums Krain als Gestüt Lipica („kleine Linde") gegründet, heißt die Stadt in der Nähe von Triest auf italienisch Lipizza. Und daher kommt der Name der weißen Staatspferde, bis heute die Allerheiligsten unter den Tieren Österreichs.

Karls Kalkül war pfennigfuchserisch. Pferdeimporte für den kaiserlichen Stall galten als unsicher, verlustreich und teuer. Also beschloss man, eine eigene Zucht zu gründen. Es wurden neun Hengste und vierundzwanzig Mutterstuten aus Spanien importiert und die Rasse zunächst „Pferd der Karster Rasse, Lipizzaner Zucht" genannt. Grundlage der Zucht waren das Karstpferd, das spanische sowie die Pferde aus der Poebene. Erst im 18. Jh. kamen die Neapolitaner dazu. Und Deckhengste altspanisch-italienischer Abstammung, aus dem dänischen Gestüt Frederiksborg, aus der deutschen Zuchtstätte Lippe-Bückeburg und aus dem Böhmischen Hofgestüt Kladruby.

Sechs- bis siebentausend Lipizzaner gibt es weltweit, die Hengste der Spanischen Hofreitschule aber kommen alle aus dem Gestüt Piber in der Steiermark, wo man sie nach dem Ende der Monarchie interniert und austrifiziert hatte.

Die Wiener Lipizzaner stammen von genau sechs Hengsten ab. Ihre Namen dürfen durchaus als Familiennamen verstanden werden, denn männliche Lipizzanerfohlen erben den Vatersnamen. Die sechs Urlipizzaner waren alle Ausländer. Pluto, 1765 geboren, war ein spanischer Schimmel aus Dänemark, Conversano, zwei Jahre jünger, ein neapolitanischer Rappe. Braun und von derselben Herkunft war Neapolitano, 1790 geboren. Maestoso, 1773 geboren, war ein neapolitanisch-spanischer Schimmel aus dem böhmischen Hofgestüt Kladruby. Ebenso der Falbe Favory, 1819 geboren. Der jüngste Stammvater ist der syrische Araberschimmel Siglavy, 1810 geboren.

Nach meiner bescheidenen Theorie hat Weiß ungeheure Kräfte. Ein einzelner, weißer Socken vermag einer Waschmaschinenladung schwarzer soviel Farbe zu entziehen, dass diese ein helles Anthrazit annehmen.

Grau wie Hugos Haar

Grau hat in der österreichischen Palette neben dem Steireranzug, der Angelobungsmiene Bundespräsident Klestils und den ehemaligen Uniformen der Gendarmerie vor allem ins künstliche Haar von Österreichs Chefgeschichtsschreiber gefunden. Grau ist seit vielen Jahren die Farbe der Perücke von Hugo Portisch.

Bunt wie Joe´s Cannonball

Ein anderes Scheitelkonzept finden wir bei Thomas Klestils Schulkollegen. Wie viele Haarlose aus der Musikwelt trägt der Erdberger Weltpianist Josef „Joe" Zawinul eine aus bunten Stoffstreifen geflochtene, bisweilen aus vielfarbigen Wollresten gehäkelte Jazzmütze.

Blau wie albanischer Schnaps, der zweite Mond und die Hosen von Hermes

Die Farbe Blau hat in Österreich wenige, aber durchaus identitätsstiftende Spuren hinterlassen. Unbescholten ist einzig das leuchtende Blau von Gentiana clusii.

Der Alpenenzian ist eine sehr niedrig wachsende Enzianart mit einer einzelnen Glockenblüte von erschreckend lebendigem Blau. Das Bild des kegeligen Blütenbechers, dessen spitze Zipfel wie die Troddeln einer Kasperlkrone nach außen hängen, gehört zu den großen Symbolen des Landes. Die meist in Kolonie auftretenden knallblauen Blüten sind im Land durch das Schmelzkäseeck der Firma Rupp-Käsle präsent. Jahrzehntelang verband man den Streichkäse mit der blauen Alpenpflanze. Auf dem Käseeck prangte groß der Enzian.

Auch monetär ist der Enzian ein Prominenter. Ein kleines Enzianglöckchen war auf den halben Schilling geprägt. Wie ein spiegelverkehrtes Q-Strichlein lugte ein Enziankelch durch die Null der 50-Groschen-Münze. Von dort ist der Winzling nach der Einführung des Euro auf die österreichische 1-Cent-Münze übersiedelt.

Das Bild des blauen Enzians ist untrennbar mit dem Enzianschnaps verbunden, obwohl zum Brennen des Almsprits ausschließlich die Wurzelstöcke des Gelben Enzians taugen. Der würzig-erdige Geschmack des Enzianbrands kommt von den Bitterstoffen Gentianopicrin und Amarogentin, die auch in so fernen Produkten wie Angostura und Fernet Branca für schaurig-wohle Bitterkeit sorgen. Die Herkunft der bitteren Likörzutat könnte unösterreichischer nicht sein. Laut Plinius dem Älteren leitet sich der Name Enzian (lateinisch gentiana) von Genthios (Gentius), dem letzten illyrischen König ab. Er regierte von 180 bis 168 v. Chr. im albanischen Shkodra. Der antike Balkanese soll als Erster die Heilkraft des Enzian entdeckt haben.

Hechtgrau war der Campagne-Generals-Rock, den der Graf von Hohenembs trug, wenn er nicht inkognito war. Als Graf von Hohenembs war Seine Kaiserliche und Königliche Apostolische Majestät, Franz Joseph I, von Gottes Gnaden Kaiser von Österreich, unterwegs, wenn er sich und den gastgebenden Ortschaften den protokollarischen Aufwand des allerhöchsten Besuches ersparen wollte.

„Hechtgrau" hießen alle Farben zwischen Taubengrau und hellstem Himmelblau, soferne Stoffe in ihrer Farbe zu militärischer Uniform verarbeitet waren. Die Fabrikation unikoloren Hechtgraus hätte die Uniformerzeuger des Riesenreichs überfordert. So konnte die hellblaue Generaluniform des Kaisers neben der petrolfarbenen eines galizischen Frontoffiziers militärisch gesehen als ident betrachtet werden. Hechtgrau hieß ungeachtet der wirklichen Farbwahrnehmung stets hechtgrau.

Franz Josef Prohaska hatten die Tschechen den Kaiser, ihren König, getauft. Nach einer Zeitungsillustration, die den Monarchen auf der nebeligen Prager Karlsbrücke mit der Bildunterschrift „Prohaska" (tschechisch: „ein Spaziergang") zeigte.

Der Prohaska war außer König von Ungarn und Böhmen, von Dalmatien, Kroatien, Slawonien, Galizien und Lodomerien, Illyrien, Lombardo-Venetien auch König von Jerusalem, Erzherzog von Österreich, Großherzog von Toskana und Krakau, Herzog von

Lothringen, von Salzburg, Steiermark, Kärnten, Krain und der Bukowina, Großfürst von Siebenbürgen, Markgraf von Mähren, Herzog von Ober- und Niederschlesien, von Modena, Parma, Piacenza und Guastalla, von Auschwitz und Zator, von Teschen, Friaul, Ragusa und Zara, Gefürsteter Graf von Habsburg und Tirol, von Kyburg, Görz und Gradisca, Fürst von Trient und Brixen, Markgraf von Ober- und Niederlausitz und Istrien, Feldkirch, Bregenz, Sonnenberg, Herr von Triest, von Cattaro und auf der Windischen Mark, Großwoiwode der Woiwodschaft Serbien und wie erwähnt auch Graf von Hohenem(b)s. Die Grafschaft im mittleren Rheintal an der Grenze zur Schweiz hatten die Habsburger 1765 erworben. Warum der Mann, der alles sehr schön fand und der sich gerne freute, ausgerechnet die westlichste seiner Besitzungen für das Inkognito wählte, muss noch erörtert werden. Das Wappen der Hohenemser Grafen war jedenfalls ein goldener Steinbock. Die Schildfarbe ist dasselbe helle Uniformblau, das der Schönwettermonarch so gerne trug.

Ein Blau ganz anderer Herkunft gehört zum mythischen Zubehör der Freiheitlichen Partei Österreichs. Die einen meinen, es sei die traditionelle Farbe der Liberalen, während die anderen darin das Kornblumenblau der Deutschnationalen wiedererkennen. Die strahlend blaue Kornblume galt als Lieblingsblume Bismarcks.

Davor hatte sie eine Karriere als „preußische Blume" rund um die Mythenbildung, die vom frühen Tod Königin Luises ausgelöst worden war. Luises Sohn, der spätere Kaiser Wilhelm I hatte in der Erinnerung an seine Kindheit die Kornblume zu seiner Lieblingsblüte erklärt. Lieblingsblumen im Kornfeld, wohin der Blick sich auch wendet.

Die Freiheitlichen selbst berufen sich neuerdings auf den Dichter Novalis als Ahnherrn ihres Blaus. Dessen Vision der „blauen Blume", im Roman Heinrich von Ofterdingen war ein zentrales Symbol der Romantik gewesen. Auch wenn die Freiheitlichen die Nähe ihres Blumenblaus zu jenem der illegalen österreichischen Nationalsozialisten in keinen Zusammenhang gebracht wissen wollen, haben sie für Aufregung gesorgt, als sie bei der konstituierenden Nationalratssitzung nach der Wahl 2006 die Kornblume im Knopfloch trugen. Ein kleiner Exkurs über mein eigenes Blau möchte uns aus dem deutschen Kornfeld herausführen. 1989 habe ich meine Erlebnisse hinter dem gerade geöffneten Eisernen Vorhang in ein Filmprojekt gegossen. Darin schickte ich den österreichischen Sehnsüchtler Johnny Pichler auf eine Reise von Wien nach dem Osten. Fünf Jahre entwickelte ich den Stoff, wurde entmutigt und enthusiasmiert, getrieben und glitt aus. Um den Pichler zu finden, jene Filmfigur, der die östlichen Wurzeln seines Selbst suchte, reiste ich immer öfter und immer tiefer in den Osten.

Kurz vor einer Recherche-Reise in die Schwarzmeer-Hafenstadt Odessa hörte ich aus dem Kassettenrekorder meines Maler-Freundes Stefan Riedl ein seltsam melancholisches Lied. Leopold Nennig hatte das Band aufgenommen und irgendwann hier abgelegt. Und da spielte es jetzt, zwischen zwei und drei in der Nacht, in den düsteren Bibliothekskatakomben des Trieblschen Winterpalastes.

Das Lied war mehr gehaucht als gesungen, und es handelte von Herz und Schmerz und Einsamkeit. Julie London rang es sich ab zum Arpeggio einer dickbauchigen Jazzgitarre. „Blue Moon" hieß der Song.

Am nächsten Tag klapperte ich die Stadt ab, um eine Platte von Julie London aufzustöbern. Vergeblich. „Blue Moon" und Julie London waren unauffindbar. Auch am nächsten Tag hatte ich keinen Erfolg. Auch am übernächsten und am Tag nach diesem. Wann immer ich an einem Plattenladen vorbeikam, die gleichen Antworten, derselbe Text: Julie London? Nie gehört. „Blue Moon"? Wie schreibt man das?

Odessa, wo wir bald danach hinflogen, war ausgelaugt von der Vergangenheit, es gab ein Kaufhaus, ein Hotel und eine Million grauer Gesichter. Die Straßen hatten hundehüttengroße Schlaglöcher, die Hundehütten armdicke Einschusslöcher und der Borscht schmeckte nach Schmieröl. Die Stadt war im Eimer.

Und weil ich das in Wien schon so gehalten hatte, bin ich auch in Odessa mit meinem Freund Rainer Egger in jeden Laden hinein, der nur irgendwie nach Musik roch. In dem Laden, in dem ich schließlich stand, hatten mich ein Bügeleisen gelockt und ein Radio. Die hatte man ins Schaufenster gestellt. Ein altes Bügeleisen mit geflicktem Kabel und ein Radio.

„Musik?", fragte ich. „Da, Muzik", sagte der Odessit und führte mich ins hinterste Eck seines erschütternden Geschäfts. Er zog an einer Lade. Seine Augen leuchteten hinein. Muzik. Aerosmith. Bon

Jovi, Deep Purple, Aerosmith. Die Auswahl war eindeutig. In dieser Lade wohnte die Mucke, die wir schon im Taxi gehört hatten. „Do you have Jazz?" fragte ich den Muckendealer. „Jazz njet here", sagte der Mann. „Jazz here". Er öffnete eine zweite Lade. Ebbe. Eine einzige Musikkassette lag darin.

Julie London. Das siebente Lied: „Blue Moon".

Ich habe diesen Film fünf Jahre später tatsächlich gedreht. In Wien, in Bratislava, Lemberg, Kiew und Odessa. Und er heißt „Blue Moon". Nach dem Lied der Broadway-Songwriter Rodgers und Hart. „Blue Moon", der blaue Mond, ist ein seltenes kalendarisches Phänomen, er ist der zweite Vollmond in einem Monat.

Obwohl „Blue Moon" ein amerikanisches Lied zum Titel hat, und in der Slowakei und in der Ukraine spielt, ist es doch sehr wienerisch ausgedacht worden. In einem Hinterhof im zweiten Bezirk, in einem weiteren in Margareten und im Café Rüdigerhof am Ufer der Wien.

Am Ufer gegenüber, etwas weiter flussaufwärts und dann die Böschung hinauf, geht es in die Grabnergasse, in der der König von Gumpendorf wohnt, Hermes Phettberg, der Apologet des Jeansismus.

Der Ursprung der von ihm über jeden literarischen Klee gelobten Baumwollhosen liegt in der italienischen Stadt Genua. Aus der französischen Form des Städtenamens Gênes schliff die amerikanische Umgangssprache den Begriff „Jeans". Levi Strauss, ein in Franken geborener Auswanderer, war 1850 nach San Francisco gelangt und hatte für Goldgräber Arbeitsbekleidung geschneidert. Die robusten blauen Hosen waren „Gênes" (Genueser) aus dem Stoff „Serge de Nîmes" (Gewebe aus der Stadt Nîmes), kurz „De-Nim-Jeans" oder Denim Jeans.

Den Namen der Nachfahren dieser Büxen verbittet sich Phettberg, je anders als im Pluraletantum anzuwenden. Das Erwähnen des Singulars „die Jean" erzeugt in ihm höchste Pein. Josef Fenz' erste Jeans erinnert er ca. 1967 vor dem Tor des Hotels zur Alten Post seiner Tante und seines Onkels getragen zu haben. Die Jeans waren Mustangs, in Hollabrunn gekauft. Jeans hätten nicht blau zu sein, sondern „blue", schreibt Phettberg. „Alles andere sind nahezu keine." Aus Phettbergs „Predigtdienst", jener über die Jahrzehnte verfassten

Kolumne, die dem Kirchenjahr folgt, ist der Terminus des „Jeans-boys" bekannt, der in versautem und knallengem, neuerdings auch labbrig hängendem Denim in der Magengrube von Phettbergs Glück das Déjà-vu der andauernden Unerreichbarkeit bewirkt.

Phettberg selbst habe ich nie auch nur in Anflügen anderer Hosen gesehen als in den von ihm adorierten Jeans. Irrtum, denn mir fällt ein, dass Phettberg mindestens einen Winter hindurch eine blaue Pyjamahose trug. Aus dem Nebel der Erinnerung erhebt sich die Spezialjeans, die der Falter Hermes in der Bitternis der Zeit nach der „Nette-Leit-Show" schneidern ließ. Fünf reguläre Jeans seien dafür verarbeitet worden, heißt es.

Heute ist Phettberg auf der Hochschaubahn seiner Leibes-umfänge bei jenen knappen Jeans angelangt, die jahrelang in seinem „Jeansmuseum" gelagert waren. Sollten die zerschleißen, wird Ercin Ferco in der Gumpendorferstrasse 92 die Finessen seiner Reparier-kunst zum Einsatz bringen.

Mit den Finessen meines schulischen Schlimmseins beschäftigte sich ein postkartenformatiges Heftchen mit hellblauem Umschlag, das Mitteilungsheft. Das Mitteilungsheft war der Kassiber, den die Frau Lehrerin und ihre schwarzverschleierten Brötchengeberinnen, die Sankt-Elisabeth-Schul-Schwestern vom III. Orden des Heiligen Franziskus verwendeten, um mit meinen Eltern zu korrespondieren. Wobei der gestalterische Schwerpunkt eindeutig bei den Schwestern lag, die jeden kleinen Vorfall hinter den Schulkerkermauern zu mir nach Hause petzten. Im Rahmen größerer Perfidiestrategien schrieben sie nie selbst in das Heft. Die Mitteilungen musste stets ich selbst eintragen: Turnpatschen vergessen, in der stummen Pause geredet, kein Kreuz geschlagen beim Vorübergehen am Heiland.

Meine Verfehlungen musste ich nach Diktat mit meiner blitz-blauen Füllfeder der Marke Pelikan aufschreiben, diese wurde mit azurblauen Tintenpatronen betrieben. Patronentinte dieser Farbe nahm eine Mitschülerin von mir regelmäßig zu sich. Ich sah sie nie ohne blaue Zunge. Der Part meiner Mutter in diesem blauen Heft war gering. Sie setzte unter die Botschaften lediglich die vier Buch-staben unseres Familiennamens. In Blau, selbstverständlich.

Schönbrunn und das totgekochte Ei

Vom Gelben will ich mich fern gehalten wissen. Das Schönbrunner-gelb, jene habsburgische Repräsentationsfarbe, die vom Pigment Goldocker in Kalkfarbe hervorgerufen wird, erinnert mich mit Schaudern an die weichen Eier der österreichischen Hotellerie. Nie auch nur ein einziges Mal habe ich es erlebt, dass ein Hotel-ei nicht mit einer Temperatur von zweihundert Grad serviert wurde. Auch die Kaffeehäuser pflegen die Unsitte des kochendheißen Eies. Dessen Dotter hat die pelzig-fahle Gelbheit des habsburgischen Sommerpalastes. Dass die ganze Monarchie in der furchtbaren Farbe getüncht wurde, macht die Sache nicht leichter. Von meinem Hass auf diese Farbe berichten der sonnengebleichte Postkasten, die Mehl-kartoffel und der Phettbergsche Willkommenstrunk Eierlikör.

Ein kernweiches Ei will knapp über die Denaturierungstem-peratur der Hühnerproteine erhitzt werden, nach meiner Erfahrung findet das schon bei Temperaturen statt, in der heute Badewasser ein-gelassen wird. Heißer als die schwefelige Thermalquelle in Baden bei Wien möge kein Ei je für mich erhitzt werden.

Grün wie der Pflasterhirsch, malachitfarben wie die Unterwäsche der Palmersdamen und melonenfarben wie Jesu Vater

Am Spinatgrün ihrer Uniformen waren die Polizisten der österreichischen Städte erkennbar, ihr ländliches Pendant, die Gendarmerie war in der anderen dominanten Landesfarbe eingekleidet, dem ausgeblichenen Asphaltgrau der Landstraße.

Das polizeiliche Grün gibt es nicht mehr. Wie ihre deutschen Kollegen mussten Österreichs Polizisten den dunklen Grünton ihrer Uniformen gegen ein brackiges Dunkelblau eintauschen. Die Gendarmerie und das elegante Grau ihrer altvaterischen Hosen und Jacken wurde überhaupt abgeschafft. Hat uns da eigentlich jemand gefragt?

Ein grüner Polizist war im Grau der Stadt jederzeit als tragischer Fremdkörper erkennbar. Spinatgrün als Modefarbe gab es nicht, spinatgrün war immer und jederzeit der Amtston der Kieberei. Sogar deren Volkswagen-Käfer waren ursprünglich grün lackiert.

Kieberer, jenes Wort der Wiener Gaunersprache, mit dem Generationen hindurch die Grünröcke von der Polizei genannt wurden, kommt vom Ausdruck „kibitschen", besichtigen, bespitzeln, eine Nebenbedeutung des alten Verbs kieben, keiben, das wir heute „keifen" aussprechen. Immer gut für Beleidigungen und auch in jüngerer Zeit durchaus mit der Gefahr der Abmahnung durch die so

Bezeichneten verbunden, sind die Ausdrücke „G'schmierter" (vom jiddischen Schemirah – Bewachung) und „Putz" (von Romani – Pust, Spieß, wie ihn die mittelalterliche Polente trug).

Mit dem Grün der Wiener Polizei verband man immer gerne den Begriff „Mistelbacher". Was poetisch, aber nicht unlogisch klang, denn die Mistel ist ein immergrüner Strauch, der auf allerlei fremden Bäumen nach dem Rechten sieht.

Die grün betuchten Ordnungshüter kamen aber einst tatsächlich aus der Weinviertler Kleinstadt Mistelbach. Dort gab es eine für die Karriereplanung der Landbevölkerung immens attraktive Wiener Polizeischule. Der Magnetismus dieses Instituts führte bald dazu, dass eine imposante Zahl der Wiener Polizisten gebürtige Mistelbacher waren, die die Ausbildung zum Wachmann als Sprungbrett in die große Wienerstadt genutzt hatten. Naturgemäß war die ballistische Parabel dieses Katapults nur von geringer Ausdehnung.

Der Grüne Heinrich, scheinbar dem gleichnamigen Roman Gottfried Kellers entnommen, bezeichnet den (früher) grün gestrichenen Polizeitransporter. In Deutschland hieß er Grüne Minna oder Grüner August. Der Ausdruck „Heh" ist ein altes österreichisches Wort für Polizei und mit dem „Häfen", dem Gefängnis verwandt. Schönes Vokabular für Streifenpolizisten liegt auch in den Bezeichnungen „Trottoirbeleidiger", „Gassnjaga" und „Pflasterhirsch" vor.

Der Wechsel von Grün auf Blau hat wenig mit dem Erstarken der Grünen-Bewegung zu tun. Obschon die ökosozial orientierte Oppositionspartei unter Polizisten traditionell nur wenig Sympathisanten rekrutiert und sich Polizisten, Gendarmen und Grüne einst im frühwinterlichen Auwald von Hainburg eher unfreundlich gegenüber standen.

Der Farbwechsel hat europäische Gründe. Die Polizisten des unierten Europa sollen an einem einheitlichen Farbton erkennbar sein. Österreich und Deutschland konnten sich mit ihrem Wunsch nach einer europaweit grünen Exekutive nicht durchsetzen. Auch das Rotorange, das die Briten sich gewünscht hatten, fand keine Mehrheit. Frankreich und Italien hatten vom Bleu ihrer Flics und vom Azzurro der Carabinieri nicht lassen wollen.

Ebenfalls den Weg alles Irdischen gegangen ist das intensive Malachitgrün der Unterwäschekette Palmers. Bizarrerweise war just die Markenfarbe der einzige Farbton, in dem man sich keine Dessous oder Strümpfe kaufen konnte. Palmersgrüne Wäsche trugen nur die Palmersverkäuferinnen unter ihren palmersgrünen Dienstkitteln. Sag ich mal so. Dass Palmers seine farbliche Identität aufgegeben hat, zähle ich zu den wirklichen Skandalen des Landes.

Melonenfarben und noch nicht in Vergessenheit geraten ist das Grün der steirischen Bierbrauerei Gösser, das im Stift Göss schon seit dem Jahr 1020 unter wechselndem Zuspruch der obersteirischen Alkoholiker gebraut wird. Der österreichische Weihetrunk kam bei der Unterzeichnung des Staatsvertrages 1955 zu höchsten Ehren. Es wurde zum Festmahl nach dem Signaturaustausch serviert. Das Gösser Bier gehört heute der Brau Union und die wiederum zum fußballrasenfarbenen niederländischen Brauereikonzern Heineken.

Das Grün und Weiß der Gösser Bierfarben kommen indes vom Grün und Weiß des steirischen Wappens. Die allgegenwärtige Farbe des Landes ist als heraldische Tinktur äusserst selten. Auf grünem Feld sieht man da den Panther, das steirische Landesfabelwesen, das in anderen Farben auch im mittelalterlichen Bayern, in Kärnten und in Krain zirkulierte.

Der Wappenpanther, ein Fabeltier mit Pferdekopf und Löwenschwanz, dicht bezottelten Hinterläufen, kurzen Stierhörnern und Klauen, speit aus Maul, Ohren und den anderen Körperöffnungen Feuer. Das hat nun wirklich nichts mit dem zoologischen Panther zu tun. Das elegante Tier ist nämlich keine Katze, sondern ein Wiedergänger.

Die Figur stammt aus dem *Physiologus,* einem vermutlich in Alexandria entstandenen naturkundlichen Buch des zweiten nachchristlichen Jahrhunderts. Dort weiß man, dass „der Panther drei Tage schläft, wenn er sich gesättigt hat."

Dann erwache er und erhebe seine Stimme, wobei zugleich ein überaus köstlicher Wohlgeruch seinem Mund entströme. Und alle Tiere von nah und fern folgten seiner Stimme und dem Wohlgeruch und sammelten sich um ihn. Nur der Drache, der sein Feind sei, fürchte sich und verberge sich.

Ganz genauso, deuteten spätere Leser, sei Christus am dritten Tage vom Tode auferstanden und habe um sich die Nahen und Fernen, die Juden und die Heiden gesammelt. Der Drache aber sei der Teufel, den er überwand. Nun denn.

Abgesehen von einem Schreibfehler des Physiologus-Kopisten, der aus fragrat (duftet) flagrat (brennt) machte und so dem Wappenwesen zu flammenden Körperöffnungen verhalf, scheint der Autor die orientalische Wahrnehmung tatsächlicher Großkatzen mit einer hebräisch/griechischen Sicht auf den antiken Jesus vermischt zu haben.

Neue Nahrung für die alten These, nach der Jesus im physiologischen Sinn nicht Gottes Sohn, geboren von einer unbefleckten jüdischen Jungfrau Maria, sondern das uneheliche Kind dieser mit einem römischen Besatzungssoldaten namens Pantera gewesen sein soll, liefert der Historiker James D. Tabor, Leiter des Religionswissenschaftlichen Instituts der Universität von North Carolina in seinem 2006 erschienenen Buch *Die Jesus-Dynastie*.

Fast zweitausend Jahre lang war Pantera als der Nachname Jesu bekannt gewesen. Im Namen eines „Yeshu ben Pantera", eines Jesus, Sohn des Pantera, so wissen zwei nüchterne Geschichten in der Tosefta, den Zusätzen zur rabbinischen Mischna, sei in Galiläa und den Straßen von Sephhoris, der Stadt zu der Nazaret gehörte, geheilt worden.

Auch der alexandrinische Philosoph Celsus, erwähnt in einer vom Kirchenschriftsteller Origenes zitierten Polemik gegen die Ansicht der Christen, Jesu sei Gottes Sohn, es stehe geschrieben, dass Jesus der Sohn eines römischen Soldaten mit dem Namen Pantera sei.

Na prack.

Diese Sorgen kennt das Grün und Weiß der Rapid nicht. Es ist auch nicht aus der Levante, sondern aus Hütteldorf. Und ob es brennt oder duftet, möge Sankt Hanappi entscheiden.

Der Sportklub Rapid, kurz SCR oder Rahbied, ist der erfolgreichste Fußballklub Österreichs und mit 31 Meistertiteln Rekordmeister. Der Verein wurde 1898 als „1. Wiener Arbeiter Fußballklub" in den Vereinsfarben Blau-Rot gegründet. Seit 1899 tritt die Mannschaft unter dem Namen Rapid, seit 1905 mit den Vereinsfarben Grün-Weiß auf, wovon sich der Spitzname „Grün-Weiße" ableitet. Die ehemaligen Vereinsfarben Blau-Rot zieren die Auswärtsdressen der Rapid-Spieler.

Heimstadion des SK Rapid ist derzeit das Gerhard-Hanappi-Stadion in Hütteldorf, einem Stadtteil im Westen Wiens, in dem die „Hütteldorfer" seit 1911 zu Hause sind. Legendär ist die große Rivalität mit der Wiener Austria.

Grünweiße Herzen schlugen und schlagen im Stadionheiligen Gerhard Hanappi, im Trainergott Ernst Happel und im König von Córdoba, Hans Krankl, genannt der Metalliséewolf. Auch der Präsident des Vereins, der ehemalige Wurstaufpasser Rudolf „Finanzminister" Edlinger, ist unter seinem Hemd gewiss grün tätowiert.

Rapid pflegt neben der Tribünen-Religiosität seiner Fans auch ein eigenes Zeitmaß, die Rapidviertelstunde. Damit sind die letzten 15 Minuten eines Spiels gemeint. In historischen Rapidviertelstunden konnte Grünweiß zahlreiche Spiele komplett umdrehen. Diese letzte Viertelstunde gehört zu den wenigen zaubertechnischen Vorgängen, die in Österreich bekannt sind. Sie wird seit 1919 traditionellerweise in der 75. Spielminute vom Publikum rhythmisch und lautstark eingeklatscht.

Der Grüne Veltliner ist weder grün noch aus dem Veltlin sondern weiß und aus Niederösterreich. Der beliebteste Tropfen des Landes ist auch der meist angebaute. Auf mehr als einem Drittel der österreichischen Rebfläche wird Grüner Veltliner gelesen. Dem frischen Weißwein entlocken die Geschmacksknospenakrobaten Erinnerungen an Tabak und weißen Pfeffer. Intensive Nasen, so wissen es die Oenologen, erspüren südländische Citrus- und Pfirsicharomen.

Der Brünnerstraßler Spritzweintrinker hat den gaumenfrischen Veltliner vielleicht noch unter seinem alten Namen Grüner Muskateller in Erinnerung. So hieß der „GrüVe" noch bis in die Dreißigerjahre. Der Name des Grünen Veltliners kommt vom Valtellina, einem Alpental, das dort liegt, wo die Lombardei an die Schweiz grenzt. Obwohl dort Valtelliner, zu Deutsch Veltliner, Weine angebaut werden, hat der österreichische Paradewein mit den dortigen Rotweinen nichts zu tun.

DNA-Analysen haben ergeben, dass ein Elternteil des Grünen Veltliners der Traminer ist, der andere unbekannt. Weil die weiße Spielart des Traminers nach ampelografischen Erkenntnissen mit dem Savagnin ident ist, dürfen wir den Grünen Veltliner wie seinen Vater, den Burgunderössling, als naturalisierten Ausländer bezeichnen.

Der Name Grüner Veltliner hatte für mich von Kindesbeinen an jede Berechtigung, weil mein Vater diesen Wein lange Jahre in dem einzigen Gebinde nach Hause brachte, das in Österreich für Wein in Verwendung stand, der grünen Dopplerflasche. Von geradezu idealem Grün war der Lack jener garagengepflegten Mercedes-Benz-Limousine, die mein Vater in den Achtzigerjahren vom Direktor der Klavierfabrik Bösendorfer erworben hatte. Mit diesem eleganten Wagen bin ich in dieser Zeit durch halb Europa gegondelt. Mit dem Oldtimer konnte man getrost bis an die ukrainische Grenze fahren, Konjunktur bei den Automardern im Osten hatten da noch die frischeren Modelle aus dem Hause Daimler. Jahrelang befand ich mich in dem Irrtum, der Sechszylinder wäre der Dienstwagen des indischen Botschafters gewesen und habe ihn im Lichte dieser Vorstellung nie über 110 Kilometer pro Stunde erhitzt.

Zilkkrawattenfarben

Krawattenfarben ist traditionell der Handschuh, mit dem der ehemalige Wiener Bürgermeister Helmut Zilk den Stummel seiner beim Briefbombenattentat vom 5. Dezember 1993 zerfetzten linken Hand bedeckt. Dabei verwendet Zilk jeweils zwei Krawatten desselben Dessins. Eine davon ist zum Handschuh für seine verstümmelte Hand umgeschneidert, die Zweite trägt der Altbürgermeister geknotet überm Hemd. Die Obsorge für diese Bekleidung trägt der burgenländische Prominentenschneider Peppino Teuschler, der dem Vernehmen nach auch die Idee für dieses Textil hatte.

Das österreichische Herkommen

Wer sind wir und woher kommen wir?

Die älteste Österreicherin, eine Wachauerin, ist Afrikanerin: Die Venus von Willendorf, ein kleines, überaus rundliches Kalksteinpüppchen aus der Altsteinzeit, mit dicken Titten und ausladendem Hintern, ist die bekannteste Frauendarstellung der Welt. Die üppige Nackte hat kein Gesicht (das war vermutlich aufgemalt), ist aber gut frisiert. Ihre Coiffure besteht aus parallelen Lockenreihen. An den Handgelenken trägt die nudeldicke Dirn gezackte Armreifen. Très chic!

Farbreste legen nahe, dass die Steinfrau ursprünglich mit rotem Ocker bemalt war. Die Skulptur wurde vor 27.000 Jahren aus Kalkstein geschnitzt und 1908 bei Bauarbeiten aus dem Donauufer geholt. Der prominente Gesäßerker der Figurine nährt Vermutungen über einen Zusammenhang mit der Steatopygie der Khoisan und mit ihnen verwandter Völker. Mit dem Kunstwort für Fettsteiß bezeichnen die Anthropologen fälschlich die Ausbildung eines mächtigen Gesäßmuskels bei stammesgeschichtlich alten, vorwiegend als Jäger und Sammler lebenden indigenen Völkern, vor allem den Khoisan, (den San und Khoi Khoi im südlichen und südwestlichen Afrika), den Ureinwohnern der Andamanen im Indischen Ozean, vereinzelt auch zentralafrikanischen Pygmäen. Genetische Untersuchungen weisen nach, dass zwei afrikanische Populationen, die Mbuti-Pygmäen im Kongobecken und die Khoisan-Buschleute in Botswana und Namibia, den ältesten Zweig der Menschheit repräsentieren. Die Forscher vermuten, dass irgendwann vor 70.000 bis 140.000 Jahren aus diesen Ethnien, die heute immer noch als Jäger und Sammler leben, eine kleine Gruppe von vielleicht 2000 Individuen nach Norden zog und die heutigen Bantu sprechenden Bauernkulturen südlich der Sahara begründeten. Von hier ging die menschliche Expansion dann weiter Richtung Europa, Asien und Ozeanien, bis die Nachfahren der Khoisan schließlich Amerika erreichten.

Das Aussehen der Venus von Willendorf lässt den Schluss zu, dass frühe Vorfahren der Khoisan auf ihrem Weg zur Besiedelung der Welt hier in der Wachau vorbeigekommen sind. Mir gefällt die Idee von den Khoisan im Marillenwunderland. Wie bei der Mehrzahl der Österreicher haben auch meine Vorfahren eine ganz und gar unösterreichische Zusammensetzung. Die vielleicht doch die einzig österreichische ist. Je nachdem. Denn das eine ist vielleicht ident mit dem anderen. Wer vermeine, genuin österreichisch zu sein, werfe den ersten Punschkrapfen.

Geboren bin ich in Döbling, aufgewachsen in Schweden, Hietzing und in Bad Aussee. Dort bin ich auch in die Schule gegangen. Dort bei den Salzarbeiterkindern und in der Leopoldstadt, bei den Klosterschwestern. Dreimal dürfen Sie raten, wo's lustiger war. Und jetzt lebe ich im sozialdemokratischen Margareten, mit Ausblick auf zwei südfranzösische Platanen neben einem versunkenen Bach, der unbeholfen Mittersteig heißt. Und das Gedachte tippe ich in einem Bauernhaus in der einst keltischen Oststeiermark. Soweit ist also alles fast ganz österreichisch. Fast. Meine Eltern stammen aus Östergötland in Schweden und aus Graz in der Grünen Mark. Und ihre Eltern wiederum haben schlesische und schwedische, schwäbische, slowenische und ladinische, norddeutsche, österreichische und kompliziert kaskadiert jüdische sowie tschechische und italienische Wurzeln. Die Melange wird größer, je tiefer man den Löffel eintaucht. Viele von ihnen waren Wiener. Lebten in der Stadt, von der sich New York die Idee des Melting Pots geliehen hat. Mein hassgeliebtes Wien. Das gar nicht so heißt, wie wir sehen werden, und auch gar nicht an der Donau liegt.

Ostrik, ein seltsames Land. Selbst die hinterwäldlerischesten Spitzbergler haben seltsame Namen, die auf Deutsch nur scheinbar was heißen, wohnen in welschen und windischen Orten, unter keltischen, rätischen und illyrischen Berggipfeln, an Flüssen mit baskischen Namen. Zur Römerzeit war das, was heute in den Schulatlanten und auf Straßenkarten als Österreich ausgewiesen wird, romanisiertes Rätien, Norikum und Pannonien. Kein Austria. Nur das Mühlviertel, das Waldviertel und das Weinviertel waren sowas wie deutsch. Hier strich der Markomanne und der Quade über den steinigen Acker. Aber auch der, soviel ist sicher, war ein entfernter Nachfahre der Khoisan aus Afrika.

Weißenberg am Inn

Österreich liegt nicht an der Donau

Paris wird von der Seine durchflossen, London von der Themse, New York liegt zwischen Hudson und East River, Kairo am Nil. Und Wien? Durch Wien fließt der, äh, Donaukanal. Oder? Im Wienerwald entspringen gut zwei Dutzend Bäche, die einmal alle durchs heutige Wien flossen. Sie haben illustre Namen wie Als, Ameis- oder Arbesbach, Ottakringerbach, Nesselbach, Krottenbach, Lainzerbach oder Währingerbach. In jedem Heurigenort, draußen vor der Stadt, ereilt sie das gleiche, unwürdige Schicksal: Kaum haben sie sich an die Stadtgrenze herangeplätschert, verschwinden sie im Untergrund, mutieren zu Kanälen. Verdrängt in jedem Sinn des Wortes, fließen sie zwei weiteren Kanälen zu, der Wien und dem Donaukanal.

Auf ihrem Weg durch die Stadt bilden sie eines der ausgedehntesten und berühmtesten Kanalsysteme der Welt. Millionen Menschen aus dem Westen identifizieren Wien mit dem „Dritten Mann" und den düsteren Bildern der kanalisierten Unterwelt. Erst dann kommen Sisi und der Kaiser.

Den Donaukanal, lange Zeit angereichert durch die Mitbringsel von Wiens Toilettenspülungen, halten sie dann konsequentermaßen auch für die Donau. Das macht insofern nicht viel, als die gleichen Touristen in der Votivkirche den Stephansdom sehen und in der Universität Schönbrunn.

Bei der Urania stößt der korsettierte Wienfluss zum Donaukanal. Gemeinsam geht es jetzt zwischen Erdberg, Simmering und dem Prater Richtung Winterhafen, wo Wiens vereinigte Wasserläufe hinterm Freudenauer Stausee in die Donau münden. Der Ort hat optisch nur mehr wenig Ähnlichkeit mit einem Fluss. Kein Wunder, dass sich die Stadt hier schwer tut, metropolitan zu wirken. Die Hochhäuser bei der alten Donau profitieren immerhin vom Schwung der alten Uferlinien von Europas mächtigstem Strom. Auch wenn er den Fluss in Walzern begeigt, der Wiener hasst das Wasser. Jedenfalls das Wasser in Wien. Konsequenterweise kommt das Trinkwasser der Kaiserstadt von weit her, aus den Alpen. Die Geschichte der wienerischen Wasserverdrängung ist älter, als man zunächst vermuten würde. Sie ist keine Idee der Gründerzeit. Die Kanalisierung der Wien und die große und barbarische franziskojosephinische Donauregulierung stehen erst am Ende einer langen Reihe von Bachverlegungen und Flusskorrekturen.

Franz Joseph I, dem gemeinhin das Begradigen des Donauflusses auf Wiener Gebiet zugeschrieben wird, war nicht der erste Bachverleger. Schon Herzog Leopold VI, der als Babenberger dem entsprach, was Franz Joseph I als Lothringer Habsburger darstellte, verlegte großzügig. Leopold hatte Wien als größte Stadt des Römischen Reichs etabliert. Unter seiner Herrschaft wurde Wien erstmal vom lästigen Ottakringerbach befreit, der über Minoritenplatz und Tiefen Graben der damals noch nahen Donau zufloss. Das enge Wien brauchte Platz, der Bach wurde kurzerhand aus der Stadt gelegt. Sein Wasser wurde zur Wien und ihren vielen Mühlen geleitet. Auch die Als wechselte wiederholt das Bett. Nach jedem größeren Gewitter aus den schmalschultrigen Ufern tretend, wurden Wiens Bäche durch Bettverlegung bestraft. Da die Wiener Bäche eigentlich Gebirgsbäche sind – sie entwässern das gesamte östliche Wienerwaldgebirge – wundert es kaum, dass sie bei Unwettern zu reißenden, alles verheerenden Strömen wurden.

Dem zierlichen Wienfluss kann man heute noch während eines Platzregens beim Anschwellen zu orgiastischer Größe zusehen. Bei einer Gelegenheit hat diese Eigenschaft der Wien einer Türkenbelagerung die entscheidende Wendung beschert. Gedankt haben die Wiener es der Wien weder damals noch heute. Da heißt der Fluss wie die Stadt und dennoch entwickelt sich nicht das kleinste zarte Band zwischen Stadtbewohnern und Stadtfluss. Auch die Wien muss ab der Stadtgrenze im Gewand des Kanals fließen. Kaum in Sichtweite der Wienerstadt, wird sie denn auch flugs unter die Erde gescheucht, um angesichts soviel Imperialem nicht durch allzu Alpines, Bäuerliches aufzufallen.

Erst hinter dem Kursalon Hübner, im schattigen Stadtpark, fließt die Wien wieder oberirdisch, im hohen Korsett, versteht sich.

Der Donaukanal hingegen, die wenigsten Wiener wissen das, ist wirklich ein Kanal, er sieht nicht nur so aus. Obschon seine Uferbefestigungen dem Vorbild der Seine-Kais nachgeraten sein wollen. Zwar war hier, hart am Steilufer der Stadt, immer schon ein Donauarm von beachtlicher Größe geflossen, aber seit dem Mittelalter hatte sich das Flussprofil durch tektonische Kippvorgänge im Wiener Untergrund verändert und den Hauptstrom etwa dorthin verlagert, wo heute der Zwanzigste Bezirk liegt. Ein Rest dieses alten, in großen krummen Schwüngen durch ein mannigfaltiges Inselreich fließenden Hauptarms ist heute noch als Alte Donau sichtbar.

Die gotische Kirche Maria am Gestade und der Salzgries, jenes einst schottrige Ufer, an dem die Salzschiffe anlandeten, erinnern heute an das alte Stadtufer. Als dieser Arm im 16. Jahrhundert zu versanden drohte, wurde er zum elegant dammbegleiteten, in der Breite allerdings reduzierten Donaukanal umgebaut. Von Hand, unter der Leitung eines Conte Hoyos.

In diesem Kanal lebten Fische, gut genährt von den Fleischabfällen, die von der einzigen Donaubrücke bei Wien fielen. Die zu den Fernstraßen nach Prag und Brünn führende Schlagbrücke (Schlachtbrücke) war der traditionelle Arbeitsplatz der mittelalterlichen Wiener Fleischhändler. Schlachtabfälle und Blut wurden direkt in den Fluss entsorgt. Flussabwärts reihte sich am Leopoldstädter Ufer ein Fischgasthaus an das andere. Sie tischten wohlgenährte Hausen und Huchen auf. Kapitale Fische, die hierzuflusse zu mehreren Metern Länge heranwuchsen.

Ein Freibad im Donaukanal hielt sich noch bis in die Dreißigerjahre, heute ankert an der Stadtseite das Badeschiff, zwei umgebaute Lastkähne. Einer wurde zum Eventdeck umgebaut, der andere zum schwimmenden Swimmingpool.

Der Hauptstrom jenseits des Augartens fiel, wie erwähnt, dem römisch-imperialen Begradigungsfuror des echtesten aller Wiener, dem in Bad Ischl gezeugten Franz Joseph zum Opfer. Vom einstigen Donauurwald blieben nur die barocke Perversion zum Thema Wald, der Augarten und ein zum Volks- und Wurstelpark degradierter, der einstigen jagdparadiesischen Größe beraubter, zwickelförmiger Prater.

Von der Donau und ihren vielen Armen blieb, wie ein abgeschnittenes Glied auf dem Schlachtfeld, die heutige Alte Donau mit dem schrebergartenverbrämten Ufern Neubrasiliens auf der einen und den Strandparadiesen der Arbeiter und Straßenbahner auf der anderen Seite. Ein altes Toponym findet sich noch im Namen des öffentlichen Strandbades „Gänsehäufel". So hieß eine der zahlreichen Inselgruppen zwischen den Strömen.

An alten Flusslandschaften finden sich noch ein paar ausgedehnte Nebenarme in der Lobau und der schlangengestaltige Nachenweiher Heustadlwasser im Prater. Im ehemaligen Unterlauf des Donaukanals schwimmt jetzt neben Froschlurch das Wintersalz von Österreichs meist befahrener Autobahnpassage, der Südosttangente. In der Simmeringer Haide soll es noch den geheimnisumwitterten Seeschlachtbach geben. Von allen noch fast unberührt fließt im Süden Wiens die Liesing, die ihre Virginität nur der Lage jenseits des Zentralfriedhofs verdankt und die nach Paarung mit der Schwechat bei der Erdgasbrücke in die dort, jenseits der Stadtgrenze, schon wieder einigermaßen krumme Donau mündet.

Die Wiener Bäche und Flüsse können den Wienern also offenbar keine größere Freude machen, als Wien möglichst schnell wieder zu verlassen oder ihr Fließen überhaupt einzustellen. Sind sie doch alle Fremde in der Stadt. Außer den Schwällen der Toilettenspülungen entspringen in Wien keine namhaften Gewässer. Alle kommen sie aus der näheren oder ferneren Fremde. Wo Zuschütten nichts half, wurden sie überdacht und kanalisiert; wo es ihre Breite unmöglich machte, begradigt oder gestaut.

Das Inundationsgebiet, beliebter Fußball- und Abenteuerspielplatz früher Kindertage, an dem sich wenigstens zu Überschwemmungszeiten vermehrt Wasser oder der seltene Eisstoß aufhalten durften, ist mittlerweile auch verschwunden. An die Stelle der kilometerlangen Kunstuferebene sind Donauinsel und Neue Donau getreten, ein Stausee, der nach Auskunft der städtischen Verantwortlichen sogar das zehntausendjährige Hochwasser sicher aus der Stadt leiten wird. Der längste innerstädtische Strandkomplex der Welt ist zwar schon bei viel kleineren Flutungen bakteriologisch für Monate versaut, aber die Gefahr der Stadtnasswerdung kann als gebannt betrachtet werden.

Wiens wichtigstes Gewässer ist ohnedies ganz wo anders lokalisiert. Im Selbstverständnis der Wiener ist die Primadonna Assoluta Aquatica der Hochstrahlbrunnen am Schwarzenbergplatz, der, einst zur Feier der ersten Wiener Hochquellwasserleitung errichtet, dem Denkmal des russischen Rotarmisten huldigt. Hier ejakuliert die Wienerseele aus der Sicherheit des Untergrunds auf das ferne Russland. Auf jene Befreier, die die kollektive Erinnerung so fälschlich wie genüsslich zu marodierenden Gefängniswärtern degradiert. Hinter Hochstrahlbrunnen und Denkmalrussen sitzt der Pass-Schweizer und tschechische Außenminister Fürst Schwarzenberg in seinem Familienpalast und sortiert die Schlüssel zu seinen Schlössern. Wenn er nicht am Hradschin weilt und mit halbgeschlossenen Lidern der trägen Moldau zunickt.

Mehr als die Wiener kann man gar nicht gegen das Wasser tun, so scheint es. Und doch ist das Ende der Wasserfolter nicht abzusehen. Die Stadteltern und ihre elektrischen Berater waren nicht faul in den letzten Jahrzehnten. Statt Hainburg, jenem Debakel, das Naturschützer, Studenten und die sich damals formierenden Grünen der betonaffinen und aus allen politischen Fugen krachenden sozialdemokratischen Regierung Sinowatz zufügte, wurde ein anderer Stausee verwirklicht.

Der letzte Rest einer fließenden Wiener Donau wurde auf der Höhe der Freudenau, dem südlichen Zipfel des Praters, zur Energiegewinnung gestaut. Günther Nenning, damals noch das publizistische Restgewissen des Landes, nannte die Cloaca Danubia in seiner, um Deutlichkeiten nie verlegenen Art, den „Klosee". Die Tote Donau.

Dabei liegt und lag Wien gar nie an der Donau. Und auch Linz nicht. Nicht Bratislava, nicht Budapest, nicht Beograd. Die habsburgischen Schicksals-Städte liegen seit jeher am Inn.

In der bayerischen Bischofsstadt Passau fließen drei Flüsse zusammen. Die träge, aus dem schwäbischen Alpenvorland daherplätschernde Donau, die kleine bayerische Ilz und der unbändige rätische

Inn. Für Passauer war es seit jeher ein offenes Geheimnis: Nicht der Inn fließt hier in die Donau, sondern genau umgekehrt, diese nämlich in den breiteren und wasserreicheren Inn. Trotzdem verliert der Inn hier seinen Namen an die Donau. Das war aber nicht immer so. Wie so oft ist auch diese Geschichtslüge römischen Ursprungs.

Schon die antiken Geografen haben bei der Erwähnung der großen Flüsse nach deren Ursprung gefragt und mehr oder weniger bestimmte Meinungen dazu aufgestellt. Herodot nimmt als Ursprung des heute Donau genannten Hister die Stadt Pyrene „im Lande der Kelten" an. Diese Angabe mutet dunkel und mehrdeutig an, immerhin denken wir bei der Silbe „Pyr" unweigerlich an die „Pyrenäen" in einer ganz anderen Ecke Europas.

Die antiken Autoren bezeichneten aber auch die Alpen so. Der uralte Wortstamm „pyr" lebt noch in unserem Berg und verwandten Wörtern fort. Gänzlich gelöst ist der sprachliche Kuddelmuddel, wenn wir die römerzeitliche Bezeichnung für den Brennerpass heranziehen: Mons Pyrenäus. Auch im steirischen Pyhrn, dem gleichnamigen oberösterreichisch-steirischen Grenzpass, dem Großen Pyhrgas und dem Großen Priel im Toten Gebirge lebt dieser, vermutlich vorindoeuropäische Wortstamm fort. Und hieß nicht die perfekte Abstraktion zum Thema, der künstliche Kult- und Grabberg der alten Ägypter, „Pyramide"? Mit dem Ausdruck „Pyrenäen" bezeichnete man also das Gebirge. Die griechische Silbe pyr (Feuer), von dem auch unser Feuer, der lateinische Furor und ähnliche Begriffe abstammen, aber auch unser Brand, spannt einen Bogen quer durch Europa. Pyrenaeus und Brenner bezeichnen gar denselben Alpenpass.

Einem uralten Gepyrge entspringt unser Inn, in den, von den hier seit vorgeschichtlichen Zeiten wohnenden Rätern so genannten „Alpen". Als Inntal dürfte in antiker Zeit das Tal bis zum Malojapass (im heutigen Schweizer Kanton Graubünden) hinauf betrachtet worden sein. Dieses Tal hieß damals wie heute Engadin oder Engiadina. Das Wort kommt vom rätoromanischen „en co de ina", „Kopf des Inn", was impliziert, dass der Körper zu diesem Kopf ebenfalls romanisch-rätisch bevölkert gewesen sein muss. Einer anderen Lesart nach ist das Engiadina schlicht der „Garten des Inns".

Wenn wir dem Inn oder En flussaufwärts durch Unterengadin und Oberengadin folgen, gelangen wir an Samaden, dem Hauptort des Oberengadins vorbei, nach San Murrezzan, das Jet-Set-Kundigen als St. Moritz bekannt ist. Hier fließt der Inn durch den Sankt Moritzer See, den Lej da San Murrezan. Dann folgen der kleine Champfersee, der Lej da Champfer und schließlich Silvaplaner- und Silsersee der Lej da Segl mit dem Passort Maloggia (Maloja) an seinem äußersten Ende. Den Ausfluss aus dem Lej da Segl nennen die Rätoromanen „Chieau d'En", Kopf des Inn und deuten damit an, dass sie genau hier den Beginn des Inns orten. Damit befinden sie sich in der Gesellschaft der antiken Autoren, die als Flussursprünge Seen bevorzugten, „aus deren sicheren Behältnis, von den kleinen Gewässern gespeist, der Fluss seinen Ausgang nimmt." In diesem Sinne hat etwa Strabo den Bodensee als Ursprung des Rheins verstanden.

Welcher der Zuflüsse des Lej da Segl, des Silsersees, jenseits der antiken Denkschule als pueriler Inn gelten darf, ist lange Gegenstand verschiedener Deutungen gewesen. Die von den Gletschern der Bernina (Pyrnena) gespeisten Bäche münden alle in die östliche Breitseite des Silsersees. Als junger Inn gilt heute der steil stürzende Hochgebirgsbach Ova d'Oen (Aqua d'En), der sich, vom Lunghinsee oder Lägh dal Lunghin unterhalb des Piz Lunghino kommend, bei Maloja, dem äußersten Ende des Engadins, in den Silsersee ergießt. Da oben, unterm Piz Lunghino, liegt die dreifache Wasserscheide zwischen Adria, Nordsee und Schwarzem Meer.

Warum wir auf der Suche nach der österreichischen Oberfläche hier im rätoromanischen Hochgebirge herumstolpern? Weil der Hauptfluss des Landes hier entspringt. Der gute alte Inn.

Das Wort Inn, römisch Oenus, griechisch Ainos, rätoromanisch En, entstammt einem keltoillyrischen, wahrscheinlich aber noch älterem „an", „en", „in" mit der Bedeutung „fließt". Hierzu gehört auch das irisch-keltische „am", Wasser, Fluss.

Die indoeuropäische Präposition an, anu bedeutet allgemein „an". An etwas hinauf, an etwas entlang, auch das sanskritische Sindh (Strom, Fluss), von dem sich der Indus und der Name der Hindus, der Bewohner dieser Stromlandschaft ableiten, gehört zu diesem Urstamm „in". Wenn wir die Begriffe Strom, Fluss, Bach noch weiter abstrahieren, kommen wir zum Innesein, zum Drinsein. Im Tal, im Gelände. „In" der Mutter Erde. Davon hat der Inn sein männliches Geschlecht.

Von allen Flüssen keltisch-illyrischer Nomenklatur trägt der Inn das Urwort „in" bar jeder Ergänzung. Er muss also länger sein als die 510 Kilometer von Lunghino bis Passau. Einzig noch der Indus trägt seinen Namen so stolz und beinamenlos. Große andere keltische Flüsse wie die Rhône (römisch Rhodanus), der Rhein (Rhenus), die Seine (Senona) und der Po (Padanus) bescheiden sich damit, nicht der Fluss zu sein.

Wie kommt es nun, dass der Fluss der Flüsse bei Passau (das Castra Batava der Antike) seinen Namen an die Donau verliert? 15 v. Chr. besetzt Rom zur Sicherung seiner Nordgrenze das schon seit einem Jahrhundert in einem Königreich keltischer Stämme geeinte Noricum (das in etwa dem Gebiet des heutigen Österreich entspricht), vermutlich kampflos. 1939, fast zwei Jahrtausende später sollte es im Grunde nicht anders sein. Die heutige Donau wird Grenze des Römischen Reichs, der Unterlauf des Inn jene der Provinzen Raetia und Noricum. Ab dem heutigen Wien, das in antiker Zeit noch die Grenze zwischen den keltischen Norikern und den schon thrakischen Pannoniern markierte, hieß der Fluss Hister oder Ister, thrakisch Istros. Das ähnelt nicht zufällig dem Namen der adriatischen Halbinsel Istrien. Hier vermuteten die Griechen nämlich den Ursprung des Istros.

Der Istros wird bei Hesiod als Sohn des Okeanos und der Tethys bezeichnet *(Theogonie)*, etymologisch lässt sich Istros auf die keltischen Worte ys (schnell, reißend) und ura (Wasser, Fluss) zurückführen. Im Bereich des früheren keltischen Siedlungsgebietes leiten sich, neben den alten Namen der Donau, eine Reihe von weiteren Namen für andere Flüsse von diesem Wort ab, so die Iser (Ji-zera) im tschechischen Riesengebirge, die Isère in den Savoyer Alpen, die Isel in Tirol, die Ijssel, ein Mündungsarm des Rheins, der Isarco (deutsch Eisack), der zweitgrößte Fluss Südtirols, und der Münchner Hausfluss, die karwendelgebürtige Isar.

1996 feierte das republikanische Österreich das Millenium der ersten urkundlichen Erwähnung seines Namens Ostarrîchi. Etwas windschief wird der Begriff heute mit „Österreich", Reich im Osten, übersetzt. Das Ländchen um die Wachau war aber alles andere als ein Reich. Einige vermuten deswegen, dass sich der Name vom Fluss ableitet, an dessen Ufern sich dieses frühmittelalterliche Ostarrîchi befunden hat, dem Fluss Hister. Aus Ister, Hister, sei im Laufe der Zeit über Vister, Oister unser „Öster" geworden. Karolingische Urkunden kennen das sonnige Ländchen als Vistarrichi. Kirchenlateinisch hieß die Wachau, also die Keimzelle dessen, was sich einst zu Österreich aufblähen sollte, stets Austria. Hätte Österreich nicht Regnum Orientalis heißen müssen? Wie denn, es war vielleicht reich, aber alles andere als ein Reich. Das Land der Musikanten und der Stadeln ist kein Reich im Osten, sondern das Histerreich, eine Herrschaft am Fluss Hister.

Warum der Inn seinen Namen verlor, hängt mundanerweise mit der Notwendigkeit zusammen, die Nordgrenze des Römischen Reiches an ein kontinuierliches Flussufer zu legen. Auch die römische Idiosynkrasie des Gerademachens mag hier eine Rolle gespielt haben. Außer der Hauptstadt Rom war das Imperium durchwegs mit dem Lineal geplant.

Die Sprachgrenze, die hier, ähnlich wie beim ehemaligen Eisernen Vorhang bald entstand, förderte die Histrifizierung des Inn. Die antiken Geografen überlieferten den Sachverhalt im Grunde bis in heutige Zeit, und so heißt es eben von Passau bis zum Schwarzen Meer „Donau" und nicht das Wasser, Inn.

Keltisch-norische Geschichtsschreibung aus dieser Zeit könnte uns in dieser Frage weiterhelfen, doch die Kelten, das erste relativ homogene Österreichervolk, waren keine Schreiber.

Woher der heutige Name Donau für den ganzen langen Fluss, von der Vereinigung von Breg und Brigach bei Donaueschingen bis ins Delta im fernen Pontos Euxeinos kommt, muss noch geklärt werden.

Etymologisch gesehen, ist Donau aus dem sarmatischen Dan, Don (Fluss, Strom) entstanden, so wundert es auch kaum, dass es im Osten keinen größeren Fluss gibt, dessen Name sich nicht davon ableitet. Der Don (griechisch Tanais), tatarisch Tuna, Duna (!), der Urs-Don (Weißer Fluss), der Kisil-Don (Goldfluss) fallen zuerst ins Auge. Aber auch der Donez (kleiner Don), ein Don-Zufluss, gehört in diesen Namen-Cluster. Schwerer erkennbar sind Verwandte wie der Dnjestr (griechisch Danaster), der mittelalterliche Grenzfluss zwischen Polen und Osmanischem Reich, der für die Slawen auch unter Slawutitsch (Slawischer Fluss) firmierende Dnjepr (der spätantike

Danaper), wörtlich das Große Wasser. Die erwähnten Flüsse sind für europäische Verhältnisse von beachtlicher Größe, womit die indoeuropäische Silbe „dan" für stark fließendes Gewässer durchaus einleuchtet.

Der Inn/Ister dürfte seinen Namenswechsel den nomadisierenden, Persisch sprechenden Skythen und Sarmaten verdanken, die ihren heimatlichen Flussnamen Don (der antike Grenzfluss zwischen Europa und Asien) hier einbrachten. Aus Don und einem heute unscharf sichtbaren Epitheton, das von der germanischen Endung au, ouwe stammt und nichts anderes heißt als Aue, Fluss. Aus der Don-Aue wurde das römische Danuuius, Danubius und über althochdeutsch Tuonouw und mittelhochdeutsch Tuonouwe allmählich unser heutiges Donau. Der Donau, eigentlich.

Wenn nun Inn/Istros vom sarmatischen Flussnomen Donau nur überlagert wurde, müssten sich doch eigentlich sprachliche Überreste der Silbe Inn, In, An flussabwärts vom Engadin, dem Inngarten, noch finden lassen. Und das ist tatsächlich der Fall.

Im Oberinntal, schon auf Tiroler Boden, finden sich eine Menge Orte, die die Flusssilbe In enthalten, am offensichtlichsten ist das bei Imst.

Innsbruck, die Brücke über den Inn, hat seinen Namen natürlich vom Inn, das lateinische Oenipons ist aber erst die Übersetzung des deutschen Innsbruck und nicht umgekehrt. Das antike Oenipons lag bei Rosenheim, wo aus Pons Oeni direkt das heutige Pfunzen entstand. Hingegen leitet sich der alte Innsbrucker Stadtteil Wilten vom römerzeitlichen und damit rätoromanischen Veldidena, Inntal, ab.

Die meisten Fluss- und Ortsnamen des Unterinntals sind fast alle bayerisch-schwäbischen Ursprungs. Aber, wie unschwer zu erkennen ist, steckt auch in Wattens, Terfens und Stans das alte En, An. Der Jenbach (Innbach) ist sogar eine germanisch-keltische Tautologie.

Hinter Passau verlieren sich naturgemäß die sprachlichen Hinweise auf den Inn. Schon tief im Oberösterreichischen macht aber die Donau ihre berühmte Schlinge, sie ändert ihre Laufrichtung um 180 Grad. Allen Sarmaten und Histerreichern zum Trotz hat sich dort der Ort Innzell gehalten. Und es wird noch Inniger, wir finden gar einen Innbach. Die Silbe „in/en" steckt denn auch in Linz (keltisch Lentia). Keltisch sind auch die alten Innzuflüsse Truna (Traun) und Anisa (Enns).

Der keltisch-illyrischen Siedlung Vedunia, Vedunis (Waldbach) verdankt die Wieden ihren Namen, sie ist der heutige Vierte Wiener Gemeindebezirk. Dieses Örtchen am Flusse Wien meinen die Tschechen heute noch, wenn sie „Videň" sagen. Und vermutlich heißt die ganze Stadt, im Wienerischen und Französischen noch immer diphtongiert, „Wean" und „Vienne" ausgesprochen, nach der Wien oder Wieden, der keltischen Vedunia.

Aber es gibt noch eine andere schlüssige Erklärung für den Namen Wiens. Das hier noch immer unter dem Pflaster der Innenstadt liegende befestigte Römerlager Vindobona hat seinen Namen von der viel älteren keltischen Zivilsiedlung gleichen Namens. Jahrzehntelang wurden Wiener Schulkinder darauf trainiert, den Namen auf der ersten Silbe zu betonen, um einen etwas kruden Zusammenhang herzustellen, zwischen Vin (Wein) und Dobona (das wohl dem Wort Donau ähneln sollte). Hier irrten Generationen von Wiener Lehrern. Das keltische Vindobona kommt nämlich von Vindo Bona, von den Bezeichnungen vindo für hell, weiß, glänzend und bona (oder bonn) für Berg, Burg.

Vindobona heißt also, wörtlich übersetzt, Weißenberg.

Wien an der Donau ist im Lichte der erörterten Erkenntnisse in Wahrheit Weißenberg am Inn.

Sehr wahrscheinlich ist dieser Weißenberg die Höhensiedlung auf dem 1693 zum Leopoldsberg umgetauften Kahlenberg, auf dem eine keltische Burg nachgewiesen ist, die sich bis in die Zeit der Urnenfelderkultur (um 1300 v. Chr.) zurückverfolgen lässt. Erstmals wurde der Weißenberg, der „Vindobona" um 1130 in einer Urkunde als „de Chalwenberge" erwähnt. Er erhielt seinen Namen durch den kahlen Felsabhang zur Donau hin, vielleicht auch durch den aus Verteidigungsgründen oben kahl gehaltenen Burgberg. Der kahle, der weiße Berg ist das älteste Wien. Es sicherte einen uralten Übergang über den hier in dutzende Flussarme aufgefädelten Strom.

Die Konsequenz aus diesen historischen Betrachtungen: Mit Wien-Weißenberg liegt nicht nur die Bundeshauptstadt von Histerreich am rätoromanischen Inn, sondern gleich auch noch eine Reihe alter Städte: Landeck, Imst, Innsbruck, Hall, Schwaz, Kufstein, Rosenheim, Braunau, Schärding, Passau, Linz, Ybbs, Melk, Krems, Klosterneuburg und Hainburg.

Von den Metropolen Bratislava, Budapest, Novi Sad, Belgrad (das ebenfalls Weißenberg heißt) und eigentlich auch Bukarest ganz zu schweigen.

Historische Begriffe wie die Donaumonarchie dürfen wir getrost in Innenmonarchie überführen, der Kern des alten Wien, historisch gesehen am Steilufer des Inn gelegen, wird richtigerweise zur Innenstadt, am Innenkanal gelegen. Aber auch andere Toponyme sollten unter ihrer wahren Bezeichnung nicht leiden. Aus der Donauinsel wird die Inneninsel, die Beamtenstadt der UNO und die Hochhäuser der transdanubischen Skyline müssten über eine Nachbarschaft zum Alten Inn nicht unglücklich sein.

Die Namensgeber des Inn-Undationsgebietes, des mittlerweile verschwundenen Überschwemmungsgebiets der ersten Donauregulierung, haben indes immer schon gewusst, an welchem Fluss sie sich hier zu schaffen machen.

Die Wohnung im dritten Stock

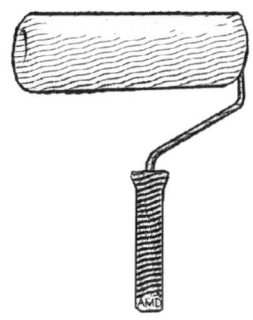

Meine erste Wohnung. Klamm stand ich vor ihrer billigen Eingangstüre. Nie hatte sie Reichtümer beschützt. Kein Gold und kein Geld. Keinen Schmuck und kein wertvolles Mobiliar. Keinen Perser und keinen Klimt. Dennoch muss eine schwere Kieferntür, die hier mal angeschlagen war, irgendwann zwischen 1933 und 1955 eingetreten worden sein. Und ausgetauscht gegen diese schlichte und dünne, aus gehobelten Fichtenbrettern gezimmerte, mit zahnfarbenem Lack bemalte.

Die Türe meiner ersten Wohnung erinnerte mich an die schlichten Portale der Wiener Gemeindebauwohnungen. Auf Augenhöhe war eine blecherne Drehklingel eingeschnitten. Daneben ein visitkartengroßes Sichtfensterchen aus Aluminium. Irgendwann zwischen Dollfuß und Staatsvertrag muss diese Türe hier eingebaut worden sein. In der nationalen Zeit, wie sie meine Tante, die Rodelweltmeisterin, genannt hatte. Die nationale Zeit, wie sie Dollfuß und Bürgerkrieg, Hitler, die Nazis und ihren Krieg genannt hatte. Die nationale Zeit. Mit einer Mischung aus Bewunderung und Abscheu hatte sie das gesagt. Wenn ich sie fragte, wie denn das damals gewesen sei, deutete sie auf ihr Ohr. „Ich höre dich nicht", hatte sie dann gesagt. „Ich höre dich nicht, Kindchen, ich bin in Sankt Moritz auf das Eis gefallen."

Der Schlüssel, mit dem ich meine erste eigene Wohnung aufschloss, zitterte in meiner Hand, ich war aufgeregt. Man musste die

Türschnalle leicht anheben, um den Riegel zu bewegen. Ich sollte all die Jahre die Einzige sein, die diese Türe je aufsperren konnte. Es war ein einfacher Schlüssel. Ein Bartschlüssel, wie sie Schranktüren haben. Und Abstellräume. „Die Wohnung hat einen Haken", hatte es geheißen. „Welchen Haken?" Die Wohnung hat keine Heizung und sie ist möbliert. In der Wohnung roch es streng. Der Eiskasten hatte schon zu leben begonnen. Die Luft stand in den drei Räumen. In der Küche, es war der erste Raum, starrte Geschirr in der Spüle. Rechaudhäferl und abgestoßene Gläser. Die Küchenkästen hatten einen Teint aus aufgenageltem Resopal und brüchiger Folie, die sich an den Ecken zu klebrigen Eselsohren aufkringelte. Über alles hatte sich die dicke fahle Patina gelegt, die entsteht, wenn über viele Jahre Fettschwaden und Nikotin kondensieren und mit Aschestaub und Ruß bestäubt werden. Zwischen dem Grind gab es glänzende Stellen. Wie kleine blanke Lichtungen. Dort, wo müde alte Hände Kästchenecken abgegriffen und mit dem Küchenhangerl den Milchkaffee aufgewischt hatten.

Der Ort hatte etwas ungemein Trauriges. Und diese Traurigkeit mischte sich mit der Euphorie, mit der ich in meine erste eigene Wohnung gedrungen war. Es war ein Dringen. Noch war das hier nicht meine Wohnung. Noch war das die Wohnung der beiden alten Leute, die hier bis vor einem halben Jahr gelebt hatten. Sie waren beide gestorben, am selben Tag, hatte man mir erzählt. An zwei verschiedenen Krankheiten, in zwei verschiedenen Krankenhäusern.

„Ich bin froh", hatte mir die neue Nachbarin gesagt. Durch die halb geöffnete Nachbarstüre. Wann immer ich den Schlüssel hier ins Schloss stecken würde, in den nächsten fünfzehn Jahren, würde sie durch ihren Türspion nach dem Rechten sehen. Dann so tun, als würde sie zufällig am Gang zu schaffen haben. Mir einen vorbereiteten Becher Joghurt oder ein vorbereitetes Achtel Butter überreichen und behaupten, sie hätte zu viel eingekauft.

„Ich bin sehr froh, dass Sie da sind", hatte Frau Siegl gesagt, „man ist hier einsam im dritten Stock, hier hört einen niemand. Es ist gut", frohlockte sie, „dass Sie da sind." Hier hört einen niemand? Wie hatte sie mich gehört? Wie hatten die Leute im zweiten Stock, die Leute im ersten Stock und die Leute im Erdgeschoss mich hören können? Hinter jeder dieser Türen hatte ich es rascheln gehört. War es ein anderes Nichthören, von dem sie sprach? Noch war ich nicht ins Wohnzimmer vorgedrungen, den zweiten Raum. Ich hatte Angst, etwas zu sehen, dessen Anblick mir nicht gehörte. Wie schafften das Einbrecher? Wie schafften sie es, den Damm an Schamfurcht zu durchbrechen, der fremde Wohnungen wie diese so unbetretbar macht? Ich taumelte durch ein unsichtbares Moor aus Depression. Dann drückte ich die Türe ins Wohnzimmer auf. Eine dicke braune Türe. Oft getüncht, schwer und alt. Das Wohnzimmer war durchwühlt worden, Kleider lagen auf dem Boden. Die benutzte Doppelbetthälfte sah aus, als wäre jemand gerade erst aufgestanden. Die dicke Tuchent lag zurückgeschlagen, das Bett schien mir wie eine weiße Wunde, die sich nie wieder geschlossen hatte. Schranktüren standen offen. Unterwäsche war durchsucht worden. In der Ecke klaffte ein schwarzes Loch. Hier hatte jemand den Ofen mitgenommen. Waren das die Erben gewesen? Welche Erben nehmen einen jämmerlichen Ofen mit? Ich bewegte mich auf unsichtbaren Korridoren durch den Raum. So ist es doch in einem Raum, unsichtbare Wege verbinden Orte verschiedener Wichtigkeit. Vom Bett zum Öfchen, vom Öfchen zum Klo am Gang. Vom Klo am Gang zum Waschbecken, vom Waschbecken zum Handtuch an der Tür. Vom Handtuch an der Tür zum Bett. Es gab zwei Fenster in diesem Raum. Aber nur eines, das man öffnen konnte. Das andere war jahrzehntelang verschlossen geblieben. Das Blumenfenster. Braunes Gebüsch stak in trockenen Töpfen.

Es roch hier nach vielen Dingen. Es stank nach toter Luft. Nach dem süßlichen Gift der Mottenkugeln. Und aus dem Kamin rann der beißende Geruch von Hausbrand. So hatte ich die kalte Winterstadt als Kind kennen gelernt. Ich nannte es die schnürende Luft.

Die tote Wohnung im dritten Stock war hell. Und trotzdem kam ich mir vor wie in unter Tag. In diesem Bergwerksstollen der Erinnerungen ging mir schon die Luft aus. Noch fünf Minuten gab ich mir. Zwei Minuten für den dritten Raum, zwei für den Rückweg, eine fürs Versperren der Wohnung.

Bis jetzt hatte ich nichts angegriffen, die Türen nur mit dem Fuß aufgestoßen. Und doch kam ich mir schmutzig vor. Die dunkle graue Hand fremder Erinnerung hatte mir übers Gesicht gestriffen. Das dritte Zimmer. Es war bis zur Decke angeräumt. Tausende Flaschen. Hunderte Bretter. Keine einzige Zeitung. An die Innentüre hatte jemand mit Bleistift Striche gekritzelt. Diese Striche, wie man sie aus Gefängnisfilmen kennt und, wenn man im Gefängnis war, aus der eigenen Anschauung. Vier in einer Reihe und ein Fünfter quer durch. Der vermüllte Raum war irgendwann das Kinderzimmer gewesen. Jetzt hatte ich auch die ahornsamenförmige Flügelschraube entdeckt, mit der man diese Tür von außen versperren konnte. Am Gang knarrte es, als ich die Wohnung verschloss. Frau Siegl lugte aus ihrer aufgeräumten Suite. Ich bin so froh das jemand hier wohnt. Jemand. Nicht „ich", nicht „Sie". Jemand. Frau Siegl mit ihrer schnarrenden deutschen Stimme rumorte hinter der halboffenen Türe. „Einen Moment", gluckste sie mit singender, sägender Stimme. „Hier habe ich ein Joghurt. Ich möchte es nicht wegwerfen. Wenn Sie es doch bitte nehmen möchten!" Jog Hurt. Jog Hurt sang sie, als wäre es aus dem Libretto des Land des Lächelns.

Ein Tag war vergangen. Ich hob die Schnalle meiner Eingangstüre, als hätte ich es schon tausende Male gemacht, drehte den Bart im Schloss, öffnete das dünne Türchen und betrat die fremde Wohnung. Diesmal hatte ich Handschuhe an und Müllsäcke dabei. Mein Vorhaben hatte etwas Österreichisches. Ordnung zu machen, wo eine Ordnung schon war. Das Andere durch das Eigene zu ersetzen.

Die Arbeit ging leicht von der Hand. Und von der Hand in den Sack. Bald hatte ich viel vom Wald der fremden Erinnerung gerodet. Herr und Frau Resch hatten hier dreißig Jahre gelebt. Nicht viel länger, als ich selbst in diesem Haus im zweiten Bezirk gelebt hatte. Die Wohnung meiner Eltern lag einen Stock tiefer. Herrn und Frau Resch habe ich in all dieser Zeit vielleicht hundert Mal gesehen.

Gehört hatte ich sie jeden Tag. „Frau, geh her da!", hatte Herr Resch befohlen. Mit seiner knarrenden tiefen Stimme. Was ich auch wahrgenommen hatte, war der Reschen Angst vor dem Veitschi. Als der hundertjährige Fassadenwein schon den ganzen Innenhof mit seinen satten grünen Blättern bedeckt hatte, war einzig die Wohnung der Reschen noch frei geblieben.

Hundertwasser hatte da gerade sein Fensterrecht proklamiert, in der monströs populären Sendung „Wünsch dir was!" Ich wünschte mir, der Veitschi möge überall hinwachsen und die letzte graue Ecke unseres Hofs mit seinen dreizackigen Blättern bedecken. Auch dort, wo das hundertwasserische Fensterrecht der Reschen galt. „Da ziagtsas Ungeziefer auffa", hatte der „Geh-her-da-Resch" immer gesagt. Und so wuchs der nicht zu ihnen rauf. Hatte ich gedacht. Und jetzt hatte ich das Instrument entdeckt. Den Veitschi-Apparat. Einen langen Besenstiel, auf den die Reschen eine Malerspachtel montiert hatten. Damit hatten sie sich den Veitschi vom Leib gehalten. Aus Angst vor dem Ungeziefer. Aus Xenophobie vor der asiatischen Pflanze. Aus Weinviertlerwut auf die nichttragende Rebe. Ich nahm den Veitschi-Abhalter zur Hand und strich damit über das Damastmuster der Tapete. Ratsch machte der Veitschi-Spachtel und riss eine Narbe in das Wandpapier. So weit war ich ja noch gar nicht mit der Conquista dieses Apartments. Die Tapeten wollte ich in Ruhe herunterholen, in der singulären Einsamkeit der ausgeräumten Leere. Und jetzt riss ich an den Tapeten wie ein barbarisches Reh am Bast. Über den Wald an Erinnerung hingen jetzt die Streifen der Wandverschönerung.

Ich ahnte, die Wände hatten sich oft kleiden müssen, hier oben. Die Reschen hatten alles zukleistern müssen mit der braunroten Damasttapete. Die Erinnerungen vor den ihren.

Bald hatte ich zweihundert Säcke voll geräumt mit der Reschen Habe. Wäsche brachte ich zur Caritas. Flaschen warf ich in die Glascontainer, Holz stellte ich in den Keller zum modern, für alles hatte ich einen Entsorgungsort gefunden. Es waren die Achtzigerjahre, die Mülltrennungszeit war angebrochen.

Ich war erstaunt über die Rohheit, mit der ich hier ans Werk gegangen war. Respektlos hatte ich weggeworfen, was mir nicht gehörte. Nur einmal hatte ich innegehalten, so etwas wie Rührung hatte sich in mich geschlichen. Das war, als ich den Wäscheschrank der Frau Resch ausräumte. Frau Siegl, die Nachbarin, wusste, was es damit auf sich hatte, während sie mir ein Jog Hurt überreichte. Wenn der Resch seinen Zornanfall hatte, „weil ihm die Frau nicht zur Hand gegangen war", hatte er ihren gesamten Wäscheschrank ausgeräumt. Jedes Regal. Jede Lade. Alles mit dem ausgestreckten Arm herausgeholt und auf den rotbraunen Linolboden geschleudert.

Frau Reschens Kastenhabe habe ich nicht in einen schwarzen Sack gestopft. Ich habe sie in weißes Papier geschlagen, wie man es in Putzereien tut, mit der frischen Wäsche. Und ich habe diesen Packen die Eleganz einer separaten Caritaseingabe angedeihen lassen.

Neben Frau Reschens Schrank stand der ihres Gatten. Der Gatte, so sagen es die Österreicher. Der Gatte und die Gattin. Nicht Josef und Anna, Franz und Maria, Heinz und Elfriede. Der Gatte und die Gattin. Gatte Resch hatte minutiös Mitgliedsmarken geklebt. In die kleinen roten Büchlein der Sozialistischen Partei. Ich fand seine Parteibücher neben seinen Sonntagskrawatten.

Josef Resch war stolzer Eisenbahner gewesen. Er hatte keinen einzigen Zug entgleisen lassen. Dafür aber seine Seele. Statt seinen Vorgesetzten die Schreibtische abzuräumen, war er dem Wäschekasten seiner Frau zu Leibe gerückt. Herr Resch war ein kleiner Mann gewesen. Die Uniform, die ich in seinem Schrank gefunden hatte, war die eines festen Mannes. Genau genommen war Resch nicht klein, Resch war kurz gewesen. Man hatte ihn frühpensioniert. Aber einmal Eisenbahn, immer Eisenbahn. In seiner Pension, so fand ich es in seinen Papieren, war Josef Resch Mitarbeiter bei einer Nebenstrecke geworden. Streckenwärter.

Bei der Liliputbahn im Prater.

Bald war die Wohnung besenrein, wie der Österreicher sagt. Besenrein, das so heißt, weil es die Reinlichkeit des Besens zum Ursprung hat. So hat es der Österreicher gerne. Besenrein. Nicht aufgewaschen, nicht sauber. Besenrein. Aufgekehrt. Mit dem Schäufelchen gebückt. Und so war ich nun zu meiner eigenen Österreicherin geworden. In dem ich es mir mit dem Reinebesen besenrein gemacht hatte.

Aber ich bin keine Österreicherin. Weder familiär noch gedanklich. Besenrein war mir zu wenig. Ich wollte hinter die Kulissen sehen. Ich hatte begonnen, Bühnenbild zu studieren, an der Akademie am Schillerplatz. Ohne es zu wissen, saß ich vier Jahre in ebenjenem Saal, in dem der Oldenburger Historienmaler Christian Griepenkerl 1907 einen jungen oberösterreichischen Postkartenaquarellisten wegen „ungenügender Probezeichnungen" hatte durchfallen lassen. Eine Fama will wissen, dass sich der durchgeknallte Maler während der Wartezeit am Terrazzoboden des Theophil-Hansen-Baus in die dort mäandernden Hakenkreuze verschaut hatte.

In der Akademieklasse, die Adolf Hitler nicht gewollt hatte, lernte ich, wie man Wirklichkeiten konstruiert, Oberflächen erlügt, wie man den schönen Schein erfindet, den hässlichen Schatten erzeugt. Aber hier, wo ich wohnen wollte, hier wollte ich an den Grund gehen. In aller Naivität, die in mir steckte. Ich wollte diese drei Zimmer dort hinbringen, wo sie hundertvierzig Jahre vorher vom sedierten Vormärz in die unruhig bunte Hölle der Gründerzeit gestartet waren.

Besenrein waren diese drei Zimmer. Nichts erinnerte mehr an die Resche. Nur ihre Veitschispachtel war geblieben. Und mit der begann ich nun, die Schichten abzutragen, die Vormieter und Vorvormieter hier an die Wände getüncht hatten.

Unter den reschischen Brokattapeten und dem dünnen Leim, mit dem sie an die Wand gepappt waren, lag eine seifige Schicht, weiß wie getrocknete Sauermilch. Und darunter eine graue kalkige und unter jener eine dottergelbe und darunter wieder eine eisblaue. Alle zehn Jahre, so dachte ich es mir, hatten sich diese Räume eine neue Identität geben müssen. Und so kratzte ich mich durch die Zeiten. Mit der Veitschispachtel. Auf einer dünnen Leiter stelzend. Manchmal gingen die Schichten in Paketen ab, fielen wie Schiefer aus dem Fels, manchmal lösten sie sich einzeln, wie die Blätter eines vertrockneten Folianten.

Am leichtesten hatte es mir das Kabinett gemacht. Ein schmaler Raum, ganz hinten. Gerade mal so groß, um darin ein Bett aufzustellen. Dafür war er ja auch vorgesehen. Das Bett aufzustellen. Für den Bettgeher, den Untermieter, den Onkel, die Großmutter, die Kinder. Wer auch immer der Separation bedurfte. Das Kabinett ist nicht oft getüncht worden. Hier war ich am schnellsten zum vormärzlichen Grund vorgestoßen. Ein glatter Putz, von guten Handwerkern aufgetragen. Auf den hatte der Maler Ornamente gewalzt, Girlanden, Blattwerk, einen zarten Strich. Feine, stille Pracht für ein keimendes Proletariat.

Der große Raum machte mir schon mehr Mühe. In diesem Raum gab es elektrisches Licht. Die Drähte, die die Deckenlampe mit den neumodischen Zauberfunken betrieben, liefen in geteertem Geflecht, in Papp-Blechröhren. Weil die österreichische Oberfläche auch um die Jahrhundertwende keine Verunstaltung leiden mochte, wurden sie unter Putz gelegt. Wo doch in Österreich die Versorgungsstränge des Hauses stets intramural laufen. Eingemauert. Ein Wasserrohrbruch, ein Kurzschluss, ein Gasleck ruft immer gleich nach dem Stemmeisen.

Das geteerte Geflecht in seinen Papp-Blechröhren hielt Gips in seinen Furchen. Gips, die kleine Schwester vom Putz, das österreichische Allheilmittel. Das Pflaster für die Wandnarbe.

Über die Wände meines vormärzlichen Wohnzimmers zog sich der Gips wie ein dünner weißer Nil durch die putzene Wüste. Noch gefiel mir diese Wanderzählung, dieses Nebeneinander der Epochen. Meine Zuneigung geriet in Wanken, als ich begann, jenen Raum zu entblättern, den man vom Gang aus zuerst betrat, die Küche. Sie hatte einen gemauerten Boden, keinen aus linolverkrusteten Lärchendielen. Der gemauerte Boden konnte einen festen Herd tragen. Indes, hier stand ein trauriger Suppenherd. Seine Gasflammen hingen an einem dicken Eisenrohr, das tief im gipsernen Fluss versteckt lief und sich rund um die Wand schlängelte. Ein zweites Rohr mündete in einen emaillierten Erker über dem Waschbecken. Ein furchtbares Gerät, das grässliche Explosionsgeräusche von sich gab, wann immer ich den Warmwasserhahn aufdrehte. Die Abgase solcher Thermen hätten viele Menschen in den Tod gerissen, las ich damals irgendwo. Mir graute vor dem Ding.

Auch hier kratzte ich mit der reschenen Veitschispachtel. Hob Scholle um Scholle von der Wand. Als stäche ich in die Blätterteigschichten einer umgefallenen Cremeschnitte. Auf der Suche nach dem Inhalt.

In der Ecke über der dünnen Eingangstüre, etwa dort, wo man steht, wenn man von innen öffnet, stieß ich auf eine Kruste, die mir den Atem stocken ließ. Sie war über und über mit Blutspritzern bedeckt. Das Blut an der Wand war nicht abgewaschen worden. Man hatte darüber gemalt. Wieder und wieder, bis kein Fleck mehr zu sehen war. Wessen Blut war das? Und warum klebte es an der Wand? Und warum hatte es niemand abgewaschen?

Als mir die Nachbarin Jog Hurt aushändigte, mit ihrem sägend-schnarrenden Teutonensopran, stellte ich die Frage.

„Vor den Reschen. Wer hat hier gewohnt?"

„Ein jüdischer Flickschneider."

Die Sieglin wandte sich ab und ächzte in ihre Wohnung.

„Was ist aus ihm geworden?"

„Sehr unsaubere Leute. Überall Ungeziefer", klirrte sie aus der halb geöffneten Sicherheitstüre.

„Was wurde aus Ihrem Nachbar?"

„Fortgezogen."

„Wohin?"

„Keine Ahnung, Möbel haben sie dagelassen. Sehr unstete Leute. Flickschneider. Juden."

„Ich habe Blut an den Wänden gefunden. Aus dieser Zeit. Was kann da passiert sein?"

„Da müssen Sie mich nicht fragen. Ich war da auf Urlaub."

Und dann schloss sich ihre Tür. Lange würde es kein Jog Hurt geben für mich.

Kasperl und Pezi

Zwei exemplarische Österreicher

Ich bin ein Fernsehkind. Es gibt keinen Augenblick meines Lebens, in dem nicht irgendwo ein Fernsehapparat vorkommt. Ein schweres Schicksal. Wenn meine Schulfreundinnen und Schulfreunde schlimm waren, wurde ihnen das Taschengeld gestrichen. Wenn ich etwas auf dem Kerbholz hatte, gab es Fernsehverbot.

Weil man mit dem Verbot bekanntlicherweise den Reiz des Verbotenen erhöht, wurden aus meinen Schulfreundinnen und Schulfreunden Bankdirektorinnen, Investmentberater, Finanzdienstleister und Scheckbetrügerinnen. Aus mir wurde eine Fernseherin. Das schwarze Kästchen ist mein Fenster in die Welt.

Meine frühesten außerfamiliären Erlebnisse fanden stets an einem Mittwochnachmittag statt und handelten von einem gewissen Kasperl. Kasperl war mein Freund, er war naseweis wie ich, aber was ich nicht verstand, war, warum er sich mit der pelzigen Klette abgab. Pezi hieß der Kerl, er dichtete schlecht und war eine Rampensau. Für einen Lacher hätte er seine Großmutter verkauft. Seinen Freund Kasperl sowieso.

„Kasperl" hatte alle Ingredienzen einer guten Serie: Den wöchentlichen Termin, die schrullige Hauptperson in bedenklichen Familienverhältnissen, den billigen Plot und das kleinbürgerliche Milieu. „Kasperl" junkte mich an für diesen Serientypus. Aus Dornröschengeschichten in Schlössern, Vorstandsetagen und Millionärsvillen würde ich mir fürderhin nichts machen. Schlechte Karten für „Gute Zeiten, schlechte Zeiten", „Reich und Schön", „Dallas" und „Dynasty". Die kaputte Prolo-Familie war mein Ding. Eine Serie war die meine, sobald es in ihr kriselte oder im Freundeskreis krachte. Flipper, der dauerglückliche Lagunenhund kam bei mir an, weil bei den Flipperischen zu Hause die Kacke am Dampfen war. Sandy und Bud, die beiden „Jungs", waren ständig in zu kleinen Booten auf dem bösen Meer unterwegs, Mutter gab es keine, vielleicht war „tot" aber auch nur ein Serien-Synonym für „durchgebrannt mit dem Tankwart". Und Daddy? Daddy war ja selbst noch ein Kind. Zur Lesart, dass hier eventuell ein schwuler Onkel mit zwei Boyfriends einen frühen Traum vom Leben abseits der bürgerlichen Kleinfamilie lebte, sollte ich erst später finden.

Für uns vier österreichische Kinder war die Geschichte an dem seltsamen Meer schon deswegen so spannend, weil wir die Keys im südlichen Florida und den Neusiedlersee insgeheim für ein Kontinuum hielten.

Lassie, wo alle brav waren, sogar der Hund stets frisch geföhnt, fiel nicht in unser Muster von der guten, weil kaputten Familie. Außerdem erinnerte uns Lassies Familie in ihrer seltsamen Bravheit an die Ideale, die bei uns in Österreich für das kleinfamiliäre Bauernglück errichtet wurden. Seltsam nur, was die für Namen hatten. Ganz und gar seltsam. Buben hießen Jungen und Jeff und Timmy, nicht Matthias und Christian. Und Mädchen gab es dort nur mit zopflosen Schnickschnackfrisuren, grau meliert. Das waren keine Gertis und Christas und Roswithas, wie die Nachbarstöchter, die Fiedler-Amonischen.

Und in der Stadt, wo sie einkaufen gingen, gab es Geschäfte, gegen die die Ischlerstraße in Bad Aussee nichts aufzubieten hatte. Drugstores und Burgerbuden. Was sollte denn das sein?

Das Schwarz-Weiß des Fernsehschirms, wie das damals hieß, wo die Bilder rauskamen, hielt ich nicht für eine technische Einschränkung sondern für real. Lassieland, wo immer das war, hatte graue Wiesen und grau gelockte Rothaarige. Und auch die Himmel waren dort immer grau. Es hatte was Deutsches. So sprachen die ja dort. Deutsch. Die deutschen Urlauber, die sommers das Ausseerland bevölkerten, habe ich denn auch für Lassieländler gehalten.

Deutschland war etwas Fernes. Da hatte unser Vater seine Jugend verloren. Mehr war nicht zu erfahren.

Jeannie, die wasserstoffblonde Irakerin, zwinkerte sich augenblicklich in mein Fernsehleben und ebenso leicht gelang das Samantha, der nasewackelnden Vorstadthexe. Beide hatten mittlere Knallchargen als Männer und ein Pandämonium an Problemen mit ungläubigen Freunden, neugierigen Nachbarn und abgedrehten Familienmitgliedern aus anderen Dimensionen. Jeannie und Samantha dürften für meine Sozialisation als Künstlerin mehr getan haben als sämtliche Zeichenstunden.

In amerikanischen Serien konnte man überhaupt sehr viel lernen. Dass Türen poshiger Upper-Eastside-Apartments wie in „Lieber Onkel Bill" keine Schnallen brauchten, Puppen „Mrs. Beasley" heißen durften und Löwen wie in „Daktari" schielen konnten wie Fausto Radicci.

Deutschsprachige Serien hingegen waren verstaubt und belehrend. Wenn sie in Österreich gemacht wurden, zudem noch auf eine einschläfernde Art bürgerlich-folkloristisch. Das sollte mein zweiter Held ändern.

„Mundl", der Elektriker aus der Hasengasse im Zehnten war ehrlich und unverblümt und mit einer Präzision aus dem wirklichen Leben geschnitten, die mich spätestens dann schaudern ließ, als mein eigener Dusl-Vater die Silvesterrakete ins Fenster vom Flickschneider gegenüber feuerte und wie bei den Sackbauerschen zur Verdunklung aufrief. Mein bifokales Leben als Land- und Stadtkind aus der abgestürzten Großbürgerfamilie war selbst eine Serie. Hier die existenzielle Naturpein des Alpengrunds, da der entkörperte Großstadthorror der Zinshausschluchten.

Mag sein, dass sich anders sozialisiertes Publikum in den Lafites der „Lieben Familie" wiederfand oder in Fritz Eckardts Folie eines von Elfriede Ott umschwesterten Sacherportiers, mein Ideal einer proletarisch gebeutelten Familie verkörperten die Sackbauers. Mit Grandezza. Am Genre der kaputten Familie versuchten sich später auch „Al Bundy", „Roseanne" und die Familie von „Malcolm mittendrin". Dem vorlauten Pelzwuschel „Alf" werfe ich hingegen heute noch vor, seine Fadgas verströmende Familie nicht schon in der ersten Folge mit vergifteten Katzensteaks um die Ecke gebracht zu haben.

Pelzwuschel Alf hatte bei mir deshalb so gute Karten, weil in seinem Puppenhintern eine Männerhand steckte. Für die Bewegungsabläufe des Handpuppenuniversums habe ich seit Kindesbeinen ein Sensorium. Kasperl und Pezi waren so etwas wie Batman und Robin in Österreichergestalt. Hie der souveräne Privatheld, da der naseweise Assistent mit den unausgesprochenen Erweckungssehnsüchten.

Der Sohn eines Mistelbacher Gendarmeriebeamten und die Tochter eines Wiener Postamtsdirektors, die Volksschullehrer Hans Kraus und Marianne Plössl sollten im Fasching 1949 zueinander finden, um die Eltern von Kasperl und Pezi zu werden. Wenngleich die Puppenbühne, die sie als Eheleute betreiben würden, nicht das einzige Kasperltheater war, ist es doch das einzige, das in Erinnerung geblieben ist. Das Krausche Kasperluniversum war das Original.

Das Vogelgesicht des Kasperl, der mit hoch nach oben gezogenen Augenbrauen, einer mongoloiden Augenfalte und einer halb erigierten Pinocchionase durchaus Ähnlichkeit hatte mit Danny Kaye, war in braungrün gestreifte Ripszoddeln gewandet, denen man die Herkunft aus dem Möbelbezugsgeschäft noch ansah. Kasperl hatte eine blütenweiße Krause, die wie eine rundum laufende Serviette seinen Holzhals würgte. Am Kopf trug Kasperl eine weiße Zipfelmütze, die in einer Schelle tief unter seinem Steiß mündete. Ein roter Streifen zog sich vom Scheitel bis zur Schelle. Kasperls Mütze war das Negativ zum österreichischen Wimpel.

Pezi ging ihm nur bis zur Irxen. Sein knopfäugiges Antlitz hatte Ähnlichkeit mit dem der Micky Maus. Bloß waren sein tiefsitzender Haaransatz und die muschelförmigen Ohren alpiner und österreichischer. Pezis Körper hatte mächtiges Format, in seinem Brustkorb verbarg sich ja eine Erwachsenenhand. Das gab ihm etwas gnomhaftes. Sein Beinkleid sollte eine Seppelhose vorstellen, rot, mit aufgenähten Taschen. Gelbe Hosenträger spannten sich über ein blauweißes Ruderleiberl. Als Spross einer Zwänglerfamilie hatte Pezi den Kragenknopf geschlossen. Ein Nerd, würde man heute sagen. Und kein Geld für eine Brille.

1955 ereilte die Krausche Handpuppenfamilie der Ruf des Fernsehens. Die Kontamination der österreichischen Kinderseele mit den moralisierenden Abenteuern von Kasperl und Pezi hatte begonnen.

Als gute Österreicher waren die beiden stets auf der Seite der Exekutive, behandelten Ausländer wie Trottel oder Exoten, Künstler wie Patienten und kraxelten behände auf den Kronen des monarchischen Personals. Für Zauberer, Hexen und Verbrechervolk hatten sie indes keine Sympathie. Unvergesslich ist die Oberkrainer Zeitlupen-Polka, die als Kennmelodie des Kasperl diente. Wer sie je gehört hat, wird sie nie vergessen. Hüppenhü nannten wir sie, meine Brüder und ich.

Mit der Merkkraft ist das so eine Sache. Bisweilen erinnere ich mich zwar an Dinge, die nie passiert sind, an Szenen, die nie stattgefunden haben und Sendungen, die nie ausgestrahlt wurden. Aber in diesem bin ich mir sicher: Kasperl kam immer am Mittwoch und immer mit seinem Boyfriend Pezi, und „kommen" bedeutete im damaligen Verständnis das ganze Prozedere des Kasperlschauens: Fiebern und Vorfreuen, Einschalten des Fernsehschirms mit mütterlicher Hilfe, Vorglühen der Röhre, gemeinsames Justieren der Antenne und Betrachten der Studiouhr. Andächtig lauschten wir den Worten der Ansagerin, summten die Kennmelodie, und los ging's mit dem Zipfelmann und seinem Fellfreund.

Eines Tages fragte der Leiter des Kinderprogramms die Erziehungsberechtigten von Kasperl und Pezi, wo denn eigentlich der kleine Pezi herkomme. „Na von einer Bärenmutter und einem Bärenvater!" „Pezilein, der kleine Wicht" bekam eine eigene Sendung. Der Spin-off der Kasperlgeschichten handelte naturgemäß von Pezi und seiner seltsamen Familie. Die vier Minuten dauernden Kurzgeschichten erzählten vom Leben im Haus der Familie Petz. Das Einfamilienhaus mit dunklem Geheimnis und absonderlicher Möblage spiegelte die Kindheitserinnerungen und Erlebnisse des Puppenvaters wider. Großvater Petz ähnelte dem Krausschen Onkel Ade, mit dem der kleine Hans oft beisammen gewesen war, in dessen Stube er auch geschlafen hatte. Die Kennmelodie, eine betuliche Bach-Musette aus dem Notenbüchlein für Anna Magdalena, hatte Stanley Kubricks Leib- und Magenmusikerin Wendy Carlos für Switched-on Bach II auf einem Moog Synthesizer eingespielt. Selten haben zwei Dinge schlechter zusammengepasst.

Die 250 Folgen der „Familie Petz" sind dennoch in die österreichische Menschheitsgeschichte eingegangen.

Da ich Pezi zu Beginn meines Exkurses schon die Rampensau unterstellt habe, muss ich auch dem Sodomismus-Verdacht der drei „Kasperl"-Varianten Raum geben. Immerhin treibt sich die Figur des Kasperl mal mit einem kleinen Bären (Pezi), mal mit einem Hund (Strolchi) und nicht selten mit einem kleinen Buben (Seppl) herum. Pädophile Züge stehen mit gelösten Bremsen auf diesem Gleis. Pezis Hintergrund ist kein Geheimnis. Er entstammte der reputierten Familie Petz, bekannt aus Rundfunk und Fernsehen. Die Petzens waren sprechende Bären mit einwandfreier Familienstruktur. Pezi war ein Bub und als solcher naturgemäß lebhaft und zu Streichen aufgelegt. An seinem Spielkameraden hingegen, einem Dahergelaufenen im Hanswurstkostüm, war nichts seriös. Der Typ mit der Zipfelmütze, ständig in Begleitung von Tieren und kleinen Buben, war unsteten Aufenthalts, über seine Herkunft war nichts bekannt. Eine „Frau Kasperl" suchte man vergebens, der vazierende Mützenmann mit den tuckigen Schellen hatte keine Wohnadresse, keine Familie, keinen Beruf. Das brave Bürgertum applaudierte dieser Figur.

Trotz aller windschiefen Optik war Kasperl kein Schwerverbrecher. War er die Gelegenheitsschwuchtel aus dem Nachbardorf? Ein Zuckerlverschenker? Der Onkel mit den sündigen Gedanken? Der Cousin des Friseurs? Darüber ließe sich reden. Dass sich Kasperl und Pezi in irgendeiner Sonderform der schwulen Beziehung aufhielten, war ja nun nicht vom Tisch zu wischen.

Familie Petz konnte nur bei wirklich anständigen Familien als ebensolche durchgehen. Bei uns multinationalen Duslkindern war klar, was da lief. Die Petze waren Leute wie wir. Multi-Ethno-Tschuschen mit einem böse knisternden Familiengeheimnis. Vater Petz arbeitete beim Zirkus und Pezi beim Fernsehen. Da war nichts anständig und lotrecht, soviel wussten wir. Einen Zirkus hatte ich als Kind tatsächlich schon selbst gegründet. Mit sieben, Sarasini hieß er und seine Artisten, Clowns, Hundedompteure und Gedichteaufsagerinnen hatte ich in meiner Klasse rekrutiert.

Auch in Vater Petzens Zirkus wurde im Manegenrund gegaukelt, durch brennende Reifen gesprungen und allerlei Kalfakterei getrieben. Musste Mutter Petz am Ring in der Nase Polonaisen tanzen? Auch Herr Kasperl mit dem zotteligen Gemächt hatte ganz sicher ein Geheimnis. Das Faible einer Knallcharge für Obrigkeit und Polizei und die bedenkliche Minne für das farblose Fräulein Prinzessin nährt jeden Verdacht großer Abgründe.

Pezis Familienhintergrund bereitete Sorge. Ein kleines Bärenkind, das im anrüchigen Milieu aufwachsen musste: Schausteller, fahrendes Volk, Zirkusartisten, Hasardeure, Prostituierte, Journalisten. Welche Traumata mag allein das Tanzen von Pezis Mutter in der Manege in der kleinen, zarten Bärenseele verursacht haben – wir können es nur erahnen. Die stark behaarte Bärenmutter in schwüler Zirkusatmosphäre, mit Nasenpiercing, in aufreizender Kleidung, mit lasziven Bewegungen vor einem grölenden, lüsternen Publikum ... Wie überhaupt die Familie Petz immer schon die Zuwanderungsproblematik verdeutlicht haben könnte. Bären sind ja schon lange nicht mehr wirklich heimisch in unseren Breiten. Es könnte sich also durchaus um Einwanderer aus dem Osten oder Süden handeln. Ist das harmlos klingende „Krawuzikapuzi" vom Pezi nicht verräterisch? Das verschwörungstheoretisch geschulte Ohr hört die politische Botschaft!

Wenn wir davon ausgehen, dass uns Kasperl und Pezi aus einem Geschichtskontinuum entgegentreten, das den Mai 1945 als Stunde Null begreift, dass die beiden also Kinder der Zweiten Republik sind, dann müssen wir die politischen und ethnischen Hintergründe auch im heutigen Bundesgebiet verorten.

„Krawuzikapuzi" müssen wir als slawisierende, wenngleich nicht unbedingt slawische Formel begreifen. Sie will als Code gelesen werden. Im heutigen Österreich gibt es nur zwei Bundesländer, in denen die Bevölkerung (oder Teile von ihr) slawische Sprachkenntnisse besitzt. (Von den Nachkommen der „Ziegelbehm" in Favoriten und Meidling und den lautlos integrierten steirischen Slowenen abgesehen.)

Diese beiden Länder sind das Burgenland mit einer kroatischen Minderheit und Kärnten mit einem germanisierten Slawenstratum und einer slowenischsprachigen Minderheit.

Ich biete nun diese These an: Pezi ist Spross einer deutschtümelnden, die eigenen slowenischen Wurzeln verleugnenden Kärntner Proletarierfamilie aus dem Bärental. Mangels Ausbildung und von der eigenen Geschichte abgeschnitten, verdingen sich deren Mitglieder beim Zirkus als Hilfsarbeiter. Sie haben sich, wie viele Kärntner slowenischer Abstammung, zu „treudeutschen" Slawenhassern assimiliert.

In Unkenntnis bürgerlicher Umgangsformen schmeißt sich der Jüngste der Familie, besagter Pezi, an den Gelegenheitskabarettisten Kasperl ran. Er hält den langnasigen Faun für einen feinen Mann. Kasperl, dessen Personalausweis wohl auf Gasperl lautet, dürfte einer Familie aus dem Salzkammergut entstammen. Den Familiennamen „Gasperl" kennen wir aus Bad Aussee, wo jeden Fasching Männer, die man dann Flinserln nennt, in buntbestickten Kostümen mit langen Hüten herumlaufen.

Der Familienname Gasperl (von Gasperi, Gaspari) kommt wie das beschriebene Kostüm über den Salzhandel aus dem Italienischen, die Figur des kasperartigen Weißclowns ist der Arlecchino (Harlekin), die venezianische Spielart des Hanswurst. Die Beziehungen des inneren Salzkammerguts zu deutschnationalen Kreisen in Kärnten sind nicht erst seit Haiders Exitus aus Bad Goisern ins lindwurmbewachte Klagenfurt Legion. Wie Kasperl hat sich auch Haider stets als Schauspieler begriffen, sich gerne verkleidet und versucht, mit Hilfe von Polizei und aufgebrachten Bürgern die Welt zu retten.

Aber zurück zu Pezi, dem „kleinen Wicht" (... „fehlt auch heute wieder nicht" ...). Der Familienname „Bär" darf als angenommen betrachtet werden und muss noch in der Großelterngeneration „Medved" geheißen haben. „Krawuzi kapuzi" – „die Krawuten (Kroaten) müssen kaputt gemacht werden" scheint Teil einer unglücklichen Immunisierungsstrategie zu sein, die die eigene Volksgruppe absichtlich oder unbewusst ausspart. Stattdessen werden die seit der Monarchie als im Inland lebende Ausländer begriffenen „Krowotn" dämonisiert.

In Pezi einen BZÖ (Pezitö)-Anhänger zu sehen, der sich als Kofferträger für den rechtsradikalen deutschnationalen Kasperl verdingt, sollte also nicht ganz falsch sein. Der junge Peter „Hojac" Westenthaler, „Schickbua" von Jörg Haider, verkörperte diese Figur auch jenseits der Puppenbühne einst idealtypisch.

Die österreichische Lere

Eineleitung

Dieses Kapitel handelt von der österreichischen Lehre. Jenes Wissen und jene Fertigkeiten, die „gelernte" Österreicher im Laufe ihres Lebens erwerben. Wobei mir der Begriff des Erwerbs nicht ganz gefallen will, denn manchmal fällt den lernenden Österreichern auch etwas in den Schoß. Auch soll es vorkommen, dass Erkenntnis auf der Straße liegt. Herrenlos und mutterseelenallein. Sowas greifen sich die Österreicher, sozusagen im Vorbeigehen. Herrenloses Gut, mutterseelenallein, mit der Aura des Erkenntnisgewinns. Her damit, g'hört schon mir.

Zu Lernzwecken wird gerne auch über den Zaun geschielt. Die Hände an die Zaunlatten gekrallt, schauen die Österreicher mit obliquem Gesicht zu den anderen hinüber. Heimlich, wie sie es in der Schule geübt haben, wo sie über den aufgestellten Atlas in die Arbeit der Sitznachbarn gespäht haben. Nicht ahnend, dass deren Ergüsse nicht wesentlich klüger waren. Immerhin, gut abschreiben will gelernt sein. Der Fremdenverkehr ist solch eine Schularbeit. Den haben die Österreicher von ihren Nachbarn, den Italienern und den Schweizern, abgeschaut, um einige Formeln erleichtert, gerafft und gestrafft und den depperten Deutschen als genuin österreichische Erfindung verklickert. Für das Original, so das Kalkül der Österreicher, sind die Deutschen zu geizig. Die Deutschen urlauben also bei den Ösis. Niedliches Deutsch, das die da sprechen, herrliche Landschaft, fabelhafter Schnaps und eine Gaudi zum Anfassen. Das soeben Gesagte mag oberflächlich und verallgemeinert klingen, die Deutschen mittlerweile an andere Ziele verloren, aber so ist das in Erörterungen, wir suchen nach der Hüllkurve, nicht nach den Ausschlägen. Wir sind am Allgemeinen interessiert, nicht am Speziellen. Wir sind nicht das Publikum, sondern die Schauspieler.

Als ich mich dem Phänomen der österreichischen Lehre näherte, schrieb ich den Satz in großen Buchstaben aufs elektronische Papier. Die österreichische Lehre. Kapitelüberschriften strahlen bekannterweise die sonderbare Magie des Unfertigen aus, sie sind ein einziger großer Vorwurf an das Nichtgeschriebene. So haben wir das jedenfalls schon von Kindesbeinen an gelernt. In der Schule, dort wo alle Österreicher in ihrem Leben einmal hin müssen, seien sie später als Tankwartin tätig, als Verlagsleiter, Riesenslalomläuferin oder Sommelier. In der Schule, so lernen wir in ebendieser, beginnt alles mit der Überschrift. Eine Schneeflocke erzählt. Meine Schultasche berichtet. Was ich im Urlaub erlebte. Wintersport, Arbeit, Urlaub. Der große Flügelaltar der österreichischen Inhalte. Aber, aber, darf jetzt gesagt werden, Wintersport ist doch Urlaub. Falsch. Wintersport ist eine Industrie. Die größte Industrie des Landes. Urlaub ist ein Recht. Das Recht von Arbeitnehmern, soundsoviel Wochen des Jahres bezahlt der Arbeit fernzubleiben und dabei eine Prämie auszugeben, die diesen Spaß erst ermöglicht. Den eigenen Urlaub verbringen die Österreicher im Einklang mit der inneren Ahnung, schon alles über sich selbst zu wissen, gerne beim Ausländer. Nicht aus Sympathie für das Fremde, sondern aus der unbestimmten Ahnung, in der Fremde das Eigene, das Österreichische, das Österösterreichische zu heiligen. Wie sich Österösterreicher anfühlen, die sich gerade mit dem Erlebnis der Fremde vollgepumpt und damit die Sehnsucht nach dem Österreichischen erigiert haben, kann man in einem rückkehrenden Urlaubsflieger erfahren. Nirgendwo sind die Österreicher österreichischer als im Herannahen an das Heimatuniversum. Nirgendwo sind sie purer. Den ursprünglichen und ungeschönten Blick in die österreichische Seele kann man nur bei einer einzigen anderen Gelegenheit wahrnehmen. Wollte man die General-Befindlichkeit Österreichs zu einem beliebigen Thema justieren, müsste man nur einen Sportreporter mit einem Kommentar zu einem nichtsportlichen Ereignis beauftragen. Der staatliche Rundfunk leistet diesen Dienst bisweilen. Ab und an lässt er die Fußball-, Formel-Eins- und Skisportkommentatoren (und nur solche gibt es im Land) an den Schießstand der Ehrlichkeit.

Als ich „Lehre" schrieb, in meinem Versuch an der Überschrift, fiel mir sogleich die „Leere" ein. Wir kennen das Bild des Glases, das bis zur Mitte mit Wasser gefüllt ist. Je nach innerer Gefühlsvektorrichtung kann man seinen Zustand als halb voll oder halb leer bezeichnen. Österreich kann das auch. Und es kann noch mehr. Österreich ist das einzige Land, in dem ein volles Glas als leer bezeichnet werden kann und ein leeres als voll. Das ist die Lehre von der Leere. In diesem Sinn geht es in dem nun folgenden Kapitel um das eine, das andere, beide und alle vier. Es geht um Vereinbarungen und Pakte, Rezepturen und Systeme, Regeln und Gesetze. Und weil sich Lehre und Leere wie Schmarrenteig aufs trefflichste miteinander verquirln lassen, steht das nun Folgende unter dem Signum: „Die österreichische Lere".

Die Industrie
Vom Skifahren

Sankt Petersburg ist eine seltsame, eine ganz und gar künstliche Stadt. Ein Themenpark aus dem Spätbarock. Hier hatte Peter der Große, Zimmermann und Zar, nach holländischem Vorbild die Hauptstadt seines Reiches aus dem Mückensumpf stampfen lassen. An einem denkbar ungünstigen Ort, mitten in der Newa. Kalt, sumpfig, öde. Und als Hafen völlig unbrauchbar. Und so russisch, wie heute alle tun, war das schwedisch-finno-ugrische Ingermanland, wie es mal hieß, auch nicht. Hier ist alles importiert, alles künstlich. Bis auf das Wetter und die Landschaft.

Diese Stadt, kurz hieß sie nach Wladimir Iljitsch Uljanow Leningrad, wird das Venedig des Nordens genannt. Ob das Sankt Petersburg des Südens das auch so sieht, wollen wir mal unbesprochen lassen. Zu Leningrad haben Österreicher insoferne eine schaurige und nicht selten persönliche Beziehung, als die Stadt während des Zweiten Weltkrieges fast 900 Tage lang von nazideutschen Truppen belagert wurde. Die Leningrader Blockade, die vom 8. September 1941 bis zum 27. Januar 1944 dauerte, zielte nicht auf deren Eroberung, sondern sollte die Stadt systematisch von jeglicher Versorgung abschneiden. Eine geheime Weisung des Oberkommandos der Wehrmacht vom 23. September 1941 lautete: „Der Führer ist entschlossen, die Stadt Petersburg vom Erdboden verschwinden zu lassen."

Während der Belagerung und den Versuchen der Roten Armee, die Belagerung zu sprengen, kamen etwa eine halbe Million sowjetischer Soldaten ums Leben. Nach neueren Angaben des russischen Historikers Walentin Kowaltschuk starben in den drei Jahren der Belagerung etwa zwei Millionen Russen, davon mindestens 740.000 Zivilisten. Die Stadt hätte guten Grund, jedem deutschsprachigen Besucher mit Argwohn zu begegnen.

Hier habe ich vor einigen Jahren während Filmrecherchen meine russischen Freunde, die Konenkos, wieder getroffen in ihrer mit Bildern, Büchern und Platten zugespachtelten Zwei-Zimmer-Wohnung. Was sie Wohnung nennen, ist einer von sieben Salons der Patrizierwohnung eines zaristischen Generalstäblers. Während des Kommunismus war die Zimmerflucht am Newski Prospekt, der Prachtader der Stadt, in kleine Wohngemeinschaftseinheiten parzelliert worden. So geschehen wie in hunderttausenden anderen Wohnungen auch.

Es ist Mittwinter. Draußen schneit und stürmt es. Drinnen bei den Konenkos ist es gemütlich und warm, es gibt Tee und kinematografische Erörterungen. Juri Konenko ist Filmkritiker und Festival-Katalog-Autor. Er kennt und liebt den österreichischen Film. Von Stroheim bis Seidl.

Juri gießt mit heißem Wasser die narkotisierende Zavarka auf, wie das russische Teekonzentrat heißt, das in unseren kunstvoll verzierten Metallhaltern, den Podstakanniks, liegt wie Asphalt in Marmeladegläsern. Leuchtendblau stechen Juris Augen aus seinem illyrischen Gesicht. Juris Vorfahren waren Kroaten.

„Wovon lebt ihr eigentlich in Österreich?", lässt mich Juri fragen. Juri spricht weder Deutsch noch Englisch, er führt seine Dialoge über Tanja, seine hagere Frau und Dolmetscherin.
    „Wovon wir leben, Juri? Vom Fremdenverkehr."
    „Welche Industrie gibt es bei euch?"
    „Fremdenverkehr."
    „Du verstehst mich falsch, Andrea, welche Industrie gibt es?
    Habt ihr Bodenschätze? Eisen, Kohle, Öl?"
    „Wir haben einen Berg aus Eisen."
    „Einen Berg aus Eisen?"

„Einen Berg aus Eisen. Und Stahlwerke."

„Was weiter? Öl, Gas?"

„Im Weinviertel gibt es Pumpen."

„Ihr habt also Energie."

„Haben wir, Juri. Strom aus dem Fluss und aus den
Atomkraftwerken."

„Gut, ihr habt Atomstrom, sehr brav."
Juri fährt sich mit der Hand durch die wirren weißgrauen
Einsteinsträhnen. Seine Augen blitzen.

„Der Atomstrom, Juri, kommt aus dem Ausland, bei uns ist
das verboten."

„Kohle. Habt ihr Kohle?"

„Unsere Banken sind reicher als die der Schweizer. Sie räumen
gerade den Balkan aus."

„Baut ihr Autos?"

„Wir bauen Autos zusammen. Stronach hat Fabriken."

„Wer ist Stronach?"

„Ein Steirer, der in Kanada reich geworden ist."

„So reich wie Abramowitsch?"

„Nein. Aber einen Fußballverein hat auch er."

„Wie heißen eure Autos? Stronach?"

„Du verstehst das falsch, Juri, Stronach baut Autos zusammen.
Für andere. Für Mercedes-Benz, Chrysler, Saab, BMW."

„Hmm. Produziert ihr Elektronik?"

„Wir verwenden Elektronik. Wir haben die größte Handydichte
der Welt. Die Finnen sind begeistert."

„Wovon, Andrea, lebt euer Land?"

„Vom Fremdenverkehr, Juri, sagte ich doch."

„Aber Fremdenverkehr ist doch keine Industrie, Andrea!"

„Bei uns schon."
Juri schüttelt ungläubig den Kopf.

„Für Industrie, Andrea, braucht es Bodenschätze. Was sind eure
Bodenschätze?"

„Skipisten."

„Was ist das?"

„Skipisten sind breite Bahnen, die in den Wald geschlagen
wurden."

„Wo ist dieser Wald?"

„Jeder Wald, Juri. Überall. Überall, wo Berge sind."
Juri wird nervös.
„Wie, überall? Ihr könnt doch nicht auf jedem Berg Skidings."
„Skipisten."
„Skipisten haben."
„Doch."
„Und was macht man auf diesen Skipisten?"
„Skifahren."
„Skifahren. Ja, ja, ich verstehe. Ich habe das im Fernsehen
gesehen.Es ist wie Langlauf. Nur ohne Arbeit."
„Genau."
„Und die Leute gehen die Skipisten hinauf, und dann rutschen
sie hinunter."
„Sie gehen nicht hinauf, Juri. Zum Hinaufgehen gibt es Lifte."
„Lifte?"
„Seilbahnen, Sessellifte. Schlepplifte. Man setzt sich hin, man
stellt sich rein. Sie ziehen einen hinauf."
„Auf jedem Hang? Machst du Witze?"
„Jeder Hang hat einen Lift. Mindestens."
„Das müssen ja Hunderte sein."
„Es sind viele Tausende."
„Eine Industrie!"
„Sag ich ja."
Juri schüttelt den Kopf, wirft Würfelzucker in seinen Tee.
In seinem russischen Journalistengehirn rotieren Zahlen und
Begriffe.
„Fassen wir zusammen. Die Hänge bei euch haben Skipisten.
Die Skipisten haben Lifte. Damit fahren die Österreicher auf
ihre Berge. Und dann fahren sie wieder hinunter. Wo verdient
man da das Geld?"
„An den Liften."
„An den Liften, gut. Sagen wir, es gibt 3000 solche Lifte."
„Exakt. Es gibt 3003."
„Jeden Tag fahren da 1000 Leute hinauf. Sind drei Millionen
Fahrten. Sechzig Tage dauert der Winter. Sind 180 Millionen
Fahrten. Ich verstehe. Das ist eine Industrie."
„600 Millionen Liftfahrten sind es, Juri.
Das ist die Liftindustrie."

„Gibt es noch eine andere?"

„Aber natürlich. Die Skiindustrie."

„Was ist das?"

„Die Leute brauchen ja Ski. Und Snowboards. Und Bindungen. Skischuhe, Skianzüge, Mützen, Handschuhe, Stöcke. Brillen. Skiunterwäsche. Salben."

„Und das ist eine eigene Industrie?"

„Selbstverständlich."

„Und die Touristen kaufen das."

„Alle kaufen das."

„Wie, alle?"

„Alle Österreicher sind Skifahrer. Nicht nur die Touristen."

„Sie fahren Ski im Urlaub."

„Im Urlaub, am Wochenende. Wenn sie in einem Skigebiet leben, jeden Tag."

Langsam tickt es in Juri, sein ungläubiges Kopfschütteln ist einem nachdenklichen Nicken gewichen.

„Ich verstehe", sagt Juri. „Alle Österreicher sind Skifahrer. Das ganze Land."

„Das ganze Land. Und die Touristen."

„Ja und wo wohnen die? In Hotels, nehme ich an."

„In Hotels", sage ich, „Pensionen, Sportheimen, Privatquartieren. Überall."

„Da muss es doch in jeder Stadt in den Bergen ein Hotel geben. Nur für Skifahrer!"

„In jeder Stadt? In jedem Dorf."

„In jedem Ort ein Hotel?"

„In jedem Ort viele Hotels. Um ehrlich zu sein, Juri, bestehen die Orte in den Bergen nur aus Hotels."

„Welchen Abstand haben die Hotels? Ein paar hundert Meter, nehme ich an."

„Ein paar Meter."

„Du machst Witze."

„Ich schwöre, Juri. Zwischen den Hotels ist maximal ein Parkplatz. Oder eine Schneewächte."

„Dann ist Österreich voll von Hotels?"

„Exakt."

„Aber ein Problem habt ihr!"

„Welches?"

„Es können dort nur Leute wohnen, die Skifahren können."

„Alle können Skifahren."

„Wieso das?"

„Es wird in der Schule gelehrt.

Jeder Österreicher kann Skifahren."

„Die Tiroler."

„Alle."

„Aber in Wien gibt es keine Berge."

„Richtig, Juri, auch in Linz nicht und in Graz nicht.
Deswegen hat man in den Fünfzigerjahren eine sehr
österreichische Entscheidung getroffen.
Wenn der Berg nicht zu den Skifahrern kommt,
müssen die Skifahrer zum Berg kommen."

„Ihr führt allen Ernstes die Bevölkerung kollektiv in die Berge?
Das haben bei uns ja nicht einmal die Kommunisten
geschafft!"

„Jede Schulklasse in jeder österreichischen Schule fährt einmal
im Jahr mit ihren Schulskikurslehrern in die Berge."

„Und da lernen sie Skifahren."

„Sie lernen viel mehr. Sie lernen das Prinzip."

„Welches Prinzip?"

„Das Prinzip Winterurlaub."

„Eure Industrie."

„Unsere Industrie."

Die österreichische Rezeptur
Von Almdudler bis Zeit im Bild

In dem kleinen Land mit der großen Vergangenheit haben sich Eigenartigkeiten herausgebildet, die es nur hier gibt, die nur hier erfunden werden konnten und die ich „Österreichische Rezepturen" nennen möchte.

Der Almdudler

Österreicher wissen seit jeher Ironie und Geschäft aufs treffendste mit einander zu verbinden. Kein Produkt hat Oberfläche und Tiefe der österreichischen Seele je besser unter die durstigen Leute gebracht, als der süße Kräutersprudel Almdudler.

Kommerzialrat Erwin Klein, dem Erfinder der Limonade, bin ich auf meinem Schulweg in der Leopoldstadt oft begegnet. Ich blondes, blutleeres Zwergenkind war unterwegs zu den Nonnen in die Klosterschule. Er, der tiefgebräunte, finster dreinblickende Mann, trug Mantel mit Pelzkragen und fuhr mit dem knatternden Volkswagen-Käfer in seine Fabrik im Palais Grassalkovich, ein düsteres Barockschlösschen gegenüber vom Augarten. Ich war unterwegs zu den Nonnen und er zu den Almdudlern. Aber beide trugen wir eine lederne Schultasche.

Der pfiffige Sodafabrikant Klein, gelernter Schauspieler, Regisseur, Autor und Kabarettist, wusste 1957 die Tiefe der Sehnsucht nach einer intakten Heimat mit der urbanen Bosheit zynischen Wienertums zu verbinden. Das Logo von Kleins Kräutersprudel, das Trachtenpärchen, eine Magd und ein Knecht in Dirndl und Lederhose, beide von sombrerogroßen Trachtenhüten beschattet, schien gerade einem Wetterhäuschen entsprungen zu sein. Die Botschaft des Sprudelsignets: Wetter gibt's keins, schlecht ist gut, schön ist schirch, Prost! Besser konnte man die Stimmung im Nachkriegsösterreich nicht benennen, das Kräuterkracherl wurde ein Renner. In den ersten Jahren beförderten täglich 1000 Lieferwagen die „Almdudler"-Kisten in die österreichischen Gasthäuser.

Der Name Almdudler wollte vieles bedeuten. Dudeln nennen die Wiener das Jodeln und Andudeln das Betrinken. Wo das, gemeinsam betrieben, auf einem hedonistischen Ort wie der Alm münden musste, wusste das Publikum.

Den Almdudler in der elefantenfußförmigen, golden durchscheinenden Flasche gibt es noch immer, seine Konkurrenten auf dem Sprudelmarkt, Sinalco, Bluna, Afri-Cola, Traubisoda, Schartner-Bombe, Libella, Chabesade und wie sie alle hießen, kennen außer Heimatforschern und nostalgischen Bobos heute kaum noch jemand. Einzig noch die Frucade hat sich gehalten. Hermes Phettberg hatte das Orangensoda mit seiner legendären „Nette-Leit-Show" legendär gemacht. Mit der unsterblichen Einstiegsfrage „Frucade oder Eierlikör?"

Heute wie damals setzt sich Almdudler aus Mineralwasser, Kräuteressenzen, Zitronensäure, Zucker und dem Farbstoff Zuckercouleur zusammen. Das typische Aroma wird, so heißt es, aus 29 verschiedenen Alpenkräutern und Alpenblumen gewonnen und zum Almdudler-Kräuter-Destillat verarbeitet. Der unverkennbare, bislang nicht zu imitierenden Geschmack entfalte sich erst durch die lange Lagerung des Destillates in Eichenfässern. In diesem Mythos wollen wir ein österreichisches Echo auf die Geheimformel der Coca-Cola-Essenz sehen.

Heute werden pro Jahr über 80 Millionen Liter Almdudler produziert, ein Siebtel des Kleinschen Alpensprudel geht ins Ausland. Und wenn den dort niemand hat, „geh I wieda ham", heißt es in der allgegenwärtigen Almdudler-Werbung. Außer der Mannerschnitte fiele mir kein anderes originäres Markenprodukt von solch ausschließlicher Österreichischkeit ein, wie der Almdudler.

Dabei war der „Almdudler", das „Hirtenlulu", wie es böse Zungen nennen, gar keine originäre Erfindung des umtriebigen Sodakommerzialrats. Vor der Trachtenpärchenoffensive hatte man landesweit unter „Almdudler" ein Mischgetränk aus Wein oder Most und einem kohlensäurehaltigen Limonadegetränk verstanden, das besonders in den Alpengegenden in Wirtshäusern und auf Almhütten schon seit Jahrzehnten unter dieser Bezeichnung ausgeschenkt wurde. Und vor der Kracherlzeit konnte man sich den ganz privaten Almdudler aus Hollersaft, Weißwein und einem Spritzer Soda zusammenschütten. Natürlich auf einer Alm. Und natürlich nicht allein. Ganz in dieser Tradition kursieren auch heute noch Mixgetränke aus den erwähnten Grundessenzen, so der Almradler, eine Mischung aus Almdudler und Bier, die Weinmischungen Almdudler Rot und Almdudler Weiß, (auch Süßer Gespritzter, Kaisermischung, Liftler oder Tiroler genannt). Eine fahruntüchtig machende Mischung aus Wein, Almdudler und Mineralwasser heißt denn sicherheitshalber auch Dreiradler.

Die Ansprache

Weltweit gehört es zum täglichen politischen Geschäft, dass Reden von anderen geschrieben werden als denen, die sie dann halten. Bevor sie gehalten werden, werden sie geschrieben. Nicht so in Österreich. Hier werden Reden geschrieben, „nachdem" sie gehalten wurden.

Als Protagonist dieser Kulturtechnik darf Leopold Figl gelten, der erste Bundeskanzler der Zweiten Republik.

„Ich kann euch zu Weihnachten nichts geben. Ich kann euch für den Christbaum, wenn ihr überhaupt einen habt, keine Kerzen geben, kein Stück Brot, keine Kohle zum Heizen, kein Glas zum Einschneiden. Wir haben nichts", tönte Figls Stimme zu Weihnachten 1945 aus den Radios über den Äther des zerbombten und von Russen besetzten Landes. „Ich kann euch nur bitten, glaubt an dieses Österreich!"

Generationen von Schulkindern haben die Worte in ihren Büchern gefunden, und immer wieder wurde Figls brüchige Stimme in Dokumentarfilme eingespielt. Aber nicht in der Stunde Null des Jahres 1945, sondern erst zwanzig Jahre später hat der frühgreise Figl, inszeniert von seinem 25-jährigen Assistenten Hans Magenschab, die Worte auf Band gekrächzt. In Ermangelung technischer Möglichkeiten wurden im Nachkriegsösterreich Radiosendungen nicht auf Band aufgenommen. Auch nicht die Rede des Bundeskanzlers an seine hungernden und vom Krieg gezeichneten Landsleute. Um zur Feier des 20. Jahrestags des Kriegsendes an Figlsche „Originaltöne" zu gelangen, soll Magenschabs Freund und Cartellvereinsbruder, der spätere ORF-Intendant Ernst Wolfram Marboe, seinen sterbenskranken Onkel „Schwips" (so dessen Verbindungs-Name in der „Norica") in ein Aufnahmestudio geschleppt haben, wo dieser einen von Magenschab komponierten Text vom Blatt gelesen haben soll.

Der 63-jährige Onkel Schwips, gezeichnet von der letalen Lungenentzündung, autorisierte Magenschabs Text. Um zum Kenner Figlscher Wortwahl und des Figlschen Tonfalls zu werden, hatte Magenschab, der spätere Pressesprecher von UHBP Thomas Klestil, „alte Zeitungen, Bücher, Parteibroschüren und eine frühe Figl-Biografie" durchforstet.

Die Nacherzählung bildete den Mittelpunkt einer Multimedia-Schau, die Magenschab zum 20. Jahrestag des Kriegsendes 1965 in der Wiener Innenstadt inszenierte. Beim Abspielen des Remakes vor dem Stephansdom mit martialischem Kriegslärm im Hintergrund soll Figl feuchte Augen bekommen haben. Hunderte von Zuhörern, die von den Klitterungen keine Ahnung hatten, brachen in Tränen aus.

Wollen Ohrenzeugen der Weihnachtsansprache im Einklang mit dem Geschichtsgewissen der Nation, Hugo Portisch, an der Authentizität der Neuaufnahme keinen inhaltlichen Zweifel gelten lassen, verschwimmen die Begrifflichkeiten, wenn es darum geht, was denn überhaupt als Figl-Rede gelten darf. Viele Figl-Reden, die heute noch in Hörfunkarchiven schlummern, seien in Wahrheit nicht von Figl, sondern von Schauspielern gehalten worden.

Solches enthüllte Heinz von Foerster, Programmchef des einstigen US-Senders Rot-Weiß-Rot, der gleich über mehrere Figl-Imitatoren verfügt haben will: „Gott sei Dank haben wir Leute gehabt, die konnten genauso sprechen wie der Figl. Die haben seine Reden gehalten, konnten ihn nachmachen. Das war sehr wichtig, Figl-Redner zu haben."

Der Erdäpfelsalat

Solanum tuberosum ist in Österreich unter vielen Namen bekannt. In Wien und den beiden Österreichs als Bramburi (wo es vom tschechischen „brambory" – Brandenburger – kommt, wo die Ackertrüffel schon früh angebaut wurde). Im Süden sagt man zu ihr Grumpir (Grundbirne), im Salzburger Lungau gar Eachtling (Erdling). Generell ist die Nachtschattenknolle aber als Eadopfe oder Eapfe (Erdapfel) bekannt. Das deutsche Wort Kartoffel kommt von der Tartuffel und ist nichts anderes als der italienische Name der Trüffel, mit der man, wegen der großen Ähnlichkeit die neue Erdfrucht zusammenwarf. Der Botaniker Caspar Bauhin nannte die Staude 1590 noch Grüblingsbaum, Knollenbaum.

Unsere heutigen Grüblingsbaumknollen stammen alle von haselnussgroßen Erdfrüchten ab, die in den Anden des heutigen Peru und Boliviens bereits 8000 Jahre v. Chr. angebaut wurden. Wegen des hohen Gehaltes an Solanin schmeckten sie kratzig, wissen die Paläobotaniker.

Auf dem Chonos-Archipel, einer Inselgruppe im Süden von Chile, hat man gar die ältesten bekannten Spuren von wilden Pataten gefunden, ihr Alter wird auf 13.000 Jahre geschätzt.

Was die kleine Knolle alles kann, entdeckten schließlich die Inka, die in 3000 bis 4000 Metern über dem Meeresspiegel, dort, wo Mais nicht mehr wuchs, die Kartoffel kultivierten. Die „papa", wie die Inka sie in ihrer Sprache, dem Quechua, nannten, waren nicht nur Grundnahrungsmittel, sondern auch Medizin und Kultgegenstand. Sie verehrten die Kartoffelgöttin und maßen gar die Zeit in der Kochzeit einer Kartoffel. Von einem hypothetischen Nahuatl-Wort „potatl" stammt die Erdknolle jedenfalls nicht ab. Die Azteken lebten nicht in den Anden. Sondern jenseits des Äquators auf der nördlichen Erdhalbkugel.

Allgemein sind sich Botanohistoriker und Evolutionsbiologen darin einig, dass es die tetraploide Kurztagkartoffel der Anden war, die als Erste im südlichen Spanien ankam. 1565, im Reich des düsteren spanisch-burgundischen Habsburgerkönigs Philipp II. Von hier verbreitete sich der Erdapfel im Rest von Europa und passte sich während der zweihundertjährigen Wanderzeit durch die Äcker an die langen Tage der europäischen Breiten an. In der Alten Welt wurde die Kartoffel wegen der schönen Blüte und des üppigen Laubes als reine Zierpflanze gesetzt und als seltenes Gewächs in botanische Gärten aufgenommen, wiewohl die Konquistadoren sie schon als „mehlige Wurzel von gutem Geschmack, eine für die Indianer sehr angenehme Speise und auch ein wohlschmeckendes Gericht für Spanier" beschrieben hatten.

Mitte des 16. Jahrhunderts tauchte sie in den Niederlanden, in Italien und in Burgund auf. Man sagte der Kartoffel zunächst nach, viele Krankheiten zu verursachen, Lepra, Schwindsucht, ja sogar die Pest. Immerhin waren ja die Blätter des Nachtschattengewächses giftig und ungenießbar. Die Kirche verdammte die Knolle als dämonisches, lüsternes Gewächs und als Frucht des Bösen. In Frankreich wurde der Anbau sogar unter Strafe gestellt. Das sollte sich erst ändern, als die Regierenden in Europa den Wert der Kartoffel im Kampf gegen Hungersnöte erkannten.

In Österreich soll der Erdapfel erstmals um 1620 in Seitenstetten aufgetaucht sein. Der Abt des Stiftes, Kaspar Plautz, so heißt es, habe von einem belgischen Gärtner Erdäpfelknollen erhalten und sie im Klostergarten angebaut. Der Geistliche hielt viele praktische Tipps und Rezepte schriftlich fest, unter anderem ein Rezept für Erdäpfelsalat. In der Klosterküche selbst fand die satanische Knolle keinen Platz.

Erst Maria Theresia verpflichtete die Bauern, Erdäpfel (Bramburi) anzubauen. Speziell im hungerleidenden Waldviertel wurde der Anbau befohlen.

Der endgültige Durchbruch als Österreichernahrung gelang der Knolle im bayrischen Erbfolgekrieg zwischen Preußen und Österreich 1778 bis 1779, auch als „Kartoffelkrieg" bekannt. Die verfeindeten Truppen beraubten einander gegenseitig der Verpflegung und gruben sogar die Erdäpfel des Gegners aus.

Die nachtschattige Erdknolle der Inka hat als nationales Grundnahrungsmittel einen festen Platz im österreichischen Küchenuniversum. Kein Gericht jedoch halte ich für österreichischer als den Eadäpfesalod (Erdäpfelsalat). Und kein Gericht wird in Österreich patscherter zubereitet als der süßsauerwarme Patatenhaufen.

Wie es ginge, wenn es geht, lesen wir hier:

Erdäpfelsalat wird aus speckigen Erdäpfeln der Sorten Sieglinde und Kipfler zubereitet. Mit der Aussprache des Wortes „Kartoffel" misslingt das Gericht. Die Grundbirnen werden gewaschen und mit der Schale in Salzwasser gekocht. Den heißen Erdäpfeln ziehen wir dann mit einem Messer die Haut ab, die kleinen schwarzen Punkte, Augen genannt, stechen wir aus.

„Oisa woama" (noch warm) schneiden wir die Erdäpfel in Scheiben.

Währenddessen haben wir grob geschnittene Zwiebel in Wasser ausgekocht. In den abgeseihten heißen Sud (und nicht Rindsuppe, wie es oft getan wird) rühren wir körnerlosen Senf, streuen etwas Staubzucker, salzen und würzen mit gemahlenem weißen Pfeffer. Die Zwiebelpampe gießen wir jetzt über die geschnittenen Erdäpfel, sie sollen sich mit dem heißen Sud ansaufen. Die Hitze der Marinade wird die Erdäpfelstärke freisetzen, der Senf die Erdäpfel glitschig machen.

Jetzt muss der Salat rasten und Temperatur verlieren. Es wird Zeit, roten (und nur solchen) Zwiebel fein zu schneiden. Keinesfalls in Räder, wie es gerne und fälschlich gemacht wird. Über den lauwarmen Erdäpfelsud können wir jetzt Sonnenblumenöl schwenken. Ganz zuletzt kommen die roten Zwiebeln in den Erdäpfelsalat.

Erdäpfelsalat wird handwarm gegessen. Eine einzige Variante dieses Rezepts ist denkmöglich. Jene mit nussig schwarzem Kürbiskernöl. Und die auch nur in der Steiermark.

Das Gulasch

Das Gericht, das österreichische Speisekarten als „Gulasch" kennen, ist eigentlich ein Wiener Saftgulasch. Das klassische ungarische „gulyás" entspricht eher unserer Gulaschsuppe, während sich unser Gasthausgulasch aus dem „gulyás hús", einem Rindsragout-artigen Kesselgericht ungarischer Rinderhirten entwickelt hat, das um 1850 über Pressburg (das slowakische Bratislava und ungarische Pozsony) nach Wien gekommen war. Auf seiner Reise hat das Golasch die ursprünglichen Paprikaschoten durch fein gemahlenen Paprika ersetzt, den türkischen Pfeffer, wie man früher sagte.

Was österreichische Zungen als Gulasch/Golasch kennen, nennen die Ungarn „pörkölt". Mit Rahm versetzt heißt es „tokány" und muss nicht mal Paprika enthalten. Das „Szegediner Gulasch" stammt zwar auch aus Ungarn, aber nicht aus Szeged, sondern aus Budapest und heißt dort „Székely-gulyás". Es wurde von einem Herrn Székely, Archivar des Komitats Pest, erfunden, als dieser 1846 im Restaurant Spieluhr nach der Sperrstunde noch essen wollte, und sich nur mehr Reste von Sauerkraut und Pörkölt finden ließen. Heute heißt dieses Gericht „Székelykaposzta" (Székely-Kraut). Der „gulyás" ist im Ungarischen übrigens kein Gericht, sondern der Rinderhirte.

Nach übereinstimmender Erörterung mit meinem Bruder Christian Dusl, der vom Fünf-Sterne-Hotel bis zum Gasthaus schon überall gekocht hat, wolle man das Gulasch doch bitte so zubereiten:

Als Faustregel nehme man zu gleichen Gewichten weiße Zwiebel und großwürfelig geschnittenes Rindfleisch. Und zwar Wadschunken. Bei der Alternative gehen unsere Meinungen auseinander. Mein Bruder bekennt sich zum Rindswangerl, während ich fettarme, wenngleich großartige Ergebnisse mit dem Flachen Zapfen erzielt habe.

Im Gulaschkessel mache man Schweineschmalz heiß und schneide Zwiebel hinein. Um zu verhindern, dass die Zwiebel anbrennen, kann man sie salzen. Jetzt schmeiße man ganze gehäutete Knoblauchzehen nach und, wenn das langsam schwitzende Zwiebelfett bräunlich wird, Tomatenmark.

Das Geheimnis des Gulasch liegt in der Langsamkeit des Garens. Auch dem süßen Paprika tut das gut. Er löst sich in Fett und darf nicht anbrennen, weil er sonst bitter wird. Jetzt wolle man bitte aufgießen, mit klarem Wasser, etwa so viel, wie das spätere Gulasch an Volumen haben soll. In das Protogulasch bringe man Salz, Pfeffer, gemahlenen Kümmel ein, Majoran und Lorbeer. Die Mengen bestimme das Kochtalent.

Auf kleinster Flamme köchle das nun. Ohne Eile gebe man das Fleisch dazu. Keine Langsamkeit wäre hier zu groß. Das Geheimnis des Gulasch liegt in der Länge des Kochvorgangs. Wobei Kochen schon eine Übertreibung ist. Gulasch muss nicht kochen. Gulasch kann vor sich hin wärmen. Das zweite Geheimnis des Gulaschmojos: die geringe Temperatur.

Umrühren wolle man, wenn sich der Gedanke daran einstellt. Gulasch garen ist nichts für Kleingeister. Ein Gulasch kann nur zu früh, nie jedoch zu spät vom Herd genommen werden. Ich habe unglaublich schmackhafte Gulasch in Erinnerungen, die einen ganzen Tag auf dem Holzherd gestanden sind.

Irgendwann kommt es im Gulasch zu einer alchemischen Reaktion, die ich den Mojopunkt nenne. Innerhalb von Sekunden wechselt das Gulasch seine Farbe von einem rostig-flüssigen zu einem erdig-sämigen Braun.

Jedes Gulasch, das vor dem Mojopunkt in einen Teller gefüllt wird, ist ein vergebenes Gulasch. Ein Missverständnis. Ein Irrtum. Ein Unglück. Seine sämige Wirtshauskonsistenz bekommt das Gulasch erst jenseits des Mojopunkts. Mythologen des Gulasch wollen wissen, dass die schwarzbraunen Kesselreste alten Wirtshausgulaschs im neuen Gulasch weiterkochen und man getrost die Theorie des hundertjährigen Gulasch aufstellen könne.

Ja, daran glaube ich.

Das Glas Wasser

Zu einem Wiener Kaffee wird im österreichischen Kaffeehaus traditionell ein Glas Wasser mit einem darübergelegten Löffel serviert. Wie bei anderen Wienmythen bemühen sich auch um das legendäre „Glasl Leitungswasser" eine Vielzahl von Erklärungsschulen, die sich nicht immer auf den sicheren Pfaden der historischen Tatsächlichkeit bewegen. In jedem Fremdenführer lesen Wientouristen allerlei Gescheites, meist aber Falsches über die Wiener Kaffeehaustradition. Hartnäckig wird die Erfindung des Wiener Kaffees einem gewissen Georg Franz Kolschitzky zugeschrieben, der die ersten Wiener Bohnen 1683 im verwaisten türkischen Heerlager gefunden haben will, als der armenische Kaffeesieder Deodato schon lange Jahre eine Monopol-Konzession in der Wirtshaustasche hatte.

Bei den damaligen Verarbeitungen der Bohnen entstand durch Rösten und Überbrühen mit kochend heißem Wasser Gerbsäure. Das Glas Wasser (das es im Übrigen auch in Griechenland zum Kaffee gibt) wurde seit Anbeginn mitteleuropäischer Kaffeehauskultur zur Geschmacksneutralisierung, beziehungsweise Entsäuerung von Magen und Speiseröhre verwendet. Seit Deodatos Zeiten, zu denen Kaffee in Wien noch „à la turque", also türkisch getrunken wurde, diente es allerdings auch dazu, den Kaffeesatz aus den Zähnen zu spülen.

Aus dem aristokratischen Lager kommen zwei unterschiedliche Deutungsansätze. Nach Idee einer kaiserlichen Kommission, erstmals eingesetzt von Maria Theresia, dient das Wasser zum Kaffee als Nachweis einer hervorragenden Wasserqualität. Haben doch die Wiener Hausbrunnen vor der Einrichtung der Hochquellwasserleitung nur selten Trinkwasser geliefert. Dem schwarzen Brühgetränk war daher die Qualität des Wassers, mit dem es zubereitet wurde, nicht anzusehen. Ein Glas klaren Wassers habe als Nachweis wohlschmeckenden Brunnenwassers gedient. Eine andere Logik erklärt den ursprünglichen Sinn und Zweck des Glases Wasser zu einer Frage der Etikette. Als der Genuss von Kaffee noch Adeligen vorbehalten war, sei es unschicklich gewesen, den Löffel einfach abzulecken oder auf die Untertasse zurückzulegen. Daher wurde ein Glas Leitungswasser mitserviert, in dem der Löffel abgelegt werden konnte.

Medizinische Erkenntnisse wiederum bestätigen die kaffeehausgeherische Körperbeobachtung, der Bohnentrunk sei harntreibend und bringe den Wasserhaushalt aus dem Gleichgewicht, weil das im Kaffee enthaltene Koffein (ähnlich wie Alkohol und einige Arzneimittelwirkstoffe) dem Körper Wasser und Mineralstoffe entziehe. Den Grund dafür sehen Physiologen im antidiuretischen Hormon (ADH, Adiuretin, Vasopressin). Es kontrolliert die Flüssigkeitsausscheidung der Nieren. Fehlt es oder wird seine Bildung durch Koffein und Alkohol gehemmt, scheidet die Niere vermehrt Wasser aus.

Das automatische Service des „Glasl Wasser" dürfte lange vor Einsicht in diese Vorgänge, in einem evolutionären Zusammenspiel von Toilettenfrequenz und Kaffeehausalchemie entstanden sein.

Der Kaiserschmarrn

Kronenkraxler rücken die Entstehung der üppigen Teigspeise in die unmittelbare Nähe Kaiser Franz Josephs. Der Legende nach soll der gerissene Omlettenhaufen dem Kaiser bei einem seiner Jagdausflüge im Salzkammergut vorgesetzt worden sein. Den simplen Holzfällerschmarrn hätte man ihm zu Ehren mit guten Zutaten wie Milch, Rosinen und Eiern verfeinert. So sei aus einem derben Waldarbeitergericht ein vornehmer Kaiserschmarrn geworden.

Andere Legenden wollen im Kaiserschmarrn eine Wortschöpfung kaisertreuer Landsleute sehen, die besonders beliebten und daher besonders vielen Grundgerichten ihrer Küche die Monarchensilben voranstellte. So kennt die österreichische Küche den Kaiserauszug (Mehl der besten Qualität), das Kaiserfleisch (geräucherte Schweinebrust), den Kaisergspritzten (Mostschorle mit Holunderblütensirup), das Kaisergulasch (eine Kalbfleischvariante mit Kapern), die Kaisermelange (Mokka mit Eigelb und Cognac), das Kaiserschnitzel (Kalbsnuss mit gehackten Sardellen, Kapern und Zitronensaft) und die Kaisersemmel. Alles bei Kaiserwetter zu genießen.

Tatsächlich ist der Kaiserschmarrn ein Kaserschmarrn, das schwere Gericht der Kaser, der hochalpinen Käsemacher. Sprachlich kommt der Schmarrn vom Schmer, vom Fettbrei.

Nirgendwo habe ich je einen besseren Ka(i)serschmarrn gegessen als bei Heli König auf der Loserhütte ob Altaussee. Liegt es an der würzig-kalkigen Luft des Losers, an den Nebelschwaden, die vom Altausseersee heraufziehen, oder geben die Kühe auf der Augstalm auf 1540 Meter andere Milch?

Heli König jedenfalls nimmt für seinen Ka(i)serschmarrn vier Eier, ein Achtelliter Milch, eine Prise Salz und einen halben Esslöffel glattes Mehl. In der großen Pfanne (soll der Schmarrn nach Eisen schmecken, darf es eine eherne sein) schmilzt er Butter und Margarine. Bei mäßiger Hitze kommt der gut verrührte Palatschinkenteig einen kleinen Finger dick in die Pfanne. Der Teig bäckt sich jetzt von unten her durch. In den oben noch feuchten Kuchen streut der Loserkönig Zibeben. Weil das erst jetzt passiert, fallen sie locker in den Teig und können nicht klumpen. Während ich die Pfanne jetzt ins Rohr schöbe, um dem Omelett von oben Hitze zu geben, legt Heli König aus demselben Grund einen Deckel auf. Und dann wird das dicke Omelett mit zwei Spateln in Stücke gerissen und mit Kristallzucker eingestaubt. Staubzucker würde nicht karamellisieren, sondern sich nur untätig in die Butter schmieren. Anders der Kristallzucker, der von der Hitze der Pfannenränder zu köstlichen Mikrozuckerln verglast wird und in den Poren der goldbraunen Schmarrnstückchen festschmilzt. Im Finale löscht Heli König den Rissteig mit einem Stamperl 38-prozentigem Inländerrum. Der Schmarrn kommt in der heißen Pfanne auf den Tisch. Mit Staubzucker angeschneit, wie der Sarsteinrücken an einem Schnürlregentag.

Das Lanterlied

1985 drehte sich die Welt der Töne noch auf dem Plattenteller. Auf der mittlerweile vergriffenen LP „I oder I" ließ der Bühnengöd aller Kabarettisten, Lukas Resetarits, sein Alter Ego Branko Simic, einen kroatischen Gastarbeiter der ersten Generation, vom Leder ziehen. Branko Simic paukt das Österreichersein, um die begehrte Staatsbürgerschaft zu bekommen, den Schein der Scheine, das Dokument der Dokumente. Das Einmaleins des Österreichertums hat Branko schon am Bau gelernt. Wie man mit dem Chef trinkt und ihm nach dem Munde redet, was man wissen soll und was nicht: Geschichte nur seit 45. Lieder nur davor. Sein Supersohn ist auch schon assimiliert, hat den Hauptschul-B-Zug (B für besser) absolviert und schreit „Tschuschen raus" am Fußballplatz. Branko ist stolz und bestens drauf. Die Hymnen des Landes kann er auch schon, das „Horst-Wessel-Lied", den „Westerwald". Nur eines müsse er noch „iben", das Lanterlied. Das Lied vom elektrischen Strom. Und dann schmettert Resetarits/Branko mit dem Tenor der Ergriffenen:

„Lanter Berge, Lanter Strome, Lanter Ekar, Lanter Dohume ..."

Das Lanterlied ist die Letzte einer ganzen Reihe österreichischer Hymnen. Begonnen hatte alles mit der Kaiserhymne. Ihre Komposition wurde nach der Französischen Revolution aus patriotischen Gründen angeregt. Dabei ist höchstwahrscheinlich schon die zündende Melodie der „Marseillaise", der Urmutter des politischen Liedes, Jahre vor der Revolution von einem Österreicher komponiert worden. Von dem späteren Pariser Klavierfabrikanten Ignaz Pleyel nämlich.

Der Haydn-Schüler war 1757 als 24. Kind eines Schulmeisters in Ruppersthal bei Kirchberg am Wagram geboren worden, über Italien und das Elsass nach Frankreich ausgewandert und hatte dort musikalische Fortune gemacht.

Den Gegenentwurf hatte Joseph Haydn, wie es heißt, nach einem kroatischen Volkslied gestaltet. Die Hymne, 1797 erstmals abgesungen, wurde zur berühmten „Kaiserhymne". Ihr Text wurde immer wieder variiert, meist weil eine kaiserliche Majestät gerade verblichen war oder es sonst wie staatspolitischen Änderungsbedarf gab. 1854 wurde der bis zum Ende der Monarchie gültige Text „Gott erhalte, Gott beschütze" eingeführt, der die Kaiser nicht mehr bei den jeweiligen Vornamen nannte.

Dem Charakter des Vielvölkerstaats entsprechend wurde das Kaiserlied bis zum Ende der Monarchie in 13 Sprachen gesungen.

Schon knapp nach der Ausrufung der Republik am 12. November 1918 trafen in der Staatskanzlei Entwürfe für eine neue Hymne ein. Der Operettenkomponist Carl Michael Ziehrer hatte ein „Lied der Deutschen" als „Nationalhymne" vorgelegt. Möglicherweise wurde Staatsgründer Karl Renner dadurch ermuntert, selbst zum Reimlexikon zu greifen. Er besuchte den Komponisten der Oper „Der Evangelimann", Wilhelm Kienzl, und bat ihn, ein von ihm mitgebrachtes Gedicht zu vertonen. Kienzl winkte ab und musste mühsam überredet werden. Gegen die unsterbliche Haydnmelodie wollte und konnte er nichts Gleichwertiges in Noten setzen.

Am 15. Juli 1920 wurde diese Renner-Kienzl-Hymne am Wiener Heldenplatz zur Vereidigung der neuen deutsch-österreichischen Wehrmacht uraufgeführt. Kienzl hatte das Desaster kommen gesehen. Die inoffizielle Hymne der Ersten Republik, „Deutsch-Österreich, du herrliches Land", konnte sich wegen der unsanglichen Melodie nicht durchsetzen. Text und Melodie wurden unterschiedlich aufgenommen. „Haydn", ätzte das Feuilleton, habe eine „erste Zusammenfassung der österreichischen Seele" vollbracht, „den österreichischen Volkscharakter in eine Melodie gesammelt", sein Lied stelle zusammen mit „Prinz Eugen" und dem „Donauwalzer" Österreich volksmusikalisch dar. Kienzls Melodie hingegen sei ein „Marschlied für die Massen", das erst in der Schlussphrase „merksam und einladend" werde. Renners Worte, Phrasen wie „treusinnig", „Duldervolk", „Bergländerbund", „Ostalpenbund" sah man weniger als poetische denn als diplomatische Leistung. Sie waren Konstrukte eines Staatskanzlisten.

Zudem gab es ein Revival der alten Haydn-Melodie. Ihr neuer ganz und gar nicht österreichischer Text „Sei gesegnet ohne Ende, Heimaterde wunderhold! Freundlich schmücken dein Gelände, Tannengrün und Ährengold. Deutsche Arbeit ernst und ehrlich, deutsche Liebe zart und weich, Vaterland, wie bist du herrlich, Gott mit dir, mein Österreich!" stammte vom Augustiner-Chorherrn Otto Kernstock. 1929 wurde die wunderholde Kombination zur offiziellen Bundeshymne erklärt. Ab 1936 wurde zusammen mit dieser Melodie bei zahlreichen Gelegenheiten das „Lied der Jugend" gesungen. Es war während des austrofaschistischen Ständestaates im Zuge des Märtyrerkults um Engelbert Dollfuß in Umlauf gekommen und diente der Glorifizierung des klerikalfaschistischen Diktators. Hinter dem Autorenpseudonym „Austriacus", dem Textdichter des Dollfußlieds, verbargen sich die Komponisten Rudolf Henz und Nico Dostal.

Die Nationalsozialisten hingegen vermuteten den legendären Hermann Leopoldi (bürgerlich Ferdinand Kohn) hinter der Musik. Die Melodie orientierte sich am Horst-Wessel-Lied und preußischen Märschen. Rudolf Henz berichtete später, dass Nico Dostal die Melodie komponiert hatte, nachdem er „eine Nacht hindurch Giovinezza-Platten laufen" hatte lassen, die Triumphhymne der italienischen Faschisten. Henz selbst hatte, als er sich an der Komposition beteiligte, nach seinen Angaben „das Horst-Wessel-Lied im Ohr". Hermann Leopoldi wurde aufgrund der Vermutung des *Völkischen Beobachters*, er verberge sich hinter dem Pseudonym „Austriacus", im Mai 1938 verhaftet und in das KZ Dachau gebracht. Ein Anruf der Gestapo bei Henz klärte den Sachverhalt: Leopoldi wurde enthaftet und von den Nazis zur Auswanderung „freigegeben".

Nach dem Anschluss und während der Zeit des Nationalsozialismus sangen die Österreicher das Deutschlandlied zusammen mit dem faschistischen Original. Dem Horst-Wessel-Lied.

Hermann Leopoldi sang seine Lieder in einer Pianobar in Manhattan. Auf Englisch, vor Exilwienern, die noch rechtzeitig vor den Nazis hatten flüchten können.

Anlässlich der Proklamation der Unabhängigkeit Österreichs am 29. April 1945 vor dem Parlament erklang mangels politisch korrekter Musikliteratur der Donauwalzer. Hugo Portisch berichtet gar, 1946 sei beim Fußball-Länderspiel gegen Frankreich der Marsch „O Du mein Österreich" des dalmatinischen Operettenkomponisten Franz von Suppé intoniert worden.

„Ein Lied hymnischen Charakters" musste also her, „das den neuen österreichischen Bundesstaat und seine Menschen im In- und Ausland sowohl textlich als auch musikalisch würdig zu repräsentieren" vermöge. So lautete der Text eines Preisausschreibens, das der Ministerrat ein Jahr nach Kriegsende veranstaltete. Die Weiterverwendung der Haydn-Melodie würde man im Ausland als Provokation empfinden, eine neue Volkshymne war gefragt. Teilnahmeberechtigt waren alle Bundesbürger mit Ausnahme ehemaliger NSDAP-Mitglieder. Als erster Preis waren 10.000 Schilling ausgelobt, gesucht war eine dreistrophige Hymne. Innerhalb von zehn Wochen trudelten 1800 Vorschläge ein, 200 kamen in die engere Wahl.

Eine Jury vergab dem Freimaurer-Bundeslied „Brüder, reicht die Hand zum Bunde" 107 von 120 möglichen Punkten. Daraufhin beschloss der Ministerrat am 22. Oktober 1946, das „Bundeslied", das man für ein Werk Wolfgang Amadeus Mozarts hielt, zur neuen Bundeshymne zu erklären. Über den Text war man sich noch nicht einig. Man trat an neun Teilnehmer des Preisausschreibens, darunter Paula Grogger, Alexander Lernet-Holenia und Paula von Preradović heran, sich nochmals in die Dichterkartause zu begeben und einen neuen Text vorzulegen. Schließlich entschied man sich für eine leicht veränderte Version des ursprünglichen Vorschlages der kroatischen Lyrikerin und Erzählerin Paula von Preradović , der Mutter von Fritz und Otto Molden, die schon fast wie der heutige Text klang: „Land der Berge, Land am Strome, Land der Äcker, Hämmer, Dome, arbeitsam und liederreich. Großer Väter freie Söhne, Volk, begnadet für das Schöne, vielgerühmtes Österreich. "

Einer von Preradovićs Söhnen, der NS-Widerstandskämpfer und spätere Verleger Fritz Molden, berichtet über die näheren Umstände der Entstehung der österreichischen Bundeshymne: Mama Molden/Preradović sei vom Hymnenauftrag nicht sonderlich begeistert gewesen. Nicht nur hätte sie nie an irgendwelchen Wettbewerben teilgenommen, sie hatte auch keine Beziehung zu dem getragenen Versmaß, das für die vorliegende Melodie notwendig war. Überdies hatte sie genügend anderes zu tun, arbeitete an einem neuen Romanzyklus und dachte, es würde schon jemand anderer einen geeigneten Text einschicken. Unterrichtsminister Felix Hurdes aber habe nicht locker gelassen und nach mehrmaligem Urgieren hätte sich Preradović hingesetzt und eines Nachmittags einen Entwurf verfasst. Diesen habe sie der Familie am selben Abend vorgelesen, die männlichen Familienmitglieder hätten ihn abgenickt. Daran, dass er gewählt werden würde, habe niemand gedacht. Hurdes persönlich übermittelte die positive Nachricht. Daraufhin improvisierten die Moldens ein kleines Fest, denn „man hat ja nicht alle Tage jemanden in der Familie, der den Text der Bundeshymne geschrieben hat." Moldenmutter Paula von Preradović setzte sich ans Klavier und sang die erste Strophe vor. Darauf fiel den beiden Söhnen nichts Besseres ein, als den Text sogleich zu persiflieren. Schon nach zehn Minuten hatten die Dichtersöhne eine spöttische Version gereimt: „Land der Erbsen, Land der Bohnen, Land der vier alliierten Zonen, wir verkaufen dich im Schleich, vielgeliebtes Österreich!"

Diese Version fand ein begeistertes Publikum unter Wiener Gymnasiasten. Die Bundeshymne selbst hatte größere Anlaufschwierigkeiten und in denen steckt sie heute noch.

Zu allem Überdruss stammte die Melodie, wie Musikwissenschafter herausfanden, gar nicht vom Nationalheiligen Wolfgang Amadeus Mozart, sondern viel eher von dem 1753 in Korneuburg geborenen und 1818 in Wien verstorbenen „Claviermeister" Johann Holzer, der so etwas wie Hauskomponist von Mozarts Freimaurerloge „Zur Wahren Eintracht" war. Holzers Freimaurerlied „Im Namen der Armen" zeigt eine signifikante Ähnlichkeit mit dem „Kettenlied", der Melodie der heutigen österreichischen Bundeshymne. Experten zweifeln also nicht an seiner Autorenschaft. Gegen Mozart sprechen vier Instrumental-Takte zur Überbrückung von Textlücken. Für ein musikalisches Genie wie Mozart wären solche Hacker undenkbar. Der Wolferl hätte es besser hingekriegt.

Der Text von einer Kroatin, die Melodie von einem Freimaurer, noch dazu von einem unbekannten, kein Wunder, dass sich der österreichische Fußballer schwer tut mit der Inkantation der Nationalhymne. Die Fernsehbilder gequälter Kicker, die vor dem Ländermatch das Lanterlied runternudeln, gehören zum kollektiven Gedächtnis des Landes.

Das schwerfällige Pathos der Melodie beendete jahrzehntelang die Sendezeit des Österreichischen Rundfunks. Zum bildschirmfüllenden Flattern der rotweißroten Fahne schrammte das Lanterlied aus dem Bildschirm. Danach war nur mehr graues Rauschen.

Weil das Land der Berge, der Äcker und der Hämmer nicht nur söhnereich ist, sondern gewiss auch töchtervoll, wurde jüngst nach einer Femalisierung des Preradovićtextes gerufen. Wolfgang Schüssels blauschwarze Koalition konnte sich dafür nicht erwärmen. Der Bevölkerung ist das Lied ohnedies wurscht.

Als heimliche Hymnen des Landes gelten nämlich die Neujahrskonzert-Schlager „Radetzkymarsch", der „Donauwalzer" und die sentimental-naive Kitschballade „I am from Austria" von Rainhard Fendrich. US-Amerikaner halten überhaupt das Lied „Edelweiß" aus dem Trappfamilien-Musical „Sound of Music" für die Landeshymne.

Dann doch lieber Branko Simics Lanterlied.

Der Linkswalzer

Im Österreich der Vorteile und Vorurteile hat der Spaß der Paarung seine eigene Funktion. Bei keiner Gelegenheit ist es günstiger, Geschäfte und Gspusis einzufädeln, als bei einem Ball. In der österreichischen Faschingszeit vergeht kein Tag, an dem nicht mindestens ein Dutzend Bälle stattfänden. Die Ballsaison gilt als fünfte Jahreszeit, eingezwickelt zwischen Frühwinter und Vorfrühling. Sie beginnt offiziell am 11.11. jeden Jahres, konsequenterweise um 11 Uhr 11, neuerdings mit einer Fledermaus-Quadrille am Stock im Eisen-Platz, dem inoffiziellen Mittelpunkt Wiens. Ein zweiter großer und landesweit begangener Startschuss ist der Silvesterabend, wo um Punkt Mitternacht derangierte Österreicher zu den Fernsehklängen der Staatsglocke Pummerin und des Donauwalzers von Sankt Johann Strauß ins neue Jahr und eine lange Katernacht tanzen. Das Phänomen ist klassenübergreifend und steckt im Hausmeister wie in der Hofratswitwe.

Bälle gibt es zwar auf der ganzen Welt, aber nirgendwo außer in Österreich hat sich das schön bekleidete Saaltanzen zu einer identitätsstiftenden Institution ausgebildet. Zu diesem Ballfieber hatte das

Land während des Wiener Kongresses gefunden. Die Neuordnung Europas nach Napoleons Umackerung hatte im September 1814 begonnen und knapp 9 Monate gedauert. Eine Art Super-G9-Gipfel im biedermeierlichen Wien. Es trafen sich Kaiser, Könige, Kanzler, Konkubinen und Konditoren. Unzählige rauschende Feste begleiteten den sündteuren Kongress, die politisch-diplomatischen Aufgaben gingen indes nur schleppend voran, weshalb sich der österreichische Feldmarschall Fürst von Ligne die Diagnose erlaubte: „Le congrès ne marche pas, il danse!" Der Kongress schreitet nicht voran, er tanzt. Das Ballfieber in der Stadt sollte dennoch bis heute chronisch bleiben. Jedes Jahr finden so viele Bälle statt, dass ein eigener Ballkalender aufgelegt werden muss, damit Ballsüchtige den Überblick bewahren und Würstelständler wissen, wann und wo mit nächtlichen Überfällen burenwursthungriger Nachtvögel gerechnet werden muss. Der frühmorgendliche Würstelstandbesuch gehört zur durchgetanzten Ballnacht wie der Senkel zum Schuh.

Regierungen mögen wechseln, Staatsformen vergehen, die Ballsaison behält ihre eherne Gültigkeit.

Bälle haben ihren traditionellen Termin innerhalb der Saison und sie finden immer am gleichen Ort statt. Der Ball der Wiener Philharmoniker und der Techniker-Cercle stets im Wiener Musikverein, die Bälle der Ärzte, Juristen, Jäger und Kaffeesieder in der Hofburg, der Ball der Gewichtheber im „Schutzhaus Zukunft auf der Schmelz" und jener der Rauchfangkehrer im Parkhotel Schönbrunn. Manche Bälle sind gar veritable Heiratsbörsen, wie der Ball der Fleischhauersmeisterssöhne und -töchter. Sogar einen Ball der Obdachlosen gibt es und einen der Flüchtlinge. Und einen des schlechten Geschmacks. Für alle ist gesorgt, keiner kann sich drücken. Und der Life Ball, die terminliche und gesellschaftliche Antipode zum bürgerlichen Opernball, ist mittlerweile überhaupt weltberühmt.

Mit der Zauberformel „Alles Walzer!" startet Thomas Schäfer-Elmayer, Betreiber des „Elmayer", der wohl berühmtesten Tanz- und Benimmschmiede des Landes, den bekanntesten und umstrittensten Ball des Landes, den Opernball. Robert Hysek, der legendäre Vorgänger Elmayers, zwei Jahrzehnte lang Zeremonienmeister des Staatsballs, hatte das Ritual gern mit Spannung versetzt. Nach seinem „Alles Walzer!" hatte der Phlegmatiker kurz den Atem angehalten und nach einer effektvollen Pause „und viel Vergnügen" geseufzt. Elmayer, der aus der Wirtschaft kommt und früher Manager war, hält den Satz kurz und bündig, wie einst von Johann Strauß Sohn vorgegeben: „Alles Walzer!"

Dann beginnen sich Aberhunderte von älteren und jüngeren Paaren in teuren Ballroben, Fräcken und Smokings über das frisch gebohnerte Opernparkett zu drehen und sich derb in die zerbrechlichen Bewegungen des Jungherren- und Jungdamen-Komitees zu mischen. Aus den Logen hängen die frisierten Gesichter der Hochfinanz, der Industrie und des politischen Establishments. Sie schmücken sich mit Soubretten und Kapellmeistern, Schauspielern und Gesellschaftsmalern. Und dann gibt es noch den Ingeniör, einen tattrigen aber steinreichen Baumeister, der sich sehr zum Missfallen der Organisations-Mamsell und anderer Liebhaber des guten Geschmacks jährlich einen hochbezahlten und kurvenreichen weiblichen Gast aus Übersee in die Loge setzt. Würde die abgehalfterte Schauspielerin oder das Millionärstöchterl im Hotel Sacher logieren, sähe die Sache anders aus. Die Traditionsherberge hinter der Oper gehört nämlich der Organisations-Mamsell. Ironie der Geschichte: Die Sacher-Chefin gibt ihr Amt genervt ab, der Baumeister sitzt unbeschädigt an den Faxgeräten, um seinen nächsten Gast zu buchen. Alles dreht sich wie gesagt um Kurven.

Kein Tanz wäre besser geeignet, die Drehungen und Wendungen der österreichischen Gesellschaft zu illustrieren, als der Walzer. Der älteste der modernen bürgerlichen Gesellschaftstänze wurde noch vor der Französischen Revolution berühmt, weil er das aristokratische Menuett als maßgebenden Gesellschaftstanz verdrängt hatte. Entstanden ist der Walzer aus dem „Deutschen Tanz", einem volkstümlichen Drehtanz für Einzelpaare im 3/4- oder 3/8-Takt. Wegen der engen Körperhaltung galt der Tanz als unmoralisch. Zunächst wegen Unzüchtigkeit, etwa weil die Fußknöchel der Damen sichtbar wurden. Dann aber auch und vor allem wegen der ständigen Berührung der Paare. Der sexuelle Paarungslauf wurde sehr schnell getanzt.

Gegen den Widerstand von Kirche und Adel setzte sich der unzüchtige „Deutsche" als „niederer" Tanz im Zuge der bürgerlichen Emanzipationsbewegung und der Französischen Revolution etwa ab 1790 zuerst in Wien durch. Der aufgeklärte Kaiser Joseph II. gab für Bälle in den Redoutensälen „Deutsche" bei den besten Musikern seiner Zeit in Auftrag. Bei Haydn, Mozart und Beethoven. Anfang des 19. Jahrhunderts ging der „Deutsche" unter Beschleunigung des Tempos in den Wiener Walzer über. Selbst Franz Schubert nannte seine Walzer anfangs noch „Deutsche". Nach dem Wiener Kongress hatte sich der „deutsche Nationaltanz" international durchgesetzt und wurde zum führenden Gesellschaftstanz des 19. Jahrhunderts. Hier bekam er auch seine schwebende Form. Die berühmten Musikstücke Josef Lanners, von Vaterjohann und Sohnjohann Strauß haben das Genre für immer auf höchstem Niveau fixiert. Der Wiener Walzer wird als einer der fünf Standardtänze weltweit auf jedem Standard-Turnier getanzt.

Auf einem österreichischen Ball wird der Walzer stets links herum getanzt. Wegen des Gedränges am Parkett stockt der Walzerfluss wie der Verkehr auf der Tauernautobahn zu Ferienbeginn. Chance auf ungestümes Walzern haben nur die Spezialisten. Jene Paare, die eine Variante des Linkswalzers aus den Hüften schütteln, die man als Fleckerlwalzer kennt. Seine Wurzeln hat dieser atemberaubende und schwindelerregende Walzer in der tiefsten Weststeiermark. Dort hat sich in den Dreißigerjahren ein Brautpaar einfach auf den Tisch gestellt und auf kleinster Fläche links gedreht. Aus dem ursteirischen Fleckerltanz hat sich später der Linkswalzer entwickelt. Ein Tanz, bei dem Ungeübten vom Zuschauen und Untalentierten von der Durchführung schwindlig wird. Notabene, wenn die Beteiligten schon einige Flöten Sekt intus haben.

Das Schweigen
Zwischen Nierenwäsche und Sandkiste

„Es war sehr schön, es hat mich sehr gefreut." 68 Jahre gehörte rhetorische Einfalt zum allerhöchsten der zitablen Gefühle. Kaiser Franz Joseph regierte einen Vielvölkerstaat mit der Unaufgeregtheit eines Provinztrafikanten. Ohne es zu wollen und ganz sicher ohne es zu wissen, hat der pausbärtige Schönwettermonarch damit für Jahrhunderte den Grundton österreichischer Beredsamkeit gesetzt.

Die Vielfalt der k.u.k. Dampfplauderei hat Karl Kraus in den Letzten Tagen der Menschheit in atemberaubend genauen Vignetten beschrieben. Von den bierlüstern-deutschtümelnden Redeschwällen der Korporierten bis zur sedierenden Feiertagsansprache der katholisierenden Provinzpolitik hat die österreichische Rede auf ihrer langen Reise ins 21. Jahrhundert wenig an Unschärfe eingebüßt.

Das mag der Grund sein, warum das Schweigen in Schnitzelland stets für Philosophie gehalten wird.

Sonnenkönig Bruno Kreisky schwieg vor allem, um den in ihm schwelenden Grant zu verbergen, als Körper und Urteilsvermögen von den versagenden Nieren nicht mehr entgiftet wurden. Vor seiner Nierentransplantation ließ er wichtige Entscheidungen und heikle Termine gleich nach eine Blutwäsche legen, Kritikerschelte und Oppositionsdisziplinierung landeten im Irrsinn vor der Dialyse.

Von Kreiskys Nachfolger Fred Sinowatz sind keine lebensbedrohlichen Vergiftungen bekannt. Rotwein hob bei ihm weder Stimme noch Stimmung signifikant. Das österreichische Republikum hielt Sinowatz deswegen zu Unrecht für dröge. Es hatte noch die manisch-depressiven Schwankungen der trinkfrohen Tribune Figl und Raab in verklärter Erinnerung. Sinowatz kämpfte auch mit einem anderen Dämon, der Logorrhö eines jungen Populisten mit unsauberen politischen Sehnsüchten. Gegen das giftige Wettern des Schuhmachersohnes aus Bad Goisern wusste der Bundeskanzler mit dem burgenländischen Phlegma nur die pure Wahrheit zu bemühen: „Es ist alles sehr kompliziert." Und es sollte noch viel komplizierter werden. Von Franz Vranitzky sind keine Heißluftdispute in Erinnerung. Der Aufsichtsratsvorsitzende der ersten größeren Koalition seit Langem schwieg mit der Bedachtsamkeit des erfolgreichen Bankiers. Hier ein Wort und da. Kein Sätzchen zu viel. Ein Bundeskanzler ist kein Schuhverkäufer.

Ganz eindeutig zu wenig sprach der hagere Mann in der Hofburg. Der einstige UN-General hatte Gedächtnislücken betreffend tragischer Teile seiner Biografie. Kurt Waldheim schwieg stellvertretend für eine ganze Generation. Und wenn er sprach, dann hatte sein Timbre einen wehleidigen Oberton, als hätte man ihn gerade aus einem lauschigen Nachmittagsschlaf geweckt. Auch sein Pferd wollte Waldheim nicht zu sehr mit Erinnerungen belasten. Es war schließlich öfter dabei gewesen als er.

Im Schweigeschatten Kurt Waldheims wurde eine Generation geschichtsverklärender junger Männer groß und übermütig: Jörg Haiders Buberlpartie. Ganz wie ihr Vorbild schulte das schnatternde Trüppchen seine Lippen in Redewettbewerben, Rhetorikseminaren und Wahlkampfreden.

Hochkonjunktur sollte die Produktion von heißer Luft mit der Ablöse des schwatzhaften Bundeskanzlerdarstellers Viktor Klima durch seinen ehrgeizigen und hinterlistigen Vizekanzler Wolfgang Schüssel bekommen.

Kaum hatte er im großen Bundeskanzlersessel Platz genommen, versagte sich Schüssel angesichts weltweiten Unwohlseins über seine Koalition den Diskurs. Zwischen Ballhausplatz und Hofburg wurde überhaupt geschwiegen.

In bester Erinnerung ist die schweigende Grabesmiene, mit der der Straßenbahnersohn aus Erdberg, UHBP Thomas Klestil die Angelobung von Wolfgang Schüssel und seinem Häufchen seltsamer Koalitionsgefährten hinter sich brachte. Von der Eisigkeit dieser Schweigemomente sollte sich Klestil nie wieder erholen.

Das Spiel, das der Strategiemaniker Schüssel spielte, war für die einen klar, für die anderen unsichtbar: Die ÖVP-Politiker sollten sich durch staatsmännischen Gestus profilieren. Im besten Falle orientierte sich das an den guten Momenten Kreiskyscher Souveränität, im schlechtesten Fall geriet es zu nichtssagendem Verkaufsgeschwurbel oder zu pfäffischer Belehrung.

Schnattergänse wie Susanne Riess-Passer und Peter Westenthaler oder gar der frauenministernde Sprachdadaist Herbert Haupt kämpften erbittert um die Hegemonie im Reich der hohlen Phrase. Niemand jedoch beherrschte die Artistik, mit vielen Worten absolut nichts zu sagen, so gut wie der ehemalige Lieblingsjüngling Jörg Haiders. Karl-Heinz Grassers Talent kam nicht von ungefähr. Als Sohn aus bestem Autohaus war ihm die Technik des Verkaufsgesprächs schon in den Kindersitz gelegt worden.

Zwischen diesen beiden Polen, seinem eigenen jesuitischen Schweigen und dem charismatisch-bübischen Schlagzeilensprech seines Kristallprinzen, spannte Wolfgang Schüssel den Sternenhimmel der konservativen Hegemonie auf. Dem depressiven Vollblutrhetoriker Jörg Haider war in diesem Zirkuszelt nur mehr die Rolle des alternden Clowns zugedacht.

Mit allem hatte Wolfgang Schüssel gerechnet, nur nicht mit einem: Dass ausgerechnet der schwerfällig-hedonistische Alfred Gusenbauer ihn im direkten Duell besiegen würde. Das Szenario schien so unwahrscheinlich, dass ihm weder in der Strategieplanung Schüssels noch in der von Gusenbauer auch nur der Funken einer Chance eingeräumt wurde.

Die Kanzlerschaft überfiel Gusenbauer mit der Gewalt eines Tsunamis. Der begabte Redner und glaubwürdige Sorgenanwalt ramponierte sein frisch keimendes Image als Volkskanzler mit unbedachten Sprüchen und altklugen Phrasen. Noch vor kurzem galt er als beratungsresistent, dann lief Gusenbauer angesichts versemmelter Regierungsverhandlungen und steil fallender Sympathiewerte in die Schweigekurve ein. Dass der dickschädelige Ybbser von Freund und Feind unterschätzt wird, schuldet er dem Fernsehen, das seine Talente nur verzerrt wiedergibt.

Im April 2007 hatte ich für den *Falter,* mein Leib- und Magenheft, ein Titelblatt gezeichnet, das Gusenbauer im engen roten Heroentrikot zeigt. Ein grantiger Supergusi stoppt mit bloßen Handflächen einen anfliegenden Eurofighter. Die Pose habe ich von den Ausseer Gendarmen in Erinnerung, die sogestalt die aufgebohrten Fiats der Hotelkellner stellten. Und dann war ich ins Bundeskanzleramt eingeladen worden. Supergusi ist ein Bildersammler und an meinem Bild wollte er nicht vorbei. Metternichs Kommandozentrale ist ein schrecklicher Bau, verschachtelt und kalt, mit einem Gebäudekharma, als hätte man eine Gruft nach oben gestülpt. Aber Supergusi war ein Bringer. Er war alert und verschwitzt und ich kam nicht oft zu Wort. Im Besserwissen, einer Disziplin, in der ich gewiss keine Dilettantin bin, spielt er eine Klasse über mir.

Die Sozialpartnerschaft

Eine der Geheimoberflächen Österreichs kennen wir unter dem nebulosen Begriff „Sozialpartnerschaft". Jahrzehntelang war diese ebenso komplizierte wie komplexe Schattenregierung tätig, aber außer den Beteiligten und einem ausgewiesenen Kreis von Spezialisten konnte niemand so richtig sagen, was sie tat und wie sie funktionierte. Vielleicht lag das auch daran, dass sie nie in einem Gesetz festgeschrieben wurde.

Politologen nennen den Mechanismus der Sozialpartnerschaft „Neo-Korporatismus", ein gegenseitiges Abhängigkeitsverhältnis von Akteuren der Gewerkschaften und der Arbeitgeberverbände, geprägt von Aushandlungsmechanismen, Nichtöffentlichkeit und weitgehender Informalität. Ein Geheimösterreich der Handschläge. Die vertretenen Verbände haben für ihren Bereich ein Repräsentationsmonopol. Ausgehandelte Ergebnisse können sie ihren Mitgliedern gegenüber durchsetzen. Eine Art Krieg, bei dem darauf geachtet wird, dass er einerseits nie aufhört und andererseits der Gegner nie vernichtend geschlagen wird. Die ersten Kontakte zwischen den beiden großen Lagern des Landes wurden in einer Freimaurerloge geknüpft. Der Unternehmer und Präsident der Industriellenvereinigung Josef Trebitsch, Meister vom Stuhl der Loge „Lessing zu den drei Ringen", und der sozialdemokratische Anatomieprofessor und erste Sozialminister Österreichs, Dr. Julius Tandler, haben in der schummrigen Abgeschiedenheit ihrer Loge die Grundlage für die bis heute weltweit bestaunte Sozialpartnerschaft geschaffen.

Verständlich, dass sich all jene, die in diesem Mechanismus kein Rädchen bedienten, mit großen Geschützen gegen die Geheiminstitution feuerten. Jörg Haider, Galionsfigur des Dritten Lagers, wetterte gegen Freimaurer wie gegen Sozialpartner. Es wundert also nicht, dass die Sozialpartnerschaft während der Regierungsbeteiligung der FPÖ und der Oppositionszeit der SPÖ Brache war. Mit der Regierungskoalition von Rot und Schwarz sind die Sozialpartner wieder hinter ihre Polstertüren gehuscht. Ob die eine das andere ins Leben rief, ob die Große Koalition die Sozialpartnerschaft wiederbelebte oder umgekehrt, lässt sich nicht schlüssig beantworten.

Die Sozialpartnerschaft funktioniert nach einem Prinzip, das ich die Nikolaus-und-Krampus-Geheimfreundschaft nennen will. In der normalen Begegnung mit Nikolaus und Krampus gibt es drei Beteiligte. Den bösen Fellproleten mit Bocksfuß, Rute und Sack, in dem er schlimme Kinder abtransportiert, dann den feinsinnigen Geschenkeverteiler mit Bischofsmütze und Krummstab, in Tunika und Kasel gewandet. Und dann gibt es uns. Das verängstigte Gegenüber. Das Wahlvolk. Die Beschenkten und Bestraften.

Sozialpartnerschaft heißt nun nichts anderes, als das sich Nikolaus und Krampus darin verständigen, Geschenke und Bestrafungen in ein Paket zu packen und gemeinsam zu überreichen.

Weil sich die Interessensvertreter von Arbeitgebern und Arbeitnehmern bis heute nicht darauf einigen konnten, wer von ihnen der böse Krampus und wer der gütige Nikolaus ist, wird die Nikolaus-

und-Krampus-Geheimfreundschaft mit Nikoläusen und Krampussen beider Seiten besetzt. Bei ihren Geheimtreffen hinter dicken Polstertüren legen alle vier sämtliche Geschenke und sämtliche Bestrafungen auf den Verhandlungstisch. Dann wird im Geheimen und ohne Mitlaufen irgendwelcher Protokolle mit Krummstäben und Ruten so lange auf die Verhandlungsmasse eingedroschen, bis ein kleines Häufchen übrig bleibt: der so genannte Kompromiss.

Den schnürt die Nikolaus-und-Krampus-Geheimfreundschaft, die wir ab jetzt wieder Sozialpartnerschaft nennen wollen, in schönes Geschenkpapier, macht eine nette Masche drum und übergibt es dem Christkind. Oder dem Osterhasen. Je nachdem, wann die Herren getagt haben. Zur weiteren Verteilung an uns, das Volk.

Die Unterschrift

Ein beliebter Gründungsmythos der Zweiten Republik hat sich durch eine satirische Illustration des deutschen Zeichners Hanns Erich Köhler ins österreichische Gedächtnis eingebrannt. Im Münchner *Simpl(izissimus)* erscheint im Frühjahr 1955, zu den Verhandlungen der österreichischen Staatsvertrags-Delegation, eine quadratische Zeichnung. An der Tafel eines Moskauer Palais sitzen unter dem Bildnis Stalins Außenminister Molotow mit seinen Generälen. Weinend. Neben Sektflöten und leeren Wodkaflaschen hat ein dicke Mann mit geöffneter Weste seine Zither aufgebaut und die Lippen zum Gesang geschürzt. Ein zweiter, mit abstehenden Ohren und Krankenkassenbrillen vor den Knopfaugen, flüstert ihm ins Ohr. Die beiden Witzfiguren sind Bundeskanzler Raab und sein Außenminister Figl. „Und jetzt, Raab", flüstert der Volksparteiler Figl seinem Parteifreund ins Ohr, „jetzt noch d' Reblaus, dann sans waach!" „Weaner Charme in Moskau" heißt die legendäre Zeichnung und sie ist so treffend wie unwahr.

Die kuriose Legende, nach der die österreichische Staatsvertrags-Delegation 1955 die sowjetischen Verhandler mit dem österreichischen Kombinationspräparat Heurigenmusik und Alkohol über den Tisch gezogen haben soll, kann, schenken wir zeitgenössischen Quellen Glauben, so gar nicht stattgefunden haben. An dem Abend, als die österreichische Delegation in Moskau den Staatsvertrag verhandelt hat, sei der betagte und damals schon gesundheitlich schwer angeschlagene Außenminister Figl bereits um 8 Uhr ins Bett gegangen, weil er wie üblich seine ziemlich hohe Dosis Alkohol bereits intus hatte und schlicht und einfach nicht mehr stehen konnte. Beim Bankett im Kreml war er in Bulganins Tischrede mit dem Zwischenruf geplatzt, wann es denn endlich Kaffee gäbe. „Figl ist tatsächlich betrunken", protokollierte SPÖ-Vizekanzler Schärf, „er muss vor Ende des Diners zum Schlafen gebracht werden". Figl, so erzählt man sich, sei am nächsten Tag in der Früh aufgestanden und habe gefragt: „War irgendwas letzte Nacht?" Adolf Schärf explizierte ihm das Versäumte: „Ja, es war was, wir haben den Staatsvertrag ausverhandelt."

Am 11. April 1955 um 7.08 Uhr war vom Militärflugplatz Bad Vöslau die sowjetische Iljuschin 003/4340403 Richtung Moskau gestartet. An Bord: Österreichs Bundeskanzler Julius Raab, Außenminister Leopold Figl, Vizekanzler Adolf Schärf und Staatssekretär Bruno Kreisky. Sie waren einer Einladung des russischen Außenministers Wjatscheslaw Molotow „zur Herstellung des persönlichen Kontaktes" gefolgt. Drei Tage später kehrten sie als „Befreier der Nation" zurück. Im Gepäck: das Moskauer Memorandum, die Grundlage für Österreichs Freiheit, die einen Monat später vom Balkon des Oberen Belvedere aus verkündet werden sollte.

Tatsächlich war die Vereinbarung zwischen Russen und Österreichern ein ganz und gar nüchterner Deal gewesen. Die Neutralität als Bedingung für die Unterzeichnung des Staatsvertrages wurde nicht ersoffen, sondern von den Russen diktiert. KPdSU-Chef Nikita

Chruschtschow hatte seinen Plan eines neutralen Gürtels zwischen der Nord- und Südhälfte der NATO verwirklicht. Truppenverschiebungen der Atlantikpaktarmeen mussten nunmehr beide Alpenländer, die Schweiz und Österreich, umgehen. Das entscheidende Gespräch in dieser strategischen Sache fand am 13. April 1955 statt. Man einigte sich auf die Formel: „Neutralität in der Art, wie sie von der Schweiz gehandhabt wird."

Kein Wunder, dass die Neutralität zur heiligen Kuh des Landes erklärt wurde. Ohne das Bekenntnis zur militärisch bewaffneten Äquidistanz hätte es das Österreich, wie wir es heute kennen, nicht gegeben. Zu den Baumeistern des „befreiten" Österreich darf neben Figl, Schärf und Raab auch der vierundvierzigjährige Staatssekretär für auswärtige Angelegenheiten, Bruno Kreisky, gezählt werden. Lange bevor er die Geschicke des Landes als Bundeskanzler leiten sollte.

Raab verkündete nach der Landung der Verhandler am Flugplatz Bad Vöslau am 15. April: „Österreich wird frei sein", das Futurum von Figls berühmten Belvedereworten, die wir uns im Kapitel über den Balkon genauer angesehen haben.

Das fünfzigjährige Jubiläum der Staatsvertrags-Unterzeichnung fand 2005 mit überschaubarem Pomp und bemerkenswert obskuren öffentlichen Erinnerungsinstallationen statt. 25 PEACES, niemand außer den Erfindern wusste, was damit gemeint war, stellte eine vom späteren Fernsehprogrammdirektor Wolfgang Lorenz initiierte Reihe von Interventionen und Projekten in den öffentlichen Raum. Zu den teilweise verwirklichten Projekten der 25 Friedensstücke zählten Gemüsebeete am Heldenplatz, ein fahrender Belvederebalkon und allerlei geschichtserklärender Kunstschnickschnack. Und selbstverständlich gab es am mythischen Ort der Staatswerdung eine Ausstellung.

Prunkstück der Exhibition war der Originalstaatsvertrag. Erstmals seit seiner Unterzeichnung war Österreichs wichtigste Urkunde außer Landes gebracht worden. Außer Landes? Außer Landes. Befindet sich doch das Original des Staatsvertrags im Historischen und Archiv-Departement des Ministeriums für Auswärtige Angelegenheiten der Russischen Föderation in Moskau.

Dass der Staatsvertrag überhaupt auf die Reise gegangen war, sei, so verkündete es der Jubiläums-Bundeskanzler Wolfgang Schüssel bei der Eröffnung der Ausstellung, eine Sensation. Ihm wäre nicht bekannt, dass jemals ein noch in Geltung befindlicher Vertrag außer Landes verliehen worden wäre. Außer Landes, außer Russlandes.

Das angesprochene Exemplar war tatsächlich das Original, noch dazu das so genannte „Depositarexemplar", dasjenige der fünf insgesamt existierenden Exemplare mit der letztgültigen Rechtskraft. Neben diesem Original existieren noch vier Original-Abschriften, die im Österreichischen Staatsarchiv in Wien, im Archiv des Außenministeriums in Paris und in den jeweiligen National Archives in London und Washington aufbewahrt werden. Sie alle haben keine Siegel. An deren Stelle sind ihrem Umfang entsprechend nachgeformte Farbtupfer angebracht. Dummies also. Allfällige Rechtsstreitigkeiten oder Unklarheiten würden mit dem Moskauer Exemplar geschlichtet. Klar, dass es an einem bombensicheren Ort verwahrt werden musste. An einem wirklich sicheren Ort. Nicht in der Bücherei ums Eck oder im Museum am Platz. An einem sicheren Ort. Am sichersten Ort der Welt, wenn man so will.

Und der war nicht Fort Knox, der Tower, der Tiefspeicher des Louvre oder die Schatzkammer. Die vier Signatarmächte Frankreich, Großbritannien, die USA und die UdSSR und das eben erst wiederbelebte Österreich hatten nur einen Ort für sicher genug befunden, das Original zu verwahren. Den Aktenspeicher des Außenministeriums im Hochhaus am Smolenskaja-Sennaja-Platz 32/34, eine von Stalins „Sieben Schwestern", jener spitztürmigen Zuckerbäckerhochhäuser des sozialistischen Klassizismus.

Und ebendieses Exemplar lag nun in diesem sonnigen Spätherbst unter der Vitrine im Marmorsaal, vor der Türe zum Legendenbalkon. In kleinen Schlangen standen Autobusladungen österreichischer Pensionisten an, um das Buch der Bücher zu sehen. Auch ich strolchte durch den Saal. Die Sonne schickte sich schon an, jenseits der Prinz-Eugen-Straße in die Dächer zu sinken, als sich eine Lücke im Zuschauerstrom auftat. Ich hatte fünf lange Minuten Zeit, die Bibel der österreichischen Freiheit zu betrachten.

Was würde ich wohl entdecken, was noch niemandem aufgefallen war? Das Buch war auf einer der letzten Seiten aufgeschlagen, fünf Unterschriften waren darauf zu sehen und fünf tiefrote Lacksiegel, von der Größe dünn geschnittener Kalbsmedaillons. Zur Verwirrung des Publikums sah man auch eine Kopie der Seiten davor. Nochmal vier Siegel mit vier Unterschriften. Es waren die Signaturen und Siegel von Wjatscheslaw Michailowitsch Skrjabin (genannt Molotow) Leonid I. Iljitschow, Harold Macmillan und Sir Geoffrey Arnold Wallinger.

Auf der Hauptseite der dreihundertseitigen Vertragsschwarte, jener, die hier im Original unter dem Vitrinenglas aufgeschlagen war, hatten mit riesigen Schwüngen fünf Herren unterschrieben. John Foster Dulles, Llewellyn E. Thompson jr., Antoine Pinay, Roger Lalouette und Leopold Figl.

Durch die fünf Lackmedaillons zog sich ein helles Band, nicht unähnlich den Seidenbändern, mit denen teure Weihnachtsgeschenke verschnürt werden. Anders als die Herren aus Frankreich und den Staaten hatte Leopold Figl mit salatgrüner Tinte unterzeichnet. Und einen hakeligen, etwas unruhig geratenen Strich druntergesetzt.

Salatgrüne Tinte. Die hatte der Außenminister seit seiner Bauernbundzeit in der Füllfeder. Dokumententinte für große Anlässe war das nicht. Jeder Traktorkaufvertrag ist mit besseren Tinten signiert.

Der Vertrag, der hier lag, war jenes Exemplar, das Figl am legendären 15. Mai 1955 der jubelnden Menge von Balkon des Belvedere gezeigt hatte. Zum großen Missfallen der Protokollbeamten. Ludwig Steiner, damals Sekretär von Bundeskanzler Julius Raab, erinnert sich mit Schaudern an einen der Glücksmomente der Republik. Figl und die Außenminister seien auf den Balkon gegangen. Der Staatsvertrag sei auf dem Tisch gelegen. Steiner habe sich das frisch unterzeichnete Vertragsbuch gekrallt und Figl nach draußen auf den Balkon gebracht. Schockierte Protokollbeamte hatten es verhindern wollen, aus Angst, Figl könnte den bereits völkerrechtlich verbindlichen Vertrag fallen lassen.

Drei Schritte von mir entfernt hatte sich das abgespielt, fünfzig Jahre früher, hinter der großen Balkontüre.

Die Besucherscharen aperten aus, hier und jetzt, das Licht im Marmorsaal stand tiefer, und strich schräg über das Blatt. Die Abdrücke in den Siegeln waren gut zu sehen. Womit hatten die fünf Herren da in die heiße Ceralacca gestempelt? So oft kommen einem Staatsverträge ja nicht zu Gesicht. Womit siegelt so ein Staatsvertragssignatant? Mit dem US-Bundesadler und mit dem schlichten RF der Republique Française. Und womit hatte Österreich gesiegelt? Was war die sphragistische Entsprechung zu Figls grüner Unterschrift? Ich drückte meine Nase ganz nahe an das Vitrinenglas, von der ständigen Angst zurückgehalten, angehaltener Hauch könnte ruckartig zu Niesen oder Husten werden und Alarm auslösen.

Die semiotische Entzifferung des österreichischen Staatswappens war nicht einfach. Womit hatte Figl gesiegelt? Mit dem Bundesadler? Mit dem Doppeladler der Ersten Republik? Langsam fügten sich undeutliche Linien, verschlungene Grate und rissige Flächen zu einem Ganzen.

FL stand da. FL.

FL? Fürstentum Liechtenstein, Florida? Flandern? Kein Zweifel. Hier stand FL. In schnörkeliger Rankenschrift, in einander geschoben wie die Initialen eines Schnupftuches. Und die Buchstaben standen auf dem Kopf.

TH, Figl Leopold, sagte der daumengroße Siegelabdruck.

Ich hob meinen Kopf und starrte die Praktikantin an, die zur Bewachung des Vitrinenschatzes abgestellt war. Die Praktikantin starrte mich an, die Autobuspensionisten starrten mich an und dann entkam es mir mit leiser, aber leicht nervöser Stimme:

„Ein Privatring."

Die Autobustouristen starrten einander an.

„Er hat mit seinem Privatring gesiegelt. FL. Figl Leopold. Und die Buchstaben stehen am Kopf."

Ratlosigkeit im Saal.

„Ist so ein Staatsvertrag dann überhaupt gültig?" hüstelte ich. In der Praktikantin dachte es. Und dann sprudelte es aus ihr heraus, wie eisgekühlte Frucade ins hochsommerliche Kracherlglas: „Die haben hudeln müssen. Alles schnell, schnell."

Das Wiener Schnitzel

Es hat eine Fassade und ein Innenleben, die sich drastisch von einander unterscheiden. Ein richtiges Wiener Schnitzel ist zudem so ausgedehnt und so dünn, dass es eigentlich nur aus Oberfläche besteht. Gelungen ist seine Panade oder Panier, wie man in Wien sagt, wenn sie nicht auf dem papierdicken Kalbfleischhauch klebt, sondern sich kräuselt, wie die Wellenbadbrandung im Stadionbad. Es gibt keine Speise, die dem Wesen des Landes mehr entspräche als der dünne Fleischfetzen in der goldenen Bröselkruste.

Die dünne Panadenflade heißt erst im Zwanzigsten Jahrhundert Wiener Schnitzel, davor kennen es die Kochbücher als „escalope de veau à la viennoise" oder „eingebröselter Kalbschnitz". Küchenmythologisch ist das „Wiener Schnitzel" ein frühbürgerliches Gericht, es konnte vollständig in der Küche zubereitet werden, musste nicht tranchiert oder aufgelegt werden. Seine Zubereitung teilt es mit einer Vielzahl anderer Speisen, die es in dieser Form nur in der Wiener Küche gibt. Paniert und „schwimmend" im Schmalz gebacken wurde alles. Ob Fleisch, Geflügel, Fisch oder Gemüse.

Vor allem Paniertem war das Gold. Wer es sich im Oberitalien des Cinquecento leisten konnte, hatte seine Speisen nach byzantinisch-venezianischer Manier mit Blattgold belegen lassen. Der durchgeknallte lukullische Spleen hatte den Rat der Serenissima schließlich sogar dazu bewogen, das Vergolden 1514 überhaupt zu verbieten.

Mythologisch nicht unbedenklich war zudem die Tatsache, dass sich bei edelmetallbedeckten Rinderkindern, auch wenn sie dünn geschnitten am Teller lagen, um nicht weniger als um Goldene Kälber handelte. Tanzdarbietungen in Gegenwart von Schnitzelessenden waren also durchaus geeignet, den Zorn Gottes zu rühren.

Als Ersatz für die Goldhaut erfanden die Küchenchefs das Panieren, das „Vagoidn vom Obochanan", wie man es später in Wien nennen sollte, das Vergolden des Abgebackenen. Auf diese Weise soll jedenfalls das Kotelett auf Mailänder Art entstanden sein, von dem Kaiser

Franz Josephs lombardischer Armeekommandant Feldmarschall Radetzky so angetan war. Dass die Lieblingsspeise der Österreicher aus Italien kommt, wurde allerdings erst im Jahre 1969 in einem italienischen Gastroführer behauptet. Das Wiener Schnitzel sei eine nach Wien gewanderte Form der „cotoletta alla milanese".

Die „Bochanen Schnidsl", das Landesgericht, schmecken trotz ihrer gatselmacherischen Herkunft und ungeachtet ihrer Etymologie in einem Wiener Wirtshaus am besten und werden dort folgendermaßen hergestellt:

Unter einer Wienerschnitzelpanier verbirgt sich hauchdünnes Kalbfleisch. Es wird aus der Kalbsschale oder dem Fricandeau, am besten aber aus der Kalbsrückenrose (das zugeputzte Fleisch ohne den so genannten Deckel) geschnitten. Und zwar mit dem Schmetterlingsschnitt. Dabei wird die flache Hand auf eine quer zur Faser geschnittene Fleischscheibe von der doppelten Schnitzelstärke gelegt und das Protoschnitzel mit einem scharfen Messer waagerecht fast ganz durchgeschnitten. Fast ganz, denn ein kleiner Bug muss die Hälften noch verbinden. An dem Bug falten wir das Schnitzel jetzt wie einen Schmetterling auf und plätten es mit einem breiten, aber zahnlosen Klopfer. Jede Ungleichmäßigkeit in der Dicke, jedes Zerreißen durch Klopferzähne wäre fatal.

Das rohe und hauchdünne Schnitzel salzen wir. Mehr tun wir ihm nicht an. Auf jeder Seite drücken wir es in griffiges Mehl und beuteln es ab. Nun tauchen wird unser Schnitzel, wieder beidseitig, in gut verrührte Eier. Die rohe Eimasse muss wie ein Film am Schnitzel haften, sie darf nicht patzen oder klumpen.

Alte Semmeln, beim Bäcker gerieben erhältlich, werden durch ein Haarsieb geschüttelt. In den feinen Semmelrieb drücken wir nun das Schnitzel. Beidseitig. Eiklumpen in den Semmelbröseln mögen wir durch regelmäßiges Sieben entfernen.

In einer Pfanne haben wir mittlerweile ordentlich Butterschmalz geschmolzen, geklärtes Butterfett, wie das indische Ghee. Das Fett muss reichlich sein und so heiß, dass das Schnitzel darin schwimmt. Als Test kann man einige Brösel ins Fett streuen. Gehen sie unter, ist das Fett zu kühl.

Die Schnitzel müssen deswegen im heißen Fett schwimmen, weil sie sonst nicht gleichmäßig garen und das zu kühle Fett in die Panade eindringt, wodurch diese fettig wird. Während des Backens schwenken wir das Schnitzel in der Pfanne hin und her – durch das heiße Fett auf der Oberseite legt sich die Panier nicht gänzlich an das Fleisch an und kann die berühmten Blasen schlagen.

Nachdem die Unterseite goldgelb gebacken ist, wenden wir das Schnitzel. Wenn auch die Oberseite fertig ist, ziehen wir das Schnitzel senkrecht aus der Pfanne und lassen es abtropfen. Die Reste des Butterschmalzes saugen wir auf, indem wir das Schnitzel in ein frisches weißes Küchentuch einschlagen.

Als Beilage erlaube ich ausschließlich eine halbe kernlose Zitrone. Zitronenspalten und die ebenso unergiebigen wie bitteren Zitronenräder haben Sparsamkeitsmechanismen zur Ursache. Petersilbäuschchen und andere Verzierungen sind unerhörter Dekorationsschnickschnack und sollten dem Kellner um die Ohren gehaut werden. Auf separatem Teller wollen wir uns Erdäpfelsalat und ein kühles Seidel 16er servieren lassen. Auch das Gösser tut Gutes.

Die Wiener Stunde

Mit diesem Ausdruck wird die Aufteilung der Redezeit auf die Fraktionen des österreichischen Parlaments bezeichnet. Sie entspricht der Klubstärke der Fraktionen. In der 23. Legislaturperiode des österreichischen Nationalrats, der am 30. Oktober 2006 angelobt wurde, stehen SPÖ und ÖVP je 15 Minuten, Grünen und FPÖ je 11 Minuten und dem BZÖ 8 Minuten Blockredezeit pro Wiener Stunde zu. Weil sich 60 Minuten nicht gut durch 183 Abgeordnete teilen lassen, stellen diese Minutenwerte nur Annäherungen dar.

In der Gesetzgebungsperiode davor, der 22., war die Wiener Stunde für die Sozialdemokratie und die Volkspartei mit je 17 Minuten noch länger gewesen, während Grüne ihre Stunde in schlotternden 13 Minuten absolvierten, das Konglomerat aus Orangen und Blauen gar in komfortablen 12 Minuten.

Dass die Klubsekretariate mit eigenen Uhren ausgestattet sind, deren Werke das Ziffernblatt in 15, 11 und 8 Minuten einmal umrunden, ist ein Gerücht, das ich hiermit in die Welt setze. Kein Gerücht ist, dass die derzeitige Präsidentin des Nationalrates Barbara Prammer (SPÖ), der Zweite Präsident Michael Spindelegger (ÖVP) und die Dritte Präsidentin Eva Glawischnig-Piesczek (Grüne) bei ihren jeweiligen Vorsitzen Normaluhren verwenden.

Etwas fundamental anderes als die Wiener Stunde ist die Wiener Zeit. Damit bezeichnete man in der Monarchie eines Leutnant Gustl, der diesen Terminus in Arthur Schnitzlers gleichnamigen Roman verwendet, die Wiener Ortszeit, noch genauer, die Ortszeit an den Wiener Bahnhöfen. Davor waren die Uhrzeiten der verschiedenen Bahnhöfe nicht miteinander synchronisiert. Uhrzeiten in Pressburg, Triest, Czernowitz oder Innsbruck konnten um Stunden voneinander abweichen. Sogar zwischen benachbarten Orten konnte sie um Minuten differieren. Für Postkutschereisende mochte das Uhr-ver-stellen noch angehen, aber eine Eisenbahnlogistik mit fixen Fahrplänen und kompliziert ausgetüftelten Fahrzeiten war damit nicht zu betreiben. Im Schienenverkehr wurde, je nach Strecke, die Lindauer, Münchner, Prager, Budapester oder Lemberger Zeit verwendet. Bedingt durch die Erfahrungen, die Deutschland auf seinen Bahnsteigen gemacht hatte, wurde am 1. Oktober 1891 von den kaiserlich-königlichen Staatsbahnen (kkStB) die so genannte Stunden-Zonenzeit eingeführt, die sich wie in Deutschland auf die Ortszeit des 15. östlichen Längengrades bezog und unserer Mitteleuropäischen Zeit entspricht. Im Österreich des 19. Jahrhunderts war davor, anders als in den meisten anderen Ländern, nicht die Zeit der Hauptstadt Wien (16 Grad östliche Länge), sondern die Prager Zeit (14,5 Grad östliche Länge) verwendet worden. Für das damalige Österreich mit einer Ausdehnung vom etwa 9. bis 23. Längengrad war die Zeit des 15. Breitegrads, der durch Gmünd, den Strudengau, den Hochschwab und die Koralpe läuft, ein guter Mittelwert. Eine gesetzliche Verordnung wie in Deutschland erfolgte nicht. Da der Unterschied der Mitteleuropäischen zur Prager Zeit weniger als 2 Minuten betrug, war die Umstellung, zumindest für die Wiener und Prager, nicht sehr groß. Zwei Minuten Zeit sind allerdings am 1. Oktober 1891 für immer verschwunden. 120 Sekunden. Nicht viel? Na gengans! 2 Minuten sind eine Zeitspanne, in der ein österreichischer Abfahrtsläufer immerhin eine Goldmedaille holen kann.

Der Urlaub

Der Rhythmus des österreichischen Jahres wird von zwei Institutionen bestimmt. Weihnachten und Urlaub. Das ganze Land richtet sich nach diesen beiden Terminen. Der eine findet traditionellerweise am 24. Dezember statt und hat eine Vorlaufzeit von eineinhalb Monaten. Was auch immer in Österreich nach der zweiten Novemberwoche stattfindet, steht unter der gefährlichen Drohung des Weihnachtsabends. Ginge es nur darum, den Tannenbaum zu schmücken, Weihnachtskekse zu backen und den Kühlschrank mit fettreichen Speisen zu füllen, genügte eine knappe Woche und nicht ein siebenwöchiger Vorbereitungsmarathon.

Die Feier der Wiederkehr Christi Geburt findet am spätantiken Feiertag des römischen Sol Invictus (des unbesiegten Sonnengottes) statt, und wird mit einem Tsunami an Geschenken begangen. Für den Handel ist die mehrwöchige Geldflut lebenswichtig. Für die Büros des Landes ist die Weihnachtszeit eine brutale Steeplechase. Soziale Bindungen müssen in so genannten „Betriebsweihnachtsfeiern" gefestigt werden. Oder dauerhaft ruiniert. Die Mehrzahl der außerehelichen Beziehungen hat in diesen seltsamen Festen ihren Ursprung. Alkohol, Schweiß und Tränen fließen in dieser Zeit in Strömen. Die schönste Zeit des Jahres ist in jedem Fall die anstrengendste. Und suizidal die auffälligste. Kein Fest wirft das Land tiefer in die Seile der Befindlichkeit.

Der andere Termin, der Urlaub, ist nicht minder anstrengend, hat aber keinen genauen Kristallisationszeitpunkt. Gemäß der Tatsache, dass es nahezu niemanden im Land gibt, die oder der nicht in irgendeiner Form Arbeitnehmer oder Arbeitgeber ist, liegt die soziale Bedeutung dieser Freizeitperiode erstmal in einem komplizierten Tango der innerbetrieblichen Terminkoordinationen. Urlaube finden daher das ganze Jahr statt, haben aber einen historischen Kulminationspunkt: Den Sommer. Und ein Ziel: den Süden.

Was für österreichische Ohren logisch klingt, ist einigermaßen absurd, ist doch der Sommer die heißeste Zeit des Jahres. Und da sollte man es doch kühl mögen. Absurderweise wollen es die Österreicher aber nicht kühl haben, sondern richtig heiß. Sie urlauben also vorzugsweise in Gegenden im Süden. In Italien, Kroatien, Griechenland, Spanien, der Türkei. In den exotischen Destinationen am Roten Meer, auf den Malediven, in Thailand und auf Bali ist es auch nicht gerade kalt.

Warum tun sich das die Österreicher an? Weil sie es nicht anders gelernt haben. Der wichtigste Urlaub im Leben der Österreicher hat seinen Ursprung in den Sommerferien. Traditionell haben Österreichs Kinder in den Monaten Juli und August schulfrei. Das war immer schon so. Und es hat nicht damit zu tun, dass es während dieser Zeit in den Schulen zu heiß ist. Und auch nicht damit, dass Lehrer zwei Monate Ruhe am Stück brauchen. Der österreichische Sommerurlaub hat wirtschaftliche Gründe.

In der Monarchie, als das Gebiet des heutigen Österreich im Gegensatz zu anderen Kronländern mäßig industrialisiert und über die unscharfe Kimme der Verallgemeinerung betrachtet ein Bauernland war, konnten Kinder sommers gar nicht in die Schule gehen. Sie wurden auf dem Feld gebraucht. Zur Einbringung der Ernte. Harte Zeiten für kleine Kinderkörper. Hart und heiß.

Die Amtsstuben in den großen Verwaltungsstädten wurden dichtgemacht. Parlamente parlierten nicht und Landtage tagten nicht. Ministerien und Ämter reduzierten ihre Aktivitäten auf das Luftzufächeln mürrischer Portiere. Setzten sich die Ratskammern im vorrepublikanischen Österreich doch zumeist aus Großgrundbesitzern und Aristokraten zusammen. Und im Sommer, zur Erntezeit, mussten auch die auf den Acker. Die Herren sahen auf den fernen Gütern, deren Fruchtgenuss ihnen Reichtum und Stand sicherte, nach dem Rechten. In Ungarn, Böhmen, Mähren, Galizien und der Bukowina, in Schlesien, Kroatien und Slawonien. Die Familien reisten gleich mit auf die Güter.

Auch die Habsburger reisten auf ihr Gut. Das Salzkammergut. Hier wuchs das Holz für die Siedepfannen und hier laugte man das Salz aus den Kalkbergen. Nicht viel zu tun, meinten die Erzherzöge und Majestäten, da muss nichts in die Tenne geführt werden. Sie widmeten sich einer Freizeitbeschäftigung mit Erntecharakter, der Jagd. In ledernen Reithosen und lodenen Joppen strichen sie durch den Fichtenwald und spielten Förster. Die Familie residierte derweil mit reduziertem Hofstaat und biedermeierlichem Bürgerpomp in der Villa und frühstückte den ganzen lieben Tag lang. Weil der Hofstaat auch in den intimsten Momenten des Nichtstuns nicht fehlen durfte, wuchsen im Salzkammergut, in Ischl und Aussee bald die Feriensitze aus dem Boden. Und in Meran, in Gastein, Karlsbad, im Wienerwald und am Semmering.

Den Adeligen machten es die jüdischen Großbürger nach und denen die Literaten, Maler und Notensetzer. Sommergefrischt wurde, wo die Eisenbahn Station machte. Ohne den Schienenstrang wäre die Frühform des Sommertourismus undenkbar.

Den Ausdruck „Sommerfrische" haben wohlhabende Bozner Bürger im 17. Jahrhundert erfunden, als sie damit begannen, den Sommer auf dem kühlen Ritten zu verbringen, einem Hochplateau im Norden der Stadt, zwischen den Flüssen Eisack und Talfer.

Warum aber fahren die Österreicher so gerne in den Süden? Die sommerlichen Wanderbewegungen an die Strände der Adria folgen dem anderen Schema der aristokratisch-großbürgerlichen Ferienlust. Meist waren es die Familien der österreichischen, tschechischen, mährischen und ungarischen Gutsbesitzer, die an die österreichische Küste geschickt wurden. In die Villenagglomerate und Hotelzitadellen des österreichischen Lido, nach Grado und an die k. u. k.-Riviera, nach Duino, Triest und Abbazia (Opatja). Die Sommerfrischen hatten medizinischen Charakter und waren oft vom Leibarzt verordnet. Die allerersten österreichischen Meer-Urlauber waren schwindsüchtige Töchterln und frauenleidende Gattinnen, tuberkulöse Söhnchen und frischlufthungrige Mätressen.

Die österreichischen Meerkurorte eiferten den großen Vorbildern an der Côte d'Azur und deren Publikum nach und orientierten sich an der Strandpromenadenlust der zaristischen Aristokratie und des englischen Adels. Hier können wir den Ursprung jeden Jesolo-Urlaubs finden. Die österreichische Sehnsucht nach dem oberadriatischen Meer verband sich mit den Italienüberfällen der deutschen Wirtschaftswunderzeit zu einem deutsch-österreichischen Adriafimmel.

Auch wenn die österreichische Durchschnittsfamilie mittlerweile auf Sardinien und Mallorca, an der Schwarzmeerküste, dem Indischen Ozean und in der Karibik planscht, das Maß aller Dinge wird stets der oberadriatische Badestrand sein, der von den heißen Pinienwäldern ins flache und friedliche Kleinmeer läuft.

Die Zeit im Bild

Österreich zählt zu den früh aufstehenden Nationen. Das Militär weckt seine Rekruten Punkt 6 Uhr mit dem martialischen Schrei „Taagwaché". Der markerschütternde Befehl ist vom österreichischen Nationalliedermacher Wolfgang Ambros in einen ungeheuer populären Song gegossen worden, der wegen der wehrkraftzersetzenden Textpassage „Jojo in Zivü, do war er net vü, owa beim Militär, do is er wer" in österreichischen Kasernen nicht gespielt werden darf.

Österreich steht auf, wenn sich andere gerade niederlegen. Warum ist das so? Um ihre Arbeitsstätten im Norden rechtzeitig zum Arbeitsbeginn zu erreichen, müssen burgenländische und oststeirische Pendler zu Zeiten aufstehen, wo sich Spanier und Italiener gerade in die Federn werfen. Wem die Gabe des Frühaufstehens nicht in die Wiege gelegt wurde, muss ein Leben lang leiden, Szene-Kellner oder Krankenhauschirurgin, Nachtbuschauffeur oder Würstelfrau werden. Das frühe Aufstehen hat Gründe. Einen meine ich im Stall auszumachen, wo seit jeher das österreichische Mutterrind auf das frühe Gemolkenwerden wartet. Ein guter Bauer, der die Milcheuter seiner Rosi, seiner Bella, Fiona und Adelheid nicht zu lange warten lässt. Da kann es draußen noch zappenduster sein. Kann es? Es ist.

Als Chef aller Frühaufsteher können wir Kaiser Franz Joseph identifizieren. Der Monarch, dem schon als Eineinhalbjährigen eine Uniform angemessen und ein Holzgewehr überreicht wurde, war seit seinem 13. Geburtstag, an dem er zum Oberst eines Dragonerregiments ernannt wurde, Vollzeitmilitär. Bis zu seinem Tod 1916 ließ sich der Kaiser um 3 Uhr 30 wecken. Klar, dass sich unter seinen Untertanen vor allem jene in Führungspositionen wiederfanden, die ebenso leicht wie früh das Bett verlassen konnten. Der Selektions-Mechanismus des österreichischen Frühaufstehens hat über einenhalb Jahrhunderte das Frühaufstehen als Tugend etabliert und den Unfug des nachtschlafenen Herumirrens mit bleierner Schwere über das Land gelegt. Unseren südlichen Nachbarn ist das Phänomen so fremd wie unbegreifbar. Auch Engländer schütteln den Kopf. Deutsche würden das gerne, trauen sich aber nicht, weil das am Deutschlandbild der Österreicher kratzen könnte. Der Deutsche steht ja hierzulande im geheimen Ansehen, der bessere Österreicher zu sein. Ist er aber nicht. Frühaufsteher auch nicht.

Im Zeitenlauf der Österreicher gibt es noch einen zweiten, für alle verbindlichen und tatsächlich unverrückbaren Termin. Das ganze Land richtet sich nach ihm. Er findet während einer magischen halben Stunde am frühen österreichischen Abend statt. In jedem Haushalt, in jeder Portiersloge. Zu dieser Zeit darf man in Österreich niemanden anrufen, geschweige denn besuchen. Der Termin ist so heilig und unverrückbar, und auch so verbreitet, dass Geschäfte mangels

Umsatz um diese Zeit längst geschlossen haben. Niemand würde jetzt einkaufen gehen. Wir sprechen von der Uhrzeit 19 Uhr 30. Der tägliche Beginn der „Zeit im Bild".

Für die Wahl des Beginns der wichtigsten Nachrichtensendung des Landes habe es eigentlich keinen wirklichen Grund gegeben, erinnert sich der Miterfinder und Namensgeber der ZIB, der spätere ORF-Generalintendant Teddy Podgorski, außer dem, dass der erste Fernsehdirektor Gerhard Freund gelernter Schauspieler war und sich daran orientiert hatte, dass auch die Theater um halb acht den Vorhang heben. Experimente mit Beginnzeiten um sieben oder acht Uhr sollten sich nicht durchsetzen. Halbacht war die Heilige Zeit. Das Theater hatte sich durchgesetzt.

Das Format der Sendung orientierte sich weniger an den dramaturgischen Möglichkeiten des Theaters als an der BBC, dem englischen Vorbild des österreichischen Staatssenders. Die Zeit im Bild war von Beginn an als Sprechersendung konzipiert, bei der ein Nachrichtensprecher vor der Kamera die Meldungen las. Die Überbringer der Nachrichten, auch wenn es schlechte waren, wurden geliebt und wie Helden verehrt. Neben den Skifahrerinnen und Skifahrern gab es nur noch die Nachrichtenansager, wie man sie damals nannte. Damals, als das Fernsehen noch jung war.

Die Stimmen und Gesichter von Robert Hochner, Peter Fichna, Walter Richard Langer, Horst Friedrich Mayer, Gerd Prechtl und Wolfgang Riemerschmid haben sich in die österreichische Großhirnrinde eingeschrieben. Geglaubt haben wir ihnen alles. Im publizistischen Brachland Österreich ist die persönliche Botschaft mit dem Siegel der absoluten Wahrheit versehen. Was in der „Zeit im Bild" verkündet wird, existiert. Worüber man dort schweigt, das gibt es nicht. Logisch, dass sich Politiker dieser Wahrheitsmaschinerie zu bemächtigen versuchten. Manchen ist es auch gelungen. Dass mir aus der Frühzeit der „Zeit im Bild" keine Moderatorinnen in Erinnerung geblieben sind, sollte den ORF und mich eigentlich erschüttern.

Fassen wir zusammen: Der früh aufstehende Kaiser, die alpine Stallkuh und ein schauspielernder Fernsehdirektor spannten das österreichische Zeitenzelt auf.

Das Zelt, unter dem die Zeit stattfindet. Die Aufstehenszeit, die Schulzeit, die Arbeitszeit, die Mittagszeit, die Beginnzeit der Fernsehinformation. Alle haben sie hier Platz unter dem Zirkushimmel der österreichischen Tagesabläufe.

Der Vertrag

Schüssels Socken

In Österreich hielt sich sieben dunkelschwarze Jahre lang das Gerücht vom genialen Strategen Wolfgang Schüssel. Magazine schwärmten von seiner quantencomputerschnellen Auffassungsgabe und seinen raffinierten Tricks bei langstündigen Verhandlungen. Konservative Kommentatoren zeichneten das Bild eines hyperintelligenten, mit allen politischen Wassern gewaschenen Alpha-Tieres, das in Sekundenschnelle zwischen langjähriger Strategie, kurzfristigem Spin und gefinkelten Ablenkungsmanövern hin und her tänzeln konnte. Zudem war Schüssel in den Augen seiner Anbeter ein hochmusischer Zeitgenosse, souverän in der Rede, am Cello gewandt und sicher im Umgang mit dem bitterbösen Karikaturenstift. Ein jesuitisch gesalbter Tausendsassa, der seinen Macchiavelli, seinen Gracián, seinen Clausewitz aus dem ff kannte.

Von den politischen Gegnern Haschtrafikanten (Grüne), Sozialromantikern (Sozialdemokraten) und dem wirtschaftlich unbedarften Proletariat (überhaupt allen Nicht-ÖVP-Wählern) wurde zumindest erwartet, die vielen Talente der Lichtgestalt auf dem ÖVP-Feldherrnhügel wenn schon nicht zu respektieren, so doch zu fürchten.

Die verblüffende Wendung, sich im Jahr 2000 als Drittstärkster den Kanzlersessel zu schnappen und von diesem Podest aus 2002 das Koalitionsbeiwägelchen FPÖ in einem fulminanten Wahlsieg zu dezimieren, haben dieses Image vom Goldkanzler mit der eisernen Faust selbst in der Wahrnehmung der vehementesten Gegner einbetoniert.

Sogar die Donnerstagmarschierer gaben nach Wochen verbittert auf. Zu Hunderttausenden waren sie gestartet, um den ungeliebten Schüssel in Grund und Boden zu demonstrieren. Bald waren sie ein schütterer Haufen aus Edelpunks, Kräuterteejunkies und depressiven Frühpensionisten.

Ob im Parlament oder auf der Straße: Gegen Schüssel war kein Kraut gewachsen. Das Bild vom genialen Strategen schien unzerstörbar.

Stimmt es überhaupt? Zum Jahrtausendwechsel wurde in Österreich zwar regulär gewählt, die Nationalratsperioden waren aber längst aus dem Tritt geraten, weil Schüssel 1995 als frischgekürter Nachfolger des intellektuell redlichen aber fernsehtechnisch unattraktiven Erhard Busek im Windschatten von günstigen Umfragen einen Knatsch mit Franz Vranitzkys Sozialdemokraten inszeniert hatte. Genial daneben: Leicht dazugewonnen, trotzdem Zweiter geblieben. Bei der Wahl 2000 ging es nun endgültig den Bach runter. Schüssel wurde Dritter hinter dem feixenden Haider. Der laborierte längst an den Nebenwirkungen seiner manisch-depressiven Politpersönlichkeit. Da hatte Schüssel aber längst Kanzlerblut geleckt. Der fassungslose Klestil wurde aus der gemütlichen Lethargie seines Bundespräsidentendaseins gerissen und in das schwarze Loch der Bedeutungslosigkeit gekickt, der unbedarfte rote Kanzler Klima in harten Verhandlungen gefesselt. Gleichzeitig paktierte Schüssel geheim mit dem gefährlich beliebten Haider. Über die Geschäftsbedingungen dieses Deals wird die Zeitgeschichte forschen. Jedenfalls blieb Haider in Kärnten und Schüssel kletterte auf den Bundeskanzlersessel. In die Ministerien torkelten Witzfiguren. Der Mythos vom genialen Strategen war geboren. Nächster und einziger Schritt im Strategiepapier Schüssels: Die Hegemonie der Volkspartei für die nächsten hundert Jahre zu sichern. Auf Deutsch: Weihwasser für immer. Weihrauch sofort.

Schüssels Kampfplanung schien „divide et impera" zu sein. Divide hieß: Zerschlage Haiders Partei in kleine Teile. Divide hieß: Trenne die Sozialdemokratie von ihren starken Armen. Diskreditiere ihre Wirtschaftskompetenz, vernichte die Gewerkschaft. Impera hieß: Umgib dich mit Deppen und Jasagern, vernichte deine innerparteilichen Gegner. Kontrolliere das Fernsehen. Kontrolliere die Presse. Basta. Der erste Schritt des Vorhabens war auf sechs Jahre ausgelegt. Dann sollte nach der Matrix der bayerischen Schwesterpartei CSU die ewige Absolute kommen. Ein Sechsjahresplan war es deswegen, weil Schüssel als Kanzler in die EU-Präsidentschaft gehen musste, um als Europalenker die Ernte einzufahren, sprich: die absolute Mehrheit für die ÖVP in die Tenne zu bringen.

Dazu musste aber frühzeitig gewählt werden. Darin hatte Schüssel Erfahrung. Ein Richtungsstreit in der FPÖ kam gerade recht. Ob er billig war, werden die Zeitgeschichteforscher eruieren. Mit dem unbedarften, als Nationalsympathikus inszenierten Finanzminister Grasser an Bord fuhr Schüssel 42 Prozent der gültigen

Stimmen ein. Der grantige Haider war Geschichte, seine Wähler waren zu Schüssel übergelaufen.

Vier Jahre Zeit, die Sozialdemokratie zu vernichten. Die Schraube wurde angezogen. Der öffentliche Rundfunk wurde umgefärbt und in die Pflicht genommen, das Nachrichtenwesen auf Hofberichterstattung zurückgefahren. Nach der Folie Bruno Kreiskys Personalpolitik wurde Grasser als der bessere Androsch aufgebaut. Fescher, klüger, erfolgreicher, teurer verheiratet. Unwiderstehliche Frisur.

Im Wahljahr sollte es dann passieren. Die glanzvolle Inszenierung Schüssels als Europas Chef. Treffen mit den Großen der Welt. Mauscheln mit Merkel, Bussi mit Bush. Dann die Vernichtung des Gegners. Die Bombe, lange vorbereitet und sorgsam im Finanzministerium gehütet, wurde gezündet: Malversationen der Gewerkschaftsbank, Versagen der Gewerkschaft. Der GAU der Sozialdemokratie. Alles andere als eine kleine, feine Absolute (©Andreas Khol) schien undenkbar. Für den Fall der Fälle wäre der kleine Mehrheitsbeschaffer BZÖ, wie Haiders Getreue nun hießen, zur Verfügung gestanden. Oder die Haschtrafikanten von den Grünen. Soweit die Strategie.

Was war tatsächlich passiert? Bis auf die gewonnene Wahl 2002 (bei der sich bei genauem Hinschauen nur Stimmen von der FPÖ zur ÖVP verschoben) hat die Volkspartei unter der genialen Strategie von Lichtkanzler Schüssel mindestens 19 Wahlen verloren. Verloren hat die ÖVP unter den Fittichen des genialen Strategen die Landeshauptmänner in zwei Bundesländern (Steiermark und Salzburg). Unerwartet den Bundespräsidenten (der konservative Straßenbahnersohn Thomas Klestil starb an den Spätfolgen von Kränkungen und einer mysteriösen Viruserkrankung, Ersatzkandidatin „Benito" Ferrero-Waldner ging tränenreich unter). Verloren gingen trotz abenteuerlicher Wahl- und Kontrollmechanismen die nationale Medienorgel ORF und die Hochschülerschaft, der Brutkasten für politische Talente. Und schließlich versagte das Wahlvolk. Es wählte Alfred Gusenbauer. Einen Ybbser Nachhilfegeber, der schon am Spielplatz Bundeskanzler hatte werden wollen.

Wie war das damals, 2000, im Jahr mit den drei Nullen, als die Welt Kopf stand in Österreich? Als der Polsprung stattfand, drei Monde am Himmel standen und die Nebensonne im Süden aufging?

Der Christdemokrat Wolfgang Schüssel hatte die Wahl verloren, es sich aber in den Kopf gesetzt, gegen den Willen Europas Bundeskanzler zu werden. Das war nur möglich, so wusste man, wenn Schüssel einen Regierungspakt mit dem neopopulistischen Freiheitlichen-Gott Jörg Haider einginge. Wenn er ein Tabu bräche, das bislang als unbrechbar gegolten hatte.

In dieser brisanten Zeit, die von aufwühlenden Demonstrationen und gefährlichen europäischen Warnungen begleitet wurde, war in Schnitzelland nichts mehr, wie es vorher gewesen war.

An einem jener wilden Tage Abend schickte sich die gesamte Spitze der Volkspartei um Wolfgang Schüssel an, mit Jörg Haiders Applausverein einen Pakt auszuhecken. Aus ganz Europa waren Fernsehteams angereist, um live zu berichten. Sogar Alessio Vinci, der sonst nur Bombenangriffe und Invasionen live zu reportieren pflegte, stand, für CNN entsetzt nach Worten ringend, vor der Hofburg.

Das Parlament, wo die Zukunft des Landes verhandelt wurde, jahrzehntelang eine verschlafene Bude, glich einem Bienenstock. Der Rednertempel war vollgerammelt mit internationalen Journalisten, Kameraleuten, Pressesprechern und Tontechnikern. Nirgendwo auf der Welt befanden sich in diesen Stunden mehr Kameras als hier. Dichter hätte man sich auch in der Talstation der Nordkettenbahn nicht drängen können.

Und nirgendwo wurde die Spannung so unerträglich wie in diesem langen, von hunderten Medienvertretern besetzten Zimmer im Parlament. Lange ließen die beiden Parteichefs auf sich warten, eine These schwitzte sich durch das wartende Journalistenvolk: „Das Ding ist geplatzt!"

Ich hatte mich für diesen Abend der nationalen Sonnenfinsternis mehr aus persönlichem denn beruflichem Interesse akkreditieren lassen und saß in der zweiten Reihe jenes mit all den Kamerateams vollgestopften Parlamentspressekonferenzzimmers. Wie all die anderen wartete ich auf die beiden Paktierer, wartete auf Wolfgang Schüssel und auf Jörg Haider.

Auf abgewetztem roten Teppich war ein kleiner Tisch aufgebaut worden, dahinter spannte sich ein Transparent, das ein enormes Postkartenbild des Parlaments zeigte. Behübscht war die Szene mit den bei solchen Anlässen beliebten immergrünen Topfbüschen. Der Tisch selbst war spartanisch gedeckt: Zwei Mikrofone standen da und zwei Gläser mit Wasser. Und zwei Schilder hatte man auf den Tisch gestellt, mit den Namen der beiden Verhandler. „Schüssel" stand auf dem einen, „Haider" auf dem anderen. Schüssel und Haider, als ob das niemand gewusst hätte. Ein paar Kabelträgern war inzwischen langweilig geworden. Sie ulkten herum, spielten „Schüssel", spielten „Haider". Wie Schneewittchens lümmelten sie sich mal in Haiders Sessel, nippten mal von Schüssels Wasser. Das war schon sehr irreal und seltsam. Wie eine düstere Gewitterwolke lag Geschichte über uns. Und wie vor einem Gewitter war es heiß und stickig. Die Luft stand, dick wie im Palmenhaus. Statt der Papageien flatterten Korrespondentinnen durch den Raum und verschütteten Automatenkaffee.

Nach elendsvielen Stunden strich plötzlich kühler Wind durch den Saal. Unruhe ergriff das protokollarische Zepter, und unter einem Blitzlichtgewitter schoben sich zwei Trauben von Entouragen aus der Türe links hinter dem Tischchen. Das Blitzlichtgewitter wurde leiser, und es setzten sich zwei sehr kleine Männer.

Es war bekannt, dass beide, Schüssel wie Haider, nicht das Gardemaß erreichten, aber dass sie so klein waren, schockierte richtiggehend. Die beiden hatten gerade mal die Größe von fickrigen Buben, die mit gefälschten Schülerausweisen und auf Zehenspitzen um Kinokarten für einen Rutger-Hauer-Film angestanden waren.

Das sollten die Männer sein, derentwegen Europa hohldrehte?

Während die beiden ihr langweiliges, aber inhaltlich doch beunruhigendes Papier verlasen, legte sich bleierne Ruhe über den Saal. Mein exklusiver Sitzort in der zweiten Reihe sollte es zulassen, nicht nur dem Gerede zu lauschen, sondern auch die Kleidung des zukünftigen Bundeskanzlers und seines neuen Freundes zu studieren.

Jörg Haider, der sich damals noch in der Rolle des gefährlichen Politdämons wohlfühlte und der es als Europas Erzbösewicht bis aufs Cover von *Newsweek* geschafft hatte, war geschminkt, aber unrasiert, und er trug das Zeug, das damals alle trugen: Werbefuzzikluft. Schwarz und teuer.

An Wolfgang Schüssel gefielen mir die dunklen Weichlederschuhe. Ihre Kreppsohle bog sich leicht nach oben, und sie waren ganz offensichtlich nicht mehr die Jüngsten. Dazu trug Schüssel kurze und von häufigem Waschen ausgeleierte Schlappsocken. Ihre Bündchen endeten kurz vor dem Hosenbein, so dass eine handbreite blitzende Lücke entstand – „the Gap", wie die Fachleute sagen. The Gap erlaubte einen ungeschonten Blick auf Schüssels schütter behaarte Beinchen.

Das war schon sehr intim.

Weil nun der Tisch, an dem Schüssel und Haider saßen, keine Blende hatte, wie sie später bei staatstragenden Tischen und Regierungskathedern üblich werden sollte, hatte das Publikum freie Sicht auf noch Intimeres, auf die Vorgänge unterm Tisch: Wolfgang Schüssel, der die Beine leger und im flachen Winkel vor sich aufgestellt hatte, hielt, wenn er gerade nichts zu sagen hatte und sein Habibi Haider sprach, die Linke locker zwischen den Beinen. So, und jetzt kam es: Schüssel kratzte sich am Wolfgang! Mehrmals und vor den Augen der Weltpresse! Seine Mundwinkel machten dabei kleine glückliche Grübchen, wie man sie von Ministranten kennt, wenn sie die Glöckchen läuten. Selten habe ich etwas gesehen, das österreichischer gewesen wäre.

Dank

Ich danke meinem Bruder Christian Dusl für kulinarische und Monica Dusl-Jüllig für mütterliche familientechnische Beratung, meinem Bruder Peter Dusl für textlichen Rat und grafische Tat, Claudia Romeder und Herwig Bitsche für die residenzielle Idee zu diesem Buch, Afra Margaretha für das aufmerksame Lektorat, Stefan Riedl für jahrzehntelange interdisziplinäre Beratungen von Fred zu Fred, Alfred Heidinger vulgo Noah für gasparopezide Kommentare, Deréky Pál für magyarische Unterstützung und Univ. Prof. Mag. Dr. Georg Grabherr für speziellen Waldrat. Mia Eidlhuber und Florian Klenk haben jahrelang mutwillig Texte aus mir herausgelockt und inspirativ auf die Gedanken in diesem Buch eingewirkt, Mercí! Danke Armin Thurnher und Siegmar Schlager vom Falter-Verlag! Danke Hermes Phettberg für interkolumnistische Blue-Jeans-Beratung sowie Gerhard Oberschlick, Günther Nenning und George Tabori für die Unterstützung meines Wahnsinns. Danke Armin Wolf! Danke Stefan Swoboda, Heli König und Elisabeth Hassmann. Danke Daniel Egg! Dänklichkeit an Peter Ferber und Wolfgang Kralicek für die Komplizenschaft in der Bewahrung des Salzgriesischen. Спасибо Juri Konenko in Sankt Petersburg! Lang lebe die Revolution!

Dieses Buch wurde zwischen 11. Juni und 28. Juli 2007 zwischen Tür und Angel in der Kleinen Neugasse in Wien-Margareten und auf einem wackeligen Sessel auf Knillehult in Ebersdorf in der Oststeiermark geschrieben.

Wo was herkam

„Das Bierzelt" habe ich stark bearbeitet nach meinem Text „Hietzinger Schuhplattler", erschienen in *Falter* 37/1995.

„Das Einkaufen" enthält Ideen aus meiner Kolumne 'Fragen sie Frau Andrea' in *Falter* 35/2006.

„Das Telefonat" und „Zylmurbafi" sind aus den Recherchen zu drei meiner Artikel, erschienen 2006 im *Standard*, entstanden: „Festnetz adé", „Ode ans Handy", „Meine ersten 125 Jahre Telefon!".

„Boboville" ist aus Texten meiner Kolumne 'Fragen sie Frau Andrea' in *Falter* 44/2006 und meinem *Standard*-Artikel vom 19. 6. 2007 „Ich google Ninas Neuen" gemixt und umgeschrieben.

Den Urtext zu „Der Ball" habe ich am 30. 12. 2000 im Internet-Forum „Die höflichen Paparazzi" gepostet, dann in anderer Textform in *Fragen Sie Frau Andrea* abgedruckt. Die Version in diesem Buch ist stark verändert.

Für „Tschulligen, stegen Sie so?" habe ich einen meiner Texte aus meinem Buch Fragen *Sie Frau Andrea*, Falter-Verlag, Wien 2003, umgeschrieben.

„Weißenberg am Inn. Österreich liegt nicht an der Donau" ist eine Fortschreibung eines Textes, den ich erstmals im FORVM vom April/Mai 1986 als „Wien am Inn" publiziert habe.

„Kasperl und Pezi. Zwei exemplarische Österreicher" ist gemixt aus meinem *Standard*-Text vom 9. 9. 2006 „Arm und schiach - Ingredienzen einer guten Serie" und dem daraus folgenden Kasperl-und-Pezi-Diskurs, den ich darüber mit Alfred Heidinger vulgo Noah auf meiner Website 'Comandantina Dusilova' www.comandantina.com geführt habe.

„Das Schweigen – zwischen Nierenwäsche und Sandkiste" meines Textes „Heiße Luft und hohle Phrasen", erschienen im *Standard* vom 7. 2. 2007. Für die Passage „Tschulligen, stegen Sie so?" im „Vokabular des oberflächlichen Begegnens" habe ich einen meiner Texte in meinem Buch *Fragen Sie Frau Andrea*, Falter-Verlag, Wien 2003, umgeschrieben.

Für „Der Vertrag - Schüssels Socken" habe ich meinen Text „Schüssels Wolfgang", geschrieben am 3. 1. 2001 © Falter Verlag, erschienen in *Fragen Sie Frau Andrea* teilweise stark, teilweise gar nicht verändert.

Register